本书受北京联合大学学术著作出版基金资助

中国服务贸易
外溢效应研究

朱福林　著

中国社会科学出版社

图书在版编目（CIP）数据

中国服务贸易外溢效应研究/朱福林著．—北京：中国社会
科学出版社，2015.5
ISBN 978 - 7 - 5161 - 6209 - 5

Ⅰ．①中…　Ⅱ．①朱…　Ⅲ．①服务贸易—经济发展—研究—
中国　Ⅳ．①F752.68

中国版本图书馆 CIP 数据核字（2015）第 117550 号

出 版 人	赵剑英	
责任编辑	王　曦	
责任校对	周晓东	
责任印制	戴　宽	

出　　版	中国社会科学出版社	
社　　址	北京鼓楼西大街甲 158 号	
邮　　编	100720	
网　　址	http://www.csspw.cn	
发 行 部	010 - 84083685	
门 市 部	010 - 84029450	
经　　销	新华书店及其他书店	

印　　刷	北京君升印刷有限公司	
装　　订	廊坊市广阳区广增装订厂	
版　　次	2015 年 5 月第 1 版	
印　　次	2015 年 5 月第 1 次印刷	

开　　本	710 × 1000　1/16	
印　　张	13.5	
插　　页	2	
字　　数	233 千字	
定　　价	46.00 元	

目　　录

第一章 导论

第一节 研究背景

一 研究的理论背景

服务贸易从规模及重要性两方面深刻地影响着世界经贸体系中各国的贸易格局，又由于服务贸易的项目多且复杂，有些还被认为涉及国家安全，因此关于服务贸易的争议从未间断。以至于到目前为止，国际上尚没有形成一致的精确而严格的国际服务贸易定义。但经济服务化已汇集成一股不可逆转的潮流，表现为服务业增加产值和就业占比在世界及各国经济发展中持续上升。根据 UNCTAD 的数据①，全球服务贸易进出口额从1980 年的 8306.58 亿美元猛增至 2007 年的 6.44 万亿美元，年增长率达8.08%，高出同期商品贸易年均增幅的 7.6%。从数据中还可以看出，在商品贸易出现负增长的年份里（1981、1998、2001），服务贸易仍保持了正增长，且在 1982 年和 1983 年，服务与商品贸易都负增长，但服务贸易下滑程度轻于商品贸易，可能是因为服务贸易具有内在恒稳性，受经济周期波动幅度的影响不如货物贸易大。由此可见，世界服务贸易的强势发展已是不争事实。因此要求相关理论需跟进，而其中比较重要的一条思路就是深入探索服务贸易的经济与社会收益、发展机制，以及其与经济增长的内在联系。虽然从总量来看服务贸易额占世界贸易总量的比重不高且服务进出口额占一国 GDP 的份额不是很大，但笔者认为服务贸易的作用不应着重于其直接经济效应，而是由于服务本身的柔性、高端性及高附加值性，它还具有不少间接效应作用于一国经济和社会。

---

① UNCTAD 数据库 Handbook of Statistics.

对外贸易是人类社会的一项历史悠久的重要活动，相关研究已相当多，也有不少经受时间检验过的成熟理论，但主要针对的是具有物质形态的货物贸易，而相比之下服务贸易的集中研究也不过是近半个世纪内的事，因此服务贸易研究显得还相对年轻。从内容和形式上来看，服务贸易不同于货物贸易，因而导致服务贸易与货物贸易所具有的影响性质及途径是不一样的，因为服务贸易的介质为具有特殊性质的服务，而其中的服务具有千变万化的特征，因而其所产生的经济效益与货物贸易存在很大区别。另外，经常谈及的生产性服务、现代服务及新兴服务具有资本、知识及技术密集型特点，因而这些服务项目的国际贸易对经济增长的贡献可能更侧重于对经济增长内生因素的促进，如技术进步、人力资本及制度建设等方面的提高等。这就启示笔者在研究服务贸易时，需要采取不同于货物贸易的研究视角。

总体来说，对外贸易与经济发展互为表里，呈现出相互促进关系，服务贸易当然也不例外。服务贸易的出口状况往往是一国经济实力的重要体现，这一经验诊断可直接从现实世界各国经济运行现实得到。从世界范围来看，综合经济水平高的国家其服务贸易出口能力也较强，而综合国力较弱的国家服务出口能力也较弱。众所周知，从综合国家实力对比来看，美国明显强于中国，根据上述诊断，美国的服务出口能力比中国强。而现实结果就是如此，美国一直是服务贸易顺差国，而中国连续十几年都是服务贸易逆差国。从而基本验证了服务贸易出口能力与经济水平成正比的经验关系。从更大方面来看，发达国家出口的多是资本、技术和知识密集的金融、保险、信息、咨询、数据处理等服务，而发展中国家出口的则是旅游、劳务输出等劳动密集或自然资源密集的服务，国际服务贸易的出口结构反映了世界上发达国家与发展中国家经济发展水平与阶段的不同。①

如果不将经济的服务化形态的高低算作综合实力强弱的范围内的话，除了一国综合实力之外，一国服务贸易的发展受到国内服务经济形态发展水平的制约。中国服务贸易长期逆差的一个重大原因就是国民经济结构服务化较低的问题。中国现代化第三产业或服务业发展水平及其基础还不高，以致生产不出具有国际竞争力的服务产品，导致国内所需的某些服务必须通过进口才能满足。由于中国目前大量进口的服务贸易多集中于知识

① 杨圣明：《服务贸易：中国与世界》，民主与建设出版社1999年版，第11页。

密集型领域，而知识型服务的生产和创造需要人力资本的支撑，说明国内的人力资本和知识的生成模式不足以生产出符合需求的服务贸易，才导致不得不从国外进口。因此，服务贸易出口能力的提升必须有强大的服务经济生成机制或基础作后盾，缺少服务生长环境或机制不可能具备强大的服务出口能力。因此，解决目前中国所面临的服务贸易长期逆差的难题必须从源头着手，大力发展服务经济并改善其生产环境，尤其是适合于知识型和资本密集型的服务项目发展的环境。

二　研究的现实背景

在整个世界范围内，服务生产和消费的比重早已超过一半，发达国家的比例更高。而且，服务经济对自然环境造成的破坏较小，因此发展服务经济也是中国目前面对能源与环境难题及转变经济增长方式的客观需求。

改革开放以来，中国 GDP 过度依赖投资与出口。在出口方面，加工贸易占到很大比例。一方面，从收益上来讲，加工贸易只能使中方获取微薄的加工组装费，大部分利润流到外方；另一方面，加工贸易的生产需要以环境和资源为代价，而中国目前面临着严重的环境污染和资源短缺问题。扩大内需的政策效力由于受到国内社保体系建设周期长的影响而表现为有限程度内，则出口仍是拉动经济的不可缺少的重要手段，既然出口避免不了，而同时要改变过去的粗放出口模式，那只能改变目前的出口结构，其中一个重要方面就是增加服务贸易的出口比重。

目前服务贸易虽然从规模上还比不过商品贸易，但已表现出强劲的发展势头，将来也大有可能成为国际贸易的最主要方面。发展服务贸易及其国内服务经济基础其实是顺应了世界发展趋势。中国经济的发展阶段和总体实力决定着服务贸易结构，后者的不断升级须得到前者的推动。因此，随着国内服务经济实力的增强，服务贸易出口将成为中国进出口结构中的重要组成部分。

而且对处于亟待获得发展的中国来说，还须完成工业化的使命。据相关数据显示，中国经济工业化至多还处于中期阶段，而工业化是不可逾越的阶段，没有工业化，服务化也就失去了基础。因此在此过程中更应加强服务经济的建设，以服务化经济促进工业化良好发展。如何将工业化与服务化很好地结合起来将是事关中国未来经济的重大课题。鉴于此，经济服务化具有重要历史意义。

第二节　相关文献综述

关于服务贸易的研究离现在还比较近，国外在 20 世纪 70 年代才开始有服务贸易的提法，如 1971 年的 OECD 相关报告，1974 年的美国贸易法案都提到了服务贸易的概念。之后，西方学者展开讨论，1977 年，Hill 提出了理论界公认的服务概念。Sampson G. 和 Snape R.（1985）及 Bhagwatti J. N.（1994）相继扩展了 Hill 的"服务"概念。并且，Bhagwatti 还将服务贸易的方式分为四种，并最终为 GATS 所用。乌拉圭回合协议中服务贸易的分类与 Bhagwatti 等学者的观点完全一致。而中国学者探讨服务贸易是从 90 年代开始，汪尧田、周汉民两位是较早的代表；杨圣明研究员对服务及服务的定义给出了比较权威的注解。之后在由陈宪、薛永久及周宝廉等编写的教材中有服务贸易的定义。还有一些专著中也介绍了服务贸易的定义，如隆国强等的《中国服务贸易》及于维香等编的《国际服务贸易与中国服务业》。近年来，服务贸易的定义鲜有创新，基本沿用之前的一些提法。

一　国内相关研究

对外贸易是一个国家经济社会发展的很重要的一方面，其影响广泛且深远。最直接的来说，国际贸易与经济增长之间存在着密切联系，很早以前，贸易就被认为是经济增长的发动机，近年来随着服务贸易的增速大大高于商品贸易，因此也有学者提出了服务贸易是经济增长的引擎（Hufbauer 和 Stephenson，2007）。① 与商品贸易研究相比，国内外对服务贸易的研究较晚且不成熟，为什么会出现这种情况呢？综合来说，本书认为有三点原因，首先，国际服务贸易的成长与壮大是与世界经济服务化趋势相适应的，而这一进程只有在 20 世纪 70 年代以来才受到各方较多的关注。其次，服务贸易所包含的内容比较复杂，各个方面之间差异性较大，不容易总结出适合所有服务贸易种类的一般性理论。最后，由于服务贸易统计数据不易获取，服务贸易的无形性特征不利于各国度量，给研究带来诸多

---

① Gary Hufbauer and Sherry Stephenson, "Services Trade: Past Liberalization and Future Chalenges", *Journal of International Economic Law*, 2007（8）: 605 – 630.

不便。随着网络与信息技术的发展，国际服务贸易的强劲发展获得了坚实的基础支持，于是从 20 世纪 70 年代起，顺应了世界经济服务化趋势，服务贸易成为众多学者探讨与研究的热门话题。

1. 服务贸易与经济增长

"入世"以来国内关于服务贸易的研究大量涌现。胡小娟和李波（2001）研究了利用外资服务业的特征及宏观问题，认为使用外商投资要符合我国产业发展目标，提出了要制定服务业利用外资的发展战略。[①] 李慧中（2004）通过两部门模型，分析了制造业与服务业劳动生产率的差异是造成发达国家服务价格高于发展中国家的主要原因。[②] 姚战琪（2009）运用计量工具得出一些结论，认为服务贸易进出口均与中国总产出呈正相关，但服务贸易进口的相关性要大于服务贸易出口的相关程度；并且指出在短期内，服务出口促进了经济增长，长期来看作用不明显，但在未来较长时间内，服务进口却与增长仍将保持较强相关性。[③] 危旭芳和郑志国（2004）也表达了类似观点，他们通过实证研究，得出服务进出口额与 GDP 存在正相关性，且就目前来说，服务进口对国民经济增长的促进作用大于服务出口。[④] 程大中与梁丹丹（2005）也得出类似结论，服务进口增长率对经济增长率有较大的促进作用，而服务出口增长率对经济增长率的贡献却小于服务进口增长对经济增长率的贡献。[⑤] 从上述研究结果笔者很容易总结出相同方面，即服务进口对经济的促进效应较出口大，这一说法有多大的可靠性，本书认为还有待时间验证及等数据充分后再下定论。徐光耀（2008）的研究表明，传统服务贸易业即运输和旅游对经济发展的促进作用偏低，而新兴服务业即资本知识密集型服务业所表现出的促进作用较大。他们还指出国际文化服务贸易对我国经济发展有较强的

---

① 胡小娟、李波：《面对中国入世：我国利用外资与服务业开放问题的思考》，《湖南商学院学报》2001 年第 1 期。

② 李慧中：《贸易与投资动因：服务业与制造业的差异》，《复旦大学学报》2004 年第 1 期。

③ 姚战琪：《中国服务进出口贸易与经济增长的协整关系》，《山西财经大学学报》2009 年第 10 期，第 31 卷。

④ 危旭芳、郑志国：《服务贸易对我国 GDP 增长贡献的实证研究》，《财贸经济》2004 年第 3 期。

⑤ 程大中、梁丹丹：《我国服务贸易增长率和经济增长率的实证研究》，《经济师》2005 年第 10 期。

推动作用，我国应进一步重视国际文化服务贸易的发展。[①] 这也提示笔者文化交流也可以从多方面促进经济增长，为笔者打开了一个新思路。李瑞琴（2009）也指出，服务贸易作为一种无形的贸易方式，其自由化对一国经济增长除了直接影响之处，更多的时候是间接效应，而这种间接影响对经济的长期增长更为重要，并且服务贸易的内在特性决定了其自由化发展有助于技术外部性效应的极大实现，除此之外，服务贸易的发展还有利于相关行业或部门形成外部规模效应以及具有拉动就业效应等。[②]

2. 服务贸易效应研究

苗秀杰（2005）指出，从正效应来看，服务贸易自由化对中国具有规模经济效应、竞争优势效应、经济刺激效应、资源充分利用效应及学习效应。他还指出服务贸易自由化的几个负效应：阻碍国内服务业发展、危害国家安全及国际收支恶化效应。[③] 服务贸易自由化是为了适应高速发展的服务贸易而制定的一个长远方向，由于发达国家具有先进的服务型经济作后盾，其服务贸易具有较强的竞争力。而发展中国家可能出于保护产业及经济安全方面的顾虑而有意放缓自由化步伐。但自身的服务产业并不能通过一味的保护得到真正发展，企业存在并壮大的唯一途径是市场竞争，缺少生存压力的企业如一些国有企业将成为财政的负担，经营效益普遍不佳，竞争力普遍难以提高。

鉴于服务贸易项目的复杂性，不同类别的服务贸易所产生的外溢效应是不同的。蒋昭乙（2008）基于人均产出受人均资本、制度、技术及人力资本等因素的影响的思路，运用计量方法考量了服务贸易与各个因素之间的关系，首先，他得出服务贸易出口与人均人力资本和人均资本呈负相关性，而服务贸易进口则与两者呈正相关性。这可能是与我国的服务贸易出口结构仍处于失衡有关，运输与旅游等传统部门占比过大，而其他服务贸易出口长期不振。其次，回归结果显示服务贸易进口还与体制变革之间有正相关性，而出口对制度变革没有直接推动作用。这样的结论也是有道理的，中国行政体制效率的提升往往是从涉外部门开始，无论是涉外企业

---

① 徐光耀：《我国服务贸易与经济发展——基于行业面板数据的分析》，《中央财经大学学报》2008 年第 9 期。

② 李瑞琴：《服务贸易与货物贸易自由化对经济增长影响的差异性研究》，《财贸研究》2009 年第 3 期。

③ 苗秀杰：《服务贸易自由化对我国的正负效应分析》，《理论前沿》2005 年第 11 期。

还是政府涉外窗口，他们的效率可能比不涉外的部门高。最后，服务贸易与技术进步之间的关系，进出口也不一样，出口与技术进步之间存在负相关性。[①] 通过蒋的研究，笔者注意到服务贸易对经济增长的外溢效应主要是通过全要素生产率的提高来实现的，这给笔者提供了进一步挖掘服务贸易效应的途径，全要素生产率除了上述几个方面还包括其他什么内容，而服务贸易对这些内容有什么影响？这是后来研究所要讨论的。

刘泽照（2008）也认为大力发展服务贸易对中国未来经济发展具有深远意义，他将之概括为四种效应：首先，服务贸易"两低一高"（低污染、低能耗、高附加值）的特性使之具有环保效应；其次，服务贸易国际技术转移的重要渠道，主要通过技术贸易、示范效应和人员流动等途径来实现；再次，服务贸易可以通过学习与模仿效应影响中国制度变迁，因为新制度经济学指出学习是制度变迁的长期源泉，后者是前者的函数；最后，服务业具有强大的就业吸纳功能。[②] 他只是简单提出服务贸易可能具有这几个方面的效应，但未作进一步求证。这四个效应当中，中间两个是包含在全要素生产率内容中的。第一个环保效应是其结果，而就业效应对劳动力技能有促进，这四点都和中国经济增长有联系。孔令丞等（2009）以"入世"为时间切入点，指出"入世"后我国服务贸易受到冲击，是一种短期阵痛。但从长期来看，服务贸易的福利效应，包括竞争压力效应、制度创新效应、技术外溢效应及吸引外资效应会带来产业竞争力的提高；他还指出服务贸易开放度提高在短期内对我国有负面影响，但随着时间推移，它所带来的技术与知识溢出效应受益更大，因此为获得长期经济增长效应，还应坚持不懈地继续探索服务业的开放。[③]

服务贸易由于具有四种方式，他们各自对经济的影响途径及程度可能都不一样。方慧（2009）利用中国服务业 FDI 数据分析了服务贸易对中国服务业的技术溢出效应，以该指标得出的回归结果显示，服务业 FDI 占GDP 的比重每上升10%，则经济增长率将提高2%以上。因此可以推断，

---

① 蒋昭乙：《服务贸易与中国经济增长影响机制实证研究》，《国际贸易问题》2008 年第 3 期。

② 刘泽照：《基于国际服务贸易与经济增长的实证思考——一项因果关系的统计检验及启示》，《江苏工业学院学报》（社会科学版）2008 年第 4 期。

③ 孔令丞、马忠旺：《中国服务贸易推动经济增长效应研究》，《当代经济管理》2009 年第 7 期。

商业存在服务贸易具有显著的技术溢出效应。①

3. 服务外包研究

李华焰和马士华（2001）将企业核心竞争力、内部能力与对外包部件的财务影响构成了一个三维外包矩阵，为企业外包决策提供参考。李志强和李子慧（2004）认为，降低成本的考虑是引发跨国公司进行国际服务外包的内在核心动因，跨国公司通过服务外包来寻求最低成本，并追逐利润最大化。陈菲（2005）在内在动因之外，提出企业开展服务外包还有外在动因，是基于技术动因、经济动因和市场动因等考虑。邹全胜和王莹（2006）对两阶段博弈的成本—收益模型分析，认为科技的发展、分工的细化必将使服务业脱离传统一体化的产业模式，成为独立的行业，不仅如此，服务业还将不断向服务外包的非一体化模式演进。黄建锋和崔荣燕（2007）认为，对利润最大化的追求和资源归"核"化的紧缩是企业开展服务外包业务的直接原因，而科技进步和环境政策的宽松是服务外包发展的间接动因。卢峰（2007）从生产内分工的角度对服务外包模式进行了深入研究，发现服务外包是在 IT 被广泛应用的背景下，专业分工精细化使众多服务活动从生产企业生产链中分化出来的结果；无数微观企业服务外包行为的累积，必然导致服务外包的产业化，即从生产性产业中分化出来的一个独立行业。冯之浚和于丽英（2007）认为，经济的发展及专业化分工导致知识密集型外包迅速发展，知识密集型外包有助于企业应对日趋复杂的技术、迅速变化的经营环境和不断演变的商业理念；并提出知识密集型外包对创新作用的发挥要取决于客户组织能力，客户组织如何与服务提供商合作，及如何坚持从该服务中学习，如何在整个组织中管理知识。张达凯（2009）运用社会分工理论、核心竞争力理论、价值链、战略管理等现代经济与管理理论和方法，通过分析机械制造过程的价值链及非核心业务外包战略的利弊，探讨非核心业务外包的必要性及可行性。

朱晓明等（2006）立足中国上海的服务外包实践，从服务外包发包商的角度构建了外包 X–Y 两要素决策函数，为服务外包发包商选择最优接包商提供了分析决策模式图。江小娟（2008）以日本对华离岸外包为基础，研究中国软件业承接国际外包业务的情况，包括人才流动、日资在华接包企业的情况、对发包方和接包方的影响与效应等，还讨论了软件外

---

① 方慧：《服务贸易技术溢出效应研究》，《世界经济研究》2009 年第 3 期。

包从沿海到内陆的"雁行发展"的可能性问题。吴胜虎等（2009）研究了中国信息技术外包和 BPO 服务外包转移方和承接方市场的优势与局限，提出中国制造转变成中国服务应积极实现国际服务业自由化，加大服务业引资力度，培育规范成熟的国内外包服务市场，加强商务环境建设。姜荣春（2009）通过比较研究，提出中国发展服务外包应加强知识产权保护力度；完善外包市场建设法律法规，强化后期监管；制定实施服务外包产业政策，大力支持外包服务业的发展等建议。邬适融（2010）对上海的服务外包进行了具体研究，提出了培育外包服务企业群，发挥区位优势的建议。王洛林（2010）对我国软件、金融及物流等典型行业和大连、成都等国内典型地区服务外包实践进行了经验分析，提出了发展服务外包的鼓励自主创新、树立品牌意识、构建独立知识产权体系的政策建议。

二　国外相关研究

1. 经典国际贸易理论

对外贸易理论由来已久，晚期重商主义的"贸易差额论"较其前期具有很大进步。古典政治经济学家亚当·斯密的绝对成本假说和大卫·李嘉图的相对成本假说为后世对外贸易理论奠定了理论基础。以斯密为代表的古典经济学家们认为国际生产率的差异导致了成本差异，建立在分工基础上的国际贸易能同时促进两国的整体福利。因此，他们主张自由贸易。在成本假说的基础上诞生的要素禀赋理论，其核心思想仍是古典贸易理论，只不过它指出生产要素不均衡分布是导致生产率或成本差异的主要原因。但要素禀赋理论受到"里昂惕夫之谜"的挑战，但不久之后许多学者在要素禀赋理论框架下对"里昂惕夫之谜"进行了理论解释。以古典贸易理论为源头的要素禀赋理论还是获得普遍认可。

2. 传统贸易理论对服务贸易的适应研究

上述国际贸易理论或模型是以货物贸易为基础的，而关于货物贸易理论是否适用于服务贸易，国外理论界表现出截然不同的两种观点。一是认为不适用，Dick 和 Dicke（1979）运用实证方法检验传统商品贸易理论是否适用服务贸易，其结论是基本不适用。他们运用显性比较优势法（Revealed Comparative Advantage，RCA），对 18 个经合组织国家 1973 年的"知识密集型"产品与服务的出口数据进行了跨部门的回归分析，其结果是没有证据表明传统贸易理论中的比较优势因素在服务贸易中发挥了作用。Sampson 和 Snape（1985）认为由于传统贸易理论基本假定之一是没有要素的国际流动，即使成立，也只能适用于要素不能流动的国际服务贸易，而需要要素流动的服务贸易就不适用。Feketekuty（1988）也认为，正是由于服务贸易具有许多与商品贸易不同的特点，阻碍了传统贸易理论对于服务贸易的适用性。二是认为适用，包括基本适用或修改后适用。Bhagwatti 建立了一个服务价格国际差异模型，并得出高收入国家和资本密集型服务价格较低，而低收入国家劳动密集型服务价格较低的一个结论，于是可以用比较优势理论来解释服务贸易。Kumpe（1988）认为，作为一个简单的思想，比较优势理论是普遍有效的，每个团体所专注的共同利益正是自身效率更高的那项活动所带来的，这个命题总是有效的，比较优势同样存在于服务业中。还有一些实证研究，如 Sapir 和 Lutz（1981）通过计量实证，结果表明服务贸易尽管受到保护主义影响，但一系列经济系数的确显示了比较优势的决定作用，如对货运服务而言，资本密集性是一项比较优势，客运服务中，物质资本禀赋再次证明比较优势的正面影响。Djajic 和 Kierzkowski（1989）运用 H－O 模型对与耐用物品相关的服务进行了实证研究。结果也表明了相关国家的要素禀赋不仅决定贸易量和贸易方向，而且决定服务可贸易性的程度。Langhammer（1989）运用发达国家美、日、法、德的国际收支数据，研究了南北国家的服务贸易，结论指出发达国家与发展中国家之间的服务贸易模式与有关的禀赋关系密切。本书认为，国际货物贸易经典理论也同样适用于服务贸易，既然服务也是一种产品，那么国际服务生产率的不同或成本差异同样会导致国家之间服务贸易的产生，生产或制造服务的要素不同也可以导致服务贸易的出现。比较优势理论仍是国际贸易理论中最伟大的发明。尽管关于服务贸易的成因可由传统贸易理论来回答，但服务贸易的政策选择及福利效应等问题仍存在很多分歧。

3. 服务贸易自由化研究

除了关于主流贸易理论是否适用于服务贸易的讨论之外，针对发展中国家往往担心一些服务部门的开放意味着将经济置于不安全状态，怀疑外资一旦形成行业控制会严重威胁到本土经济安全和社会稳定。西方学者对服务贸易自由化表现出较大的研究兴趣，相关文章较多。但对服务贸易自由化的定义却没有一个正式而确切的说法。英国兰开斯特大学的 Baiasubramanyan V. N. 和 Balasubramanyam A.（2001）对印度软件业进行案例研究，印度作为一个人均收入低于 400 美元的穷国，却是处于信息科技革命核心地位的软件服务工业的强国，年增约40%，他们认为印度IT服务业的发展例证可以减少发展中国家开放服务业的顾虑。[1] 服务贸易自由化不仅能促进自身贸易的发展，同时也能促进商品贸易的增加。Blyde J. 和 Sinyavskaya N. 的研究，建立在一个较大容量数据库的基础上，得出经验结论表明服务贸易的自由化对商品国际贸易有利；不仅如此，发现在不同服务项目中，运输及通信服务对商品贸易的影响最大；进一步研究又发现商品贸易下两位数的国际交换与测试中心的类别下所有科目都与服务贸易自由化呈正相关。[2] 关于服务贸易自由化与增长之间的关系的研究比较少，《经济学家》（2004）里有一篇文章，强调良好的基础设施是服务贸易自由化发挥其对增长正效应的必要条件，该文还提出疑问：信息通信技术对穷国生产率的影响是否小于富国？El Khoury A. C. 和 Savvides A. 的研究证实电信服务的开放对低收入国家经济增长有益，而高收入国家则从金融服务贸易开放中获得较多收益。[3] Robinson、Wang 和 Martin（2002）运用10个区域及11个部门的模型，对服务贸易自由化的影响与收益进行估算，其结果表明，服务贸易提高了进口国的全要素生产率，尤其是在那些对服务投入有更高需求的生产部门。他们还通过模拟试验的方式分析了服务贸易自由化的收益，结果表明，将服务贸易保护水平降低50%所带来的福利收益五倍于非服务部门同样程度的自由程度。另外，服务贸易进口所产生的技术外溢效应提高了进口国的全要素生产率，并因此推动其经济增长。[4] 对于金融部门自由化与经济增长之间的关系，西方学者予以了特别关注。如 Mattoo、Rathindran 和 Subramanian（2001）以基础电信和金融服务为开放程度指标，并结合经济增长率进行回归，结果表明，服务部门的贸易开放度对经济增长具有长期显著影响，而金融服务部门尤为明显。Hoekman（2006）认为，在开放环境下，服务是一国企业竞争力的关

① Baiasubramanyam V. N. and Ahalya Balasubramanyam, "International Trade in Services: The Case of India's Computer Software", *Economics Letters* 77, pp. 85 - 91.

② Juan Blyde and Natalia Sinyavskaya, "The Impact of Liberalizing Trade in Services on Trade in Goods: An Empirical Investigation", *Review of Development Economics*, 2007, 11 (3), pp. 566 - 583.

③ Antoine C. El Khoury and Andreas Savvides, "Openness in Services Trade and Economic Growth", *American Economic Review*, 89, pp. 379 - 399.

④ Sherman Robinson, Zhi Wang, Will Martin, "Capturing the Implications of Services Trade Liberalization", *Economic Systems Research*, 2002 (1), Vol. 14, pp. 3 - 33.

键因素，企业的竞争力的强弱很大程度上取决于其所需生产者服务的成本高低。他还认为服务业基础设施和基础服务的发展水平直接影响到一个国家的产品出口竞争力，而对于那些服务业落后的国家来说，可以通过引进金融、电信、交通设施等基础服务领域的 FDI 来降低企业成本，从而提高整体经济效益。[1]

4. 知识型服务贸易研究

随着知识经济的到来，知识型服务贸易自由化和知识自由流动对经济增长具有重要作用，消除对知识自由流动和知识型服务贸易的限制，对服务贸易的发展具有重要意义。国外学者对知识型服务贸易的研究起步早，Romer（1994）指出知识型服务大多是信息与知识密集型产业，因而具有内在规模报酬递增及难以模仿的特性，因而在生产中其边际成本相比传统产品较小。[2] Ethier（1991）运用静态模型，分析了规模报酬递增的特性可以通过熟练劳动的固定成本的简单规模经济获得，因此知识型服务可以在低边际成本下提供。由于商业服务与货物相比定制化程度更高，因而知识型服务贸易不仅促进经济发展，对最终产品与服务的增长也起到重要作用。[3] Hindley 等（1994）认为知识型服务不仅能促进制造活动，而且能在服务生产中创造附加值。Wolfson（1999）强调，知识型服务作为中间投入已经成为经济增长动力和世界市场竞争力的主要来源。随着互联网、电子商务等数字市场的兴起，知识在国内和国际的流动将越来越频繁，知识存量的积聚必然随之增加，知识型服务的发展也会随之加快。知识型服务的有效发展不仅能够提高经济增长率，而且能够促进最终产品和服务的增长[4]。可以预见，随着数字科技的发展，知识型服务贸易的生产与消费将以更低的成本进行，从而促进了知识型服务贸易的发展。

始于 20 世纪 70 年代的信息通信技术对服务贸易的整体发展产生了

---

[1] Hoekman, Bernard, "Trade in Services, Trade Agreements and Economic Development: A Survey of the Literature", *CEPR Discussion*, 2006.

[2] Romer P. M. , "The Origin of Endogenous Growth", *Journal of Economic Perspectives*, 1994 (1).

[3] Ethier, W. , H. Horn, "Services in International trade", in E. Helpman and A. Razin (editors), "International Trade and Trade Policy", MIT Press, Cambridge Massachusetts, 1991, pp. 223 – 244.

[4] Wolfson, M. C, "New Goods and the Measurement of Real Economic Growth", *Canadian Journal of Economics*, 1999 (32).

重大推动作用。在电子科技革命之前，由于服务自身特性之一就是生产者和消费者无力接触服务，服务贸易的发展受到空间距离的限制。一国即使具有了服务出口的能力，但由于传递中介的局限，有些服务产品也无法满足他国消费者的需求。而新科技，尤其是通信与网络的发展，为跨越这一障碍提供了解决方案，并且大大降低了服务的运输成本。且服务贸易由于具有无形性特征，网络的普及有利于突破服务的这一发展"瓶颈"。Caroline Freund 和 Weinhold D.（2003）建立模型研究了网络的介入（由互联网域名数衡量）是否对国家间服务贸易产生正向影响，结果显示贸易对方的网络技术每增长 10% 会分别引起进出口 1.1% 和 1.7% 的增长。①

5. 服务外包研究

服务贸易总协定（GATS）自 20 世纪 90 年代中期实施以来，过境服务贸易模式 1（Mode 1）在网络信息技术的支持下取得了巨大发展，一方面是因为不断出现的经济机会，另一方面则要归因于科技进步，企业因而可以更加方便地从外国供应商获得服务中间投入。从而导致 Mode1 的旺盛增长。过境服务贸易中有很大部分是由服务外包（outsourcing or offshoring）实现的。一谈到服务外包，首先可能想到的是印度的软件外包业，印度以一个人均 GDP 很低的非富裕国家却能在软件外包领域取得一定地位，服务贸易自由化的努力功不可没。服务外包绝对额相比商品外包还比较少，但发展速度远远超过后者。Amiti 和 Wei（2005）指出，美国计算机及其他服务的服务外包占美国 GDP 的比重在过去的 20 年时间里每十年翻了一倍，从 1983 年的 0.1% 到 1993 年的 0.2%，再到 2003 年的 0.4%。他们运用工具变量模型来探索服务外包潜在的内生性，分析了从 1992—2000 年期间服务外包对美国制造业生产率的影响，结果表明服务外包对美国制造业生产率具有重要积极影响，贡献率达 11%；而外包的原材料投入也对生产率有正效应，但较小接近 5%。而商品外包也在增长但大大缓于服务外包。同样的情况也发生在英国、瑞士，在这些国家里商品外包占 GDP 比重很大，超过服务外包，但后者发展速度快于前者。② 根据管理

① Caroline Freund and Diana Weinhold, "The Internet and International Trade in Services", *International Journal of Service Industry Management*, Vol. (14), No. 2, 2003.

② Gary Hufbauer and Sherry Stephenson, "Services Trade, Past Liberalization and Future Challenges", *Journal of International Economic Law*, 2007 (8), p. 623.

咨询公司 McKinsey 研究，1980—2002 年，发展中国家承接发达国家服务外包的增速快于制造品及服务贸易。西方学者就其他服务贸易模式也提出不少有价值的观点。

关于外包的定义，Loh 和 Venkatraman（1992）认为外包是将企业的部分职能转移给外部服务商，从而获得经济、技术与战略优势的过程。也有不少人简单地称外包为"外部资源利用"（Quinn and Hilmer，1994；Hiematra and Vantilburg，1993；Koppelmann，1996）。Mahnke（2002）认为外包就是由外部供应商来完成原先在企业内部进行的价值链活动。Stack 和 Downing（2005）认为服务外包就是将企业内部的服务职能转移给外部服务商，由后者对其进行管理和控制。Monczka 等（2005）认为，外包就是将之前由企业内部提供的生产或服务功能转而向外部供应者购买。

学者们尝试就服务外包的原因进行了研究。Lacity 和 Willcocks（1994）专门分析了国际服务外包的动因，他们认为从微观层面看，企业是出于财务原因、业务原因和技术原因外包。Quinn 和 Hilmer（1994）指出企业通过将非核心业务外包出去，可更好地集中于核心竞争力。而 Dess 和 Rasheed（1995）还认为外包使得企业对外部环境的变化作出快速的反应，避免了业务内部化的官僚成本。Dyer 和 Harbir（1998）提出了关系租概念，其如同超常报酬，是指从企业彼此的交换关系中产生单一企业无法产生，必须通过合作伙伴合作才能创造的超额利润。因而企业选择外包，当客户与服务商之间通过对于知识、技能的共享而产生了关系租（Mahnke and Mikkel，2005）。还可以通过整合内部资源和其他时区外部资源以提供 24/7 不间断动作（Ramachandran and Voleti，2004）。Christina Costa（2001）就服务外包的微观层面也进行了分析，认为服务外包是企业出于降低成本、促进技术进步和增强自身核心竞争力。Henneman（2005）对持续进行外包业务两年以上的企业进行的跟踪研究，表明平均成本可节省 10%—20%，而尽管成本的节省仍是外包的重要因素，但企业也希望获得其他收益，战略上的考虑越来越成为外包的动因。美国学者 Click 和 Duening（2008）对 BPO（Business Process Outsourcing）进行了研究，认为企业生产中的许多服务业务都可以外包，如薪酬和福利、客户服务、呼叫中心及技术支持等，但 BPO 不是简单的地点转移，而是经过谨慎周密研究或布置才能获得最大商业利润。

6. 服务贸易与经济增长

Khoury 等（2003）的研究指出，服务贸易对经济增长的推动效应与本国经济发展水平高度相关。① 类似于货物贸易的产业间贸易和产业内贸易，在产业及经济结构相同的国家同一种产品的贸易较大且商品结构相当，而在发达国家与发展中国家之间是在不同产业之间进行商品贸易，两种情况的影响是不同的。他还指出发展中国家的新兴服务贸易要比传统服务贸易更能有效地促进经济增长。Li、Greenaway 和 Hine（2003）对 82 个国家的面板数据进行了动态分析实证研究，得出服务进口对一国经济增长的具体影响。他们发现服务进口对发达国家的经济增长具有积极促进作用，而对发展中国家却具有负面作用。Guerrieri、Maggi 和 Meliciani（2005）具体到商务服务部门，发现其在知识积累和经济增长中的作用，他们指出国内服务规制的放松及服务进口对欧盟国家的经济增长具有积极影响，而且进口的商务服务比国内提供更具有促进作用。

第三节　研究框架与方法

一　研究框架

研究框架是文章的整体思路，是对整个文章的主要内容及论证逻辑的概括。本书主要是研究服务贸易的外溢效应，即西方经济学上的外部性问题。而服务贸易的外溢效应必是有利于经济增长与社会发展的。根据新古典经济增长理论、内生增长理论及 20 世纪八九十年代一些经济学家的理论，经济增长依赖于技术、资本（包括物质资本、人力资本及社会资本）等内生要素，通过提高这些因素的总量及作用力，经济增长与社会发展就能得以实现。笔者就是要研究服务贸易与这些内生要素之间的关系，这是本书的独特视角。而由于服务贸易的内容包括各种不同的服务项目，因此其结构特征是影响其外溢效应的重要因素。

---

① Khoury, Denise Eby and Keith E. Maskus, "Quantifying the Impact of Services Liberalization in A Developing Country", *Journal of Development Economics*, 2003, pp. 42 – 62.

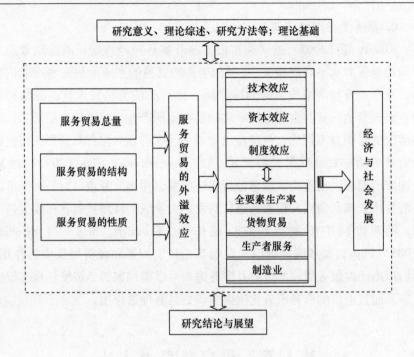

图 1 - 1　本书框架结构

二　研究方法

基于设定的研究思路，笔者进行了大量的实证研究，采用的工具就是计量经济分析方法及其软件。在计量研究过程中，笔者发现有时计量结果与经济直觉是相违背的，这时就可能需要作进一步实证研究，或将计量结果与直觉感知进行结合并得出结论。经济增长与社会发展是一个相当复杂的过程，瓦尔拉斯的一般均衡理论表明每一组社会变量都可能相互影响。因此，在对一些变量进行实证回归等研究时，假定了其他条件保持不变（other things being equal）。

经济分析离不开定性与定量分析、规范分析及实证分析的结合。定性主要解决的是运用基本理论对相关问题进行判断，然后运用相关数理知识等定量方法进行佐证。根据逻辑分析法原则，命题的提出首先应是正确的，然后还是求证过程，最后得到验证。定性与定量的结合很好地满足了逻辑思维方法的程式要求。另外，规范分析与实证分析的相互补充也是经济分析的必备工具，前者是回答"为什么"的问题，就是解释客观世界为什么会这样；而实证分析是针对"应该怎么样"的问题，参与了价值判断，因此涉及社会选择问题。

归纳和演绎是理论研究中不可或缺的一对分析法。在选择研究切入点时，笔者是在对前期研究基础上加以总结，获得思路并开始创作的。在对中国服务贸易发展情况分析后，对其发展特征进行归纳，并总结出服务贸易的结构问题在外溢效应的生成机制中比较重要，直接影响了全篇布局。在运用前人的理论并进行发挥时，归纳更是必不可少的工具。演绎是与归纳相对的思维方式，是将总结后的原理运用到某一点，于是原理得到证明或扩展。而第五章的应用性研究就是一个演绎过程。

在中国运输服务贸易的外溢效应研究那一部分，笔者简单运用了投入产出分析法，其是研究产业结构与经济结构的有用工具，也可以分析某产业的波动影响。由于服务贸易数据的精确性有限，大量运用该方法无从实施。本书只好运用这一方法进行了粗略研究。

在对中国服务贸易发展情况进行介绍时，笔者采用了图表形式来表现出变量的发展情况。在相关理论解释中，笔者有时运用图示法，并对文字内容进行了补充说明，做到一目了然，有助于对分析内容的理解。

第二章　国际服务贸易理论

　　国际服务贸易的产生时间很早，受到货物贸易的带动。较早期的服务项目有旅游与教育服务，他们都可通过自然人流动而实现。国际人员交流的事实在中外历史上都有明确记载。因此，国际服务贸易并不是一个新鲜事物，只不过随着资本主义工业革命及人类现代化进程的加速，促使服务具备了初级产业形态，并表现出一定规模，国际贸易领域内原先货物贸易"一统天下"的局面受到服务贸易的挑战。在刚刚过去的 20 世纪里，人类经历了两次重要的科技革命，尤其是在以信息、通信及生物技术为代表的第三次科技革命的影响下，以服务为交易对象的经济形态逐渐扩大，呈现出巨大发展潜力。服务经济的壮大构成世界经济的亮点。与此相应，服务贸易在国际贸易的规模和地位也不断提高，服务贸易的发展对国际贸易格局产生巨大影响。为了满足客观世界的需求，包括服务贸易在内的服务经济理论体系逐渐形成。由于西方发达国家的服务经济发展走在前面，导致他们的服务理论也走在前面，但他们的研究成果可供借鉴。1949 年中华人民共和国成立，但直到改革开放之后服务贸易才开始得到发展，之前我们奉行的是与世隔绝的经济政策。从一个事实可以看到我国服务贸易的落后程度，直到 1997 年中国国际收支平衡表中才按国际惯例对服务贸易部门进行细分，其他商业服务的数据才开始统计。服务经济是一种最需要社会基础及积累的产业形态，短期内较制造业更难提高其竞争力，因此发展服务经济可能是摆在中国人面前最严重的挑战之一。

第一节　国际服务贸易原理

一　国际服务贸易定义

　　国际服务贸易的外溢效应是由于众多的国际服务贸易活动而产生，因而有必要就国际服务贸易的内涵作一概述。简单来说，国际服务贸易（International Trade in Service）就是以服务为交易对象的国际贸易，是指购买或出售一切服务的交易，即服务的跨国界或地区的流动。还可以说，国际服务贸易是指发生在国家之间的严格意义上的服务的输出入活动，属于无形贸易的一种。或者说，服务贸易是服务在国家之间的等价交换过程，或服务在国家之间的有偿流动过程。① 而服务在国际之间的交换势必遵循着比较优势原则，服务能够在国际流动正是说明国家之间服务生产成本或条件的差别，或服务生产要素禀赋的不同。其中，关键是"服务"二字。有关服务的研究出现得较早，至少可追溯到古典经济学著作，尤其是从 20 世纪 70 年代以来随着服务经济的兴起，对服务的研究也进一步加深，其中就服务的特质已形成较为普遍的认知。一般认为，服务具有无形性、可变性、不可分性及消失性。具体来看，所谓无形性是指在服务被购买之前顾客是无法确切感知，比如，在整容或美容之前，顾客是看不到真实效果的，不像实物贸易的商品具有实际形态；可变性是服务受时间及空间的影响较大，例如，在美容时服务人员可能因心情好坏而导致服务优劣。不可分性是指服务提供方与顾客之间相互作用才能完成服务，两者共同影响了服务效果。消失性是指服务不能储存供将来使用，而实物商品在一定期限里是可储存的。当然，随着现代科技与网络的发展，可使一些服务表现出物质形态，而且可以储存、运输或传递，但那只是服务的储存介质，与真实服务还是有区别的，从服务的过程与结果来看，介质并不等于服务。一项软件技术属于服务，但它可以被拷在一张盘上进行流通和存储，但该盘并不能代表服务本身。因此，虽然现代科技的发展逐渐使一些无形服务具备了有形状态，但服务的无形性特征仍然可以存在。另外，有些服务与实物已经不可分割，必须通过一定的实物才能表现出该服务本身，但它们仍不是服务本身。商标与品牌都属于服务，虽然它与实物标志或造型是分不开的，但两者并不等同，此处服务代表一种消费价值，而实物标志或造型只是一种媒介，且这种媒介不可替代，至关重要。因而，服务的特征可能会因服务可物质化而有所改变，但服务的特征仍明显区别于有形商品。由于服务本身的这些特点决定了国际服务贸易统计上的困难，尤其是第四种模式——自然人移动，因其流动的目的、范围难以确定，且

---

① 杨圣明：《服务贸易：中国与世界》，民主与建设出版社 1999 年版，第 4—5 页。

具体可操作的统计指标很难找到，因此实际上目前各国自然人流动模式在现行服务贸易统计中没能充分地得到体现。

由于服务的抽象性及复杂性，不利于进行实际测量，因此为了便于统计，世界贸易组织制定的《服务贸易总协定》（General Agreements on Trade in Service，GATS）认为服务贸易是指以过境交付、消费者流动、商业存在及人员流动这四种形式进行的各国间服务的交易。严格来说，这只是服务贸易方式的罗列，不是一个合格定义，但对于理解服务贸易的概念和国际服务贸易统计是有帮助的。另外，服务贸易所包括的服务项目种类众多，根据联合国贸易和发展会议的统计标准，不包括政府服务，服务贸易项目划分为运输服务、旅游服务及其他服务，而其他服务又包括通信、建筑、保险、金融、计算机与信息、许可证与专利、商务服务及个人文化娱乐服务。这一划分方式与中国国家外汇管理局的国际收支平衡表里的服务分类基本一致，其中包括运输与旅游在内的前八项保持一致，后者没有商务服务这一项，但增加了咨询与广告宣传这两项，前者的个人文化娱乐服务由电影音像替代。除此之外，后者还又加了一项叫其他商业服务。因此，不包括政府服务，联合国贸发会将全部服务分成 10 项，而中国统计部分将其分为 12 项。

在服务贸易及投资领域内争议较大的就是服务业的开放问题，其中涉及服务的定义问题。出于各种原因，发达国家与发展中国家之间可能会因服务的归属问题发生分歧，因而对于是否适用相关国际性条款产生不同意见，引起争端。发展中国家认为，一些基础服务行业可能会涉及国家经济安全因而设置了较多的政策性进入障碍，如行业准入、股权限制，或利用服务概念的模糊做文章等。

二　服务贸易与国际投资的联系与区别

服务贸易与国际投资是两个不同概念，但两者的区别常常被忽略，将国际投资看成服务贸易的错误也时有出现。在有些行业领域，服务贸易与国际投资两者之间是密不可分的，服务贸易的发生离不开国际投资的支持，国际投资为服务贸易提供条件。服务贸易的第四种模式——商业存在，在另一成员领土内设立商业机构为当地提供服务，但服务的制造与运营需要在东道国进行一定的国际性固定投资。其中，所提供的服务与为服务所提供的设施是两码事。比如，国际零售巨头沃尔玛在中国提供大型超市服务，而前提是必须先进行基础建设方面的投资，该项投资本身会带来巨大的直接经济和社会效益，会带动相关产业及就业的发展，但这时还没形成服务贸易，也不是服务贸易的效应，而是国际投资效应。服务贸易关注的只是作为产出结果的服务的国际流动，而不是服务生产的投入问题①。也就是说，服务贸易是指基础投资完成后沃尔玛公司作为外商向中国消费者提供包括管理、定价、广告及宣传等在内的零售服务。因此本书的服务贸易效应与国际投资效应有所区别，服务贸易效应是指沃尔玛在提供服务或其过程所产生的效应。服务贸易外溢效应就是在投资完成后在国际服务商号提供服务的活动过程中所产生的一系列外溢效应。服务贸易实质上是一个流量问题，沃尔玛公司的运营就是服务贸易的创造过程，服务贸易的效应因而不同于投资产生的效应。还是上面的例子，国际零售巨头为中国消费者提供先进的顾客服务，他们提供服务的过程具有一定的透明度，因为要面向大众顾客所以具有可观察性，于是国内零售企业通过模仿其管理模式及服务理念也能为消费者提供类似高质量的购物服务，东道国国内企业的这种学习所得是间接的，并不是外资本来目的或意愿，而是超乎其追求利润目标之外的非主观意志促成的。总之，在分析服务贸易的各种外溢效应时，应首先明确服务贸易与国际投资的区别。

通常所说的国际投资又叫外商直接投资（Foreign Direct Investment，FDI），是指工业或制造业领域内的投资，它们涉及的金额很大且周期长。由于服务贸易直接投资起步晚且规模小，因此相当长一段时间内外商直接投资即指制造业领域，但随着服务直接投资的兴起，以后会逐渐加以区别。就中国情况来说，2009 年制造业 FDI 金额达 4677146 万美元，占全部外商投资的 51.95%，合同达 9767 个，占 41.67%（见表 2 - 1）。由于制造业外商直接投资发生很早且影响面很大，因此针对直接投资的相关研究也大都集中于制造业领域。但近年来随着服务贸易与投资发展迅速，服务业直接投资比重逐渐增加，服务业 FDI 作为一支重要的国际力量所产生的影响也逐渐加大，相关研究也会跟上。按广义服务贸易概念，2009 年中国服务业吸引 FDI 达 3921987 美元，占 43.56%。② 这两种不同业态的 FDI 是要区分开的，本书所研究的对象是服务贸易的外溢效应，其中重要一环是服务业 FDI 即服务贸易商业存在的外溢效应。虽然是不同领域，但

---

①　杨圣明：《服务贸易：中国与世界》，民主与建设出版社 1999 年版，第 4 页。
②　根据《服务贸易总协定》（GATS）的定义，表 2 - 1 中的建筑业及以下名录包含在服务 FDI 内。

都是 FDI, 也都具有外溢效应, 两种情况下难免会有共同或可相互借鉴的
地方。

表 2-1   外商直接投资行业分布 (2009 年)

类别	行　业	合同项目（个）	实际使用金额（万美元）
	总　　计	23435	9003272
农业	农、林、牧、渔业	896	142873
工业	采矿业	99	50059
	制造业	9767	4677146
	电力、燃气及水的生产和供应业	238	211206
	建筑业	220	69171
第三产业	交通运输、仓储和邮政业	395	252728
	信息传输、计算机服务和软件业	1081	224694
	批发和零售业	5100	538980
	住宿和餐饮业	502	84412
	金融业	52	45617
	房地产业	569	1679619
	租赁和商务服务业	2864	607806
	科学研究、技术服务和地质勘查业	1066	167363
	水利、环境和公共设施管理业	183	55613
	居民服务和其他服务业	207	158596
	教育	20	1349
	卫生、社会保障和社会福利业	18	4283
	文化、体育和娱乐业	158	31756
	公共管理和社会组织	—	1

资料来源：中国统计局官网数据（2010 年）。

三　服务贸易与服务业的联系与区别

服务业与服务贸易是服务经济体系内的重要内容, 从不同方面阐述了
服务经济发展状况, 现代服务经济时代的到来实际上是以现代服务业与服
务贸易的发展成就为重要指标的。服务业是一个产业概念, 从大的范围来
看, 农业与工业之外的第三产业都可算作服务业。服务业一般是指生产与
销售服务产品的部门和企业的集合。那什么是服务产品呢？至今仍众说纷

纭，还未能获得共识，因此往往用主要特征来描述，如无形性、智力性。正是由于服务产品与物质商品所具有的不同特性，服务业所包含的具体行业比较零散且不容易全部罗列，不像农业、工业及建筑业那样具有相对明确的范围。各国国民经济核算也未能就服务业的分类形成统一意见。在我国将服务业视同第三产业，即指除农业、工业及建筑业之外的其他所有产业部门，显然这一划分主要是方便统计而采用的。通常情况下，在没有更好的明确区分办法时，第三产业与服务业可基本等同使用。

服务贸易属于对外贸易的范围，是与货物贸易相对应的贸易概念。如果服务业侧重于生产环节，则服务贸易就是分配与交换环节。考虑到地域区别，服务贸易可分为国内服务贸易和国际服务贸易。一般情况下，在未特别说明时，通常指的是国际服务贸易。在世界贸易组织的协调下，为方便服务贸易规则的谈判和建立，国际上关于服务贸易的分类也已经基本确定。在当今国际投资与贸易活动中，服务贸易与服务业的关系呈现出更加错综复杂的关联。比如，跨国银行在东道国的分行进行金融服务，其营业额是一个流量数值，是服务贸易的统计内容，而其本身又属于东道国服务业，为东道国的 GDP 创造增加值。从而可以看出，服务贸易更像是一个动态的产物，侧重于生产者与消费者在不同属国之间的转换。而服务业则表现出相对静态。进一步来看，服务贸易的标的——服务产品，其实就是一国服务行业的输入与输出。因此，根据比较优势理论，如果两国在某服务的生产要素上具有相对禀赋优势，或相对劣势，则服务贸易就有可能发生。本质上，服务贸易其实也就是两国服务业的交流、对话和较量。

世界各国服务业的发展带动了国际服务贸易的发展，服务贸易的发展对各国服务业发展也产生促进作用。本书要研究的是服务贸易的外溢效应，而不是服务业的外溢效应。但服务贸易外溢效应的大小必定受到国家间服务业的影响，包括服务业的发展水平、吸收能力、市场规模及技术条件等。由于服务业与服务贸易同出一源，服务行业其自身的外溢效应与服务贸易的外溢效应也会具有相似之处。因此，在服务贸易外溢效应的研究中，服务业是一个无法避开的话题。

表 2-2 显示中国服务业与服务贸易呈现稳态发展局面，第三产业增加值及吸纳就业人数连续增长，显示出经济向服务化时代转变的迹象，符合世界经济发展的一般趋势。但与发达国家相比，第三产业在国民经济中的重要性还有待提高。国内服务经济的发展带动了服务贸易进出口的增

长。服务贸易占 GDP 比重 2007 年跨越 7%，显示出中国经济对服务贸易
呈现出一定的依赖。2009 年服务贸易占比受美国次贷危机的不利影响而
有所下滑。

表 2 - 2　　　　　　　　　　中国服务业与服务贸易

单位:%

年份	第三产业		服务贸易
	占 GDP 比重	占总就业比重	进出口总额占 GDP 比重
2005	40.5	31.4	6.93
2006	40.9	32.2	6.92
2007	41.9	32.4	7.22
2008	41.8	33.2	6.75
2009	43.4	34.1	5.71

资料来源：UNCATD 数据库及中国统计局官网，经整理而得。

四　服务贸易与服务经济的联系与区别

一般来讲，服务经济是指在一国国民经济体系中服务业创造的产值在
GDP 的比重超过 60% 的经济形态，也可以说是服务业就业人数占总就业
人数比重超过 60% 的经济形态。美国经济学家维克托·富克斯《服务经
济学》的出版标志着服务经济理论的诞生，在书中他通过对美国服务业
数据的整理与分析，认为美国早在 20 世纪六七十年代就于西方发达国家
行列中率先步入服务经济社会。仅从产值和就业来理解服务经济是不够
的，从本质上来看，服务经济是一种以人的全面发展为主要创新内容的消
费经济，在服务经济中，有关人的提升的消费将占到很大比例，因此服务
经济社会里更多的智力产业被开发并使用，因此人力资本在服务经济中将
发挥更关键的角色。

服务贸易属于服务经济的重要内容，从一定角度上说，是服务经济发
展的结果。服务经济，作为一种形态，包括服务的生产、分配、交换和消
费，而服务贸易只是其中的一两个环节。与商品贸易一样，服务贸易之所
以能发生。归根结底，是由于服务产品生产率的国际差别。而且国际服务
贸易比之前农业社会及工业社会中的国际贸易更依赖于经济条件及社会组
织文化，即人为性社会要件。服务贸易是世界各国服务经济交换的方式，

通过服务贸易可以出口国内具有比较优势的服务，或进口国内所缺的各种服务，从而对本国服务产业的技术水平、资源要素及成本价格等发展条件构成重要影响。

从全世界范围看，服务经济已经显示出超越工业经济的趋势，服务经济逐渐成为世界经济主流。其表现之一就是服务贸易在经济全球化及科技革命的双重推动下获得飞速发展。根据联合国 UNCTAD 数据显示，2008年世界服务贸易进出口比 1980 年增长了 8.94 倍，比货物贸易的 7.87 倍高出 1.07 倍，且从年增长速率来看，服务贸易也略高于货物贸易，1980年至 2008 年前者年平均增长 8.35%，货物贸易为 7.92%。服务贸易的突出发展从侧面反映了世界服务业的坚实发展，从而宣示了世界服务经济的来临。

第二节　服务贸易与经济社会的关系研究

一　服务贸易与经济实力的关系

古典政治经济学代表人物亚当·斯密在《国富论》中将劳动概括成生产性劳动（productive）和非生产性劳动（non - productive）两种，前者的特点是增加生产对象的价值同时能创造自己的收入；而后者是指不能创造实际价值载体的劳动，是只能从生产性劳动所得中提取一部分报酬的活动，如家佣。他还认为一个国家如果非生产性劳动过多就不利于它的繁荣。斯密的观点即使在今天也有一定的参考价值，关键是如何解释生产性这个概念。当时斯密所指的非生产性劳动特指私人消费领域中的服务，如皇宫的过度奢侈、家庭佣人等，即我们现在常说的消费型服务。他也不可能认识到一些非生产性劳动早已突破"非生产性"的限制，转变成对生产制造等"生产性劳动"具有重要推动作用的生产者服务（producer service）。并且，生产者服务表现出巨大的发展潜力，且对经济增长具有重要影响。正如首次提出生产者服务概念的 Greenfield 所指出的，生产者服务在经济发展中发挥着关键作用，不光是起到催化剂作用，而且在有些时候作为一种开创剂，因为他们降低了那些原先内置于企业本身的一些职能的成本，使管理者更专注于主要关键领域，从而使得一些创新成为可能（1966）。

不同内容的服务贸易对经济社会的影响是不同的，作用侧面因内容而各异，且影响程度也有差异。经济增长与结构的深化与细化需要相当一大批发达的生产者及消费服务提供商。世界经济正经历着从工业化向后工业化的过渡，而服务的崛起是其明显特点，对后工业化阶段来说，产业结构的升级就是服务经济比重的增加。经济发展为服务业及服务贸易提供了巨大的生存空间。随着服务经济不断发展，国民经济发展将主要由服务部门来拉动。尤其是以转口贸易出身的小国或地区如亚洲的新加坡、中国香港及欧洲的荷兰等，国民经济对服务及服务贸易的依赖程度更大。另外，经济发展与服务贸易的互动局面还表现在具体运作方面。货物贸易的迅速发展能带动运输服务贸易的发展，而旅游服务贸易更直接地随经济形势的起伏而相应变动，其他商业服务也不同程度地受实体经济走势的影响。而运输、旅游及其他商业服务在经济循环中起到辅助或润滑的角色。经济发展水平的提升不断需要高质量的生产者服务作为支撑，因此，经济增长从宏观上为服务经济的发展带来良好需求环境。

从世界范围来看，不难发现一个很明显的规律：国内经济服务化程度发达的国家其服务贸易通常具有很强的竞争实力；发达的服务贸易必然得到国内现代服务型经济结构的支撑。如今在世界服务贸易优势明显的国家大都是工业发达的欧美国家。据 WTO 数据，2008 年北美和欧盟的服务贸易进出口总和分别达 62.0% 和 68.4%。在服务贸易出口前十名国家当中，除中国（第五名）和印度（第九名）是发展中国家之外，其余全都是欧美日等发达国家。进口方面的情况基本类似，除亚洲的中国（第五名）和韩国（第十名）之外，其余也都是发达国家。2009 年的情况也大致类似。经济越发达，服务贸易也越有优势。发达国家的服务贸易是其经济发展的一种结果，而服务贸易的数量和质量在一定程度上也反映出国内经济的发展信息。如果没有国内发达经济实力的支持，欧美国家也不可能在世界服务贸易中长期位于领先地位。从 WTO 的这份排名单中还看到，只有4 万多平方公里的荷兰 2008 年的服务出口竟高达 1016 亿美元，按当年汇率折算约为 7051.04 亿元人民币，相当于我国 GDP 的 2.3%，而其国土面积只有中国的 0.4%。人口最多且陆地面积第三的中国 2008 年的服务出口才 1464 亿美元，比荷兰仅多出 448 亿美元，约为 3109 亿元人民币。中国服务贸易所交出的"成绩单"说明中国经济发展及整体实力还需不断提升，只有当中国经济经历本质性的服务化之后，服务贸易才具备坚实基础，从而表现出国际扩张力。

但不同模式的经济增长所带动的服务发展质量是不同的，如果一国经济增长主要是以知识技术型产业拉动的，则其所带动的服务也是高层次的。与之相对，如果经济增长是建立在粗放经营方式下，高端服务的成长得不到应有的环境，其服务制造能力也就不可能变强大。总之，服务贸易是国内服务行业的外在体现，服务贸易的发展一定程度上由国内经济及服务业发展状况所决定，并反映之。

二　服务贸易与产业结构的关系

人类社会发展史中产业结构不断由低级向高级转变，在同一产业结构形态中也会出现渐次递进的发展阶段。以目前发展趋势来看，世界经济不断向服务化形态转变，服务产业在经济产值中所占比重逐渐增大，服务对经济的拉动作用逐渐越发明显与加强。服务经济的崛起既是生产力及劳动效率提高的必然结果，又是以汽车产业等为代表的制造工业发展空间逐渐有限、经济发展需要另一产业进行突破的必然选择。对于一些工业化还没完成的国家，将会出现工业化与服务化齐头并进的局面，这对于新兴发展中国家来说是一次难得机遇。

正如工业化大大推动了以货物贸易为主的国际贸易体系，世界经济服务化促使服务贸易成为国际经济社会合作的主要领域。科技领先的工业化国家在货物贸易长期占据领先地位，服务业强大的国家必然在服务贸易中处于竞争优势位置。美国很长时间以来一直是服务贸易最大的进出口国，且连续保持服务贸易顺差，而其国内服务业增加值在 2006 年达到 69.5%，在服务业内就业的人数占全国就业的 66.3%。与其形成鲜明的对比，发展中国家在国际服务产业链中还处于竞争劣势局面。中国服务贸易处长期逆差趋势，虽然服务贸易世界排名前十，但与中国第二大经济体及贸易国的地位极不相符。

从数据上看，中国国内产业结构整体仍以工业为主，以服务产业为主的经济结构还未全面形成。但在个别城市如北京、上海，服务经济初级形态已具备一定规模，第三产业增加值及就业人数已达到 60% 以上。从图 2-1 可以看出，改革开放后的中国经济发展，农业比重呈明显下降趋势，而服务经济表现出上升并趋于高位运行的态势。这正与中国服务贸易近段时间以来世界排名逐渐上升相对应。

国内发达的服务产业与服务贸易进出口能力是内容与形式的关系，两者往往表现出共同进步的发展规律。前者是地基，后者是地面部分，两者共同组成一栋完整的建筑物。充实的内容可以增加形式的张力，而形式上的美感则使内容更具充实感。一个国家如果步入到以服务经济为主的产业结构轨道上，其服务贸易也会自然走上进出口两旺的境地。另外，服务经济的发达不仅与产业结构有关，更与服务产业自身内部结构特征休戚相关。一个以消费型主导的服务产业是不可能具有强大的生产者服务制造能力。服务总量的增长如果受到内部结构的限制，服务产业的整体竞争力仍得不到提高。若一国国内服务产业集中于知识资本技术领域，则其服务贸易结构也将表现为新型其他服务贸易大于传统服务贸易的局面。

世界服务的全球化促使外包承接国如印度、爱尔兰及东欧国家产业结构逐渐升级。据数据显示，印度经济呈现出一个显著特征即服务业快速增长，到2003年，服务部门创造的产值所占比重已超过50%，成为国民经济中的第一大部门①。印度经济结构向服务型方式升级的发展，与其成功地承接美日欧发达国家服务外包业务具有重要关联。作为第四大经济体②，它的成功为世界提供了服务贸易的发展可改善经济结构的实在案例。

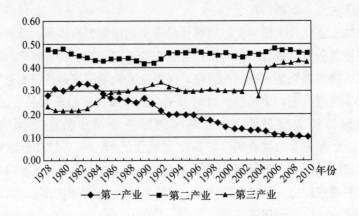

图 2-1　中国三大产业增加值比重

三　服务贸易与社会文化的关系

服务业结构竞争力不强是中国服务贸易长期逆差的直接原因，其根本

---

① 张磊：《服务贸易自由化》，上海人民出版社 2008 年版，第 190 页。

② 印度政府网，http://business.gov.in/indian_economy/index.php，2011 年 3 月，注：按购买力平价（PPP）标准。

问题还在于国内服务创新能力不足。自主创新及核心竞争力的缺失阻碍着中国企业"走出去"的步伐，如果这两项能力得不到提高，也将很难改变中国制造的国际形象。而创新不足这一宏观大题需要从整体上去考察。有时经济学的问题需要从历史、文化、人种、政治甚至是气候等非经济领域寻找解题线索，熊彼特曾指出经济现象与其他现象本身是一个整体，无法完全将其孤立开来。通常这些原因往往是根源性的，对经济产生的影响也是基础性的，忽视它们的存在或不作讨论对经济研究来说是不完整的。

很长一段时间中国是一个建立在以土地为生存之本的农业生产基础上的封建社会，其所积累形成的乡土气息仍在一定程度上阻碍着中国现代文明的突破。在真实及虚拟农业社会里，人口流动受到很大的限制，信息及思想的传递和碰撞不能完全展开。而创新的形成需要一个思想交流及有效组合的良好环境，服务创新也不例外。农业社会相对于工业社会更容易使人产生惯性或思维惰性，农忙结束之后有大量时间用来享受平静闲适的时光，这种与世无争的农村状态满足了人们对安逸的向往，农业经济通常趋向于消遣性稳态。这种自给自足的经济制度基本不会对创新产生强大的需求，内部没有激烈的竞争力量刺激相互争夺。长此以往，中国人民忽略了创新精神的培养。而建立在消费者投票基础上的市场经济是一个开放系统，竞争呼唤创新，而创新能带来巨大收益，形成良性循环。而且市场经济更容易导致那些有利于创新保护的社会道德及法律制度的产生，保护制度的缺乏对创新的严重打击及负面影响不亚于一场战争。

创新需要民主多元思维。民主是一种思维方式，又是一种生活方式，它有利于创新的产生与发展。民主多元环境可以容忍不同思想和观点，观点的交叉与融合对新思想的产生十分有利。而且相对来说民主环境下思考自由可以得到保护与宽容，享受到思考自由的人往往具有不拘一格的发散性思维，才有可能发明蒸汽机、电灯、汽车、电脑及互联网等诸多新鲜事物。而到处受到约束与掣肘、害怕革新的人民往往失去制造重大创新的能力。另外，民主思维体制下通过平等辩论有利于观点的不断修正，理性批判得以摆脱人情纠纷。

科技创新在于文化的积累。不难发现，近代以来影响社会进程的一系列重大突破均来自于西方文明，类似问题很多人都进行过解答，包括著名社会学家马克斯·韦伯。西方文化是西方文明产生的源泉，是包括启蒙运动、文艺复兴和宗教改革所提倡的人本主义等文化运动的结果。西方文化侧重鼓励或培养冒险精神，对新奇事物的探知精神已融入西方血液当中。而且，社会上形成盎格鲁—撒克逊式的自我实现和个人奋斗的内心自觉。有人认为，西方国家进行创新的目的在于获取巨大利益，是功利因素在起作用，但不尽然。一些民族即便面对巨大的收益，也不可能有那种敢于冒险的勇气。文化力量是促成西方文明在近两三百年来创新层出不穷的根本原因。反观中国传统文化，其对创新的态度是极具负面打击性的。在传统文化里墨守成规及按部就班更容易得到支持。"木秀于林，风必摧之"、"枪打出头鸟"的说法一直存在，这些为数不少的古训所传达出的传统观念本质上与创新的产生相冲突，这些社会流传性做人哲学也从侧面说明中国社会对个体多样性所展示出的宽容度十分有限。而创新就是需要标新立异，极大地鼓励"出头鸟"，必须"秀于林"，而且个人成长能给全社会带来外部效应，对社会进步是一种好事。但似乎这一逻辑在中国文化中一直未能体现。从文化角度来说，中国传统思维和价值体系中趋于不变的观念因素对人的创造力（creativity）产生严重抑制作用。

总之，创新是文化的产物。整体创新能力不强导致许多方面包括服务创新的能力也不强。由于农业社会对冒险精神的培养不如资本主义商品经济，而中国社会的漫长的农业生产所造成的影响根深蒂固，对人们习性的培养方面趋于中规中矩，从而不利于创新思维之载体——人的成长。

四　服务贸易与制造业的关系

服务贸易与制造业之间存在着紧密的联系。国际服务贸易中生产者服务贸易所占比重逐渐加大，而生产者服务是制造行业的重要投入要素。当今世界制造业呈现出服务化制造的趋势，制造业中服务增加值比重不断提高，而且现代制造产业更是严重依赖高质量的中间服务的投入。制造中的服务成为一种竞争力，通过服务获取竞争优势也成为重要的生存之道，制造业的竞争将更多地体现于生产者服务的创新上，因此制造企业更关注服务价值链的构建。在全球产业链下，单纯的制造则只能获取微薄的加工组装费，更多的价值产生于生产之外。谁掌握着生产者服务的主动权，谁就在国际制造业竞争格局中占据主导地位。

反过来看，制造业的发达程度决定着生产者服务业的发展空间。既然生产者服务是制造业的中间投入，那么只有当制造企业产生对它的需求时，市场机制通过运行才会进行生产与提供。高端的生产服务业必须得到高端制造需求的强大推动才可能实现。因为市场是存在风险的且理性经济人趋于规避风险，只有当期望利润超过投资人对风险的估计，投资活动才可能被发起。进行一项投资对于自负盈亏的私有个体来说是非常谨慎的，只有当市场有足够的吸引力和预期收益时，企业家们才会甘愿放弃对闲暇的享受而去面对并解决各种难题。以需求为基础的市场机会是一切投资最根本的动力。目前，中国生产者服务业层次水平不高主要还是因为缺乏相应需求的支撑，中国制造业实力及发展阶段对生产者服务的高端需求刺激比较弱。也难怪生产者服务发达的国家必是制造业强大的国家。当然，缺乏需求推动并非导致中国生产者服务软弱的唯一原因。

导致中国制造业实力提高有限的一个主要原因就是研发投入不足，这个问题一直是中国制造企业的"软肋"。缺乏研发的支持势必会阻碍制造企业向内涵式发展的转变，只能凭借粗放式生产或营销获取微利。据中国国家统计局数据，规模以上企业的研究与试验发展经费支出占主营业务收入的比重，2004 年为 0.56%，2008 年为 0.61%，四年间只增长了 0.06个百分点。而据英国工商部公布的全球企业研发报告称，销售额在 5 亿英镑以上的 1000 家企业研发密度（研发经费与销售额的比例）不低于4.5%。[①] 相对于发达国家的企业来说，中国制造企业的科研及技术水平本来就很落后，理应通过加大研发资本投入力度奋起直追，进而提高制造技术水平。但现实是先进的一方比落后的一方还更注重研发的投入。这是中国制造企业必须扭转的一个方面：重视研发。先进国家企业视创新为生命，并不是因为他们天性如此，而是在激烈的竞争机制下所不得不采取的策略。国内相当一部分制造企业仍具有国有性质，从而导致中国制造企业与国外企业所处的市场环境不同，这些国有制造企业的存活很大程度上并不依赖于新产品的创新与研发。当然，随着市场竞争激烈程度的加剧，它们也必须进行创新活动，但与国外企业所面对的恶劣生存条件相比，国有制造企业所面临的生存压力远远不足。而且从国家科技战略上来看，企业应当成为研发主体。国家科技相当部分是由企业的科技创新实力所体现。

①　国家知识产权局网站，http://www.sipo.gov.cn/sipo2008/dtxx/gw/2005/200804/t20080401_353058.html，2005 年 11 月 16 日。

2006 年，从欧盟整体来看，企业界经费投入占科研经费投入的 56%。美国的这一比例更高，要不然欧盟也不会制定这项 3 年内将以每年 5% 的比率增长的研发投入计划，主要目的是为了赶上美国。[①]

---

① 国家科技部网站，http://www.most.gov.cn/gnwkjdt/200608/t20060830_ 35714. htm，2006 年 8 月 31 日。

第三章 中国经济的服务化特征

第一节 中国经济增长与服务业

根据配第一克拉克定理，经济增长会带动三大产业结构的变化。随着经济的发展，农业、工业及服务业之间因利润差异引起就业流转。地区发达程度可从其产业结构比例关系窥见一斑，世界发达国家借着全球化生产的便利将处于"微笑曲线"两端的高利润环节牢牢占住，这些环节大都具有非常强的服务特征。该定理不仅描述了一个经济体内的产业结构更替现象，而且从全球产业布局角度来看也具有非常强的适用性。随着世界经济的发展，在全球范围内产业结构区分其实也很明显。发达国家由于具有知识与技术要素绝对优势，从而可以通过服务参与国际竞争，并获得相对较高的利润；发展中国家则以加工制造参与国际化生产；贫困或低收入国家则大多以出口自然资源或能源为主。然而，服务业的发展必须有农业、工业的充分发展作为基础，其不仅是经济发展的结果，也是各产业获得进一步发展的内在需求，工农业的产业升级需要大量相关生产者服务作为要素参与其生产过程。随着信息技术的发展，大量生产者服务在推动农业与工业水平升级过程中发挥着重要作用，工农业发展程度越高，越需要高质量的生产者服务。

自1978年中国做出改革开放的决策之后，在全球化及自由化双重红利的作用下，经济得以实现三十多年的高速增长。自1949年新中国成立后的三十年里，中国在经济上实行的是去市场化的非正常路线，全民生产率及创造力受到严重压抑。事实证明，在经济建设上运用政治运动式的手段是行不通的，完全消灭私有化的理想化主义也只会带来人间悲剧。在经历过"拨乱反正"之后，社会正常理性有所回归，之前由于阶级意识形态误导而中断的大批社会事业才逐渐恢复。社会风气与个人精神得到一定的鼓励，20 世纪 80 年代初出现了一段发展的春天。在"有计划的商品经济"到"社会主义商品经济"的观念过渡过程中国家对企业进一步放权。"南方谈话"及党的十二大，将改革推向一个高潮，中国正式提出建立社会主义市场经济。即向全世界表明，在中国实行市场经济。20 世纪 90 年代，国企改革进一步展开，"抓大放小"的战略使得民营资本得到一些发展机会。进入 21 世纪中国经济在入世带动下高速增长态势得到延续，投资与出口发展势头迅猛。2001 年入世成功不仅是经济上的一件大事，其实也具有重大的政治及思想上的意义。加入全球最大范围的经贸组织给中国经济社会注入了活力，中国从中得到巨大实惠。还有不少企业开始具备国际化视野，海外上市、跨国投资与兼并活动日益增多。2008 年始于美国的次贷危机造成欧美市场需求疲软，导致中国出口大幅受挫，中国政府制定并实施了 4 万亿元投资计划旨在保持经济增速。但主要投向国企部门，由于全国性产能过剩及重复投资已很严重，其转而兼并民企，出现一股"国进民退"的浪潮，民营资本生存空间进一步被压缩。

中国经济增速过程中房地产发挥着重要角色，由于其产业拉动性强而成为助推 GDP 的重要力量。房地产业的发展有利于提升住房居住质量，进而改善居民生活水平。但在产业平均利润下降及金融压抑条件下，国企纷纷涉足房地产一级市场，先富阶层民众仍以购置房产作为最重要保值渠道，其结果必然是房地产价格持续高涨，已成为影响城市居民生活幸福指数及企业成本的最重要因素。房地产价格的虚高造成中国企业成本不断攀升，对中国企业家精神的培养及中小企业十分不利。

据官方数据显示（见表 3 - 1），改革开放之后，中国 GDP 在 1978 年至 2010 年 32 年间里增长了 110.06 倍，平均每年增长 3.44 倍。人均 GDP 同期增长了 78.72 倍。从规模上看，中国经济总量已跃居世界前列，2010 年超过日本，跻身第二，仅次于美国。但从结构及发展层次来看，中国的工业化及服务化还与世界强国存在不小差距。中国经济增长过度依赖于政府主导型投资、资源与环境消耗型产业，而体现高附加值的知识密集型产品及创新还相当缺乏，竞争优势仍以劳动力加工组装为主，总体上离现代化目标还有不小距离。与其他经济体发展规律相类似，农业比重伴随着中国经济发达程度的提高而不断下降。而工业长期以来显示出十分稳态趋势，基本保持在 40% 左右，上下相差幅度不大，显示出中国工业化一直处于发力状态。第三产业比重明显上升，中国在人均 GDP 达 1000 美元左右，服务业比重达 40%。[①] 2010 年占 43.4%，比 1978 年增加了 19.5%，增加幅度有限。与发达的欧美国家中服务业占比达 70%—80% 相比还存在不小差距。但在个别城市如北京、上海，服务业及其吸收就业人数占比达到发达国家水平，说明服务业的发达程度与城市 GDP、人口密度、人力资本等多种因素高度聚集有关。北京、上海是中国少数几个非常适合并具有条件使服务业能获得发展的区域，因此其服务业水平较其他城市高出一截。正如许多正在发展中的领域一样，服务业的发展空间布局也呈典型的点特征，个别地区发展很好，而有些地方的服务业非常落后，呈现出中国特色的"失衡"。

表 3—1　　　　　　　　中国宏观经济总量与产业结构

单位：亿元，%

年份	国民总收入	国内生产总值	三次产业占比				均国内生产总值（元）
			第一产业	第二产业		第三产业	
				工业	建筑业		
1978	3645.2	3645.2	28.2	44.1	3.8	23.9	381
1979	4062.6	4062.6	47.1	43.6	3.5	21.6	419
1980	4545.6	4545.6	48.2	43.9	4.3	21.6	463
1981	4889.5	4891.6	46.1	41.9	4.2	22.0	492
1982	5330.5	5323.4	44.8	40.6	4.1	21.8	528
1983	5985.6	5962.7	44.4	39.9	4.5	22.4	583
1984	7243.8	7208.1	43.1	38.7	4.4	24.8	695
1985	9040.7	9016.0	42.9	38.3	4.6	28.7	858
1986	10274.4	10275.2	43.7	38.6	5.1	29.1	963
1987	12050.6	12058.6	43.6	38.0	5.5	29.6	1112
1988	15036.8	15042.8	43.8	38.4	5.4	30.5	1366
1989	17000.9	16992.3	42.8	38.2	4.7	32.1	1519
1990	18718.3	18667.9	41.3	36.7	4.6	31.6	1644
1991	21826.2	21781.5	41.8	37.1	4.7	33.7	1893

---

① 第三产业与服务业内涵基本相同。

续表

年份	国民总收入	国内生产总值	三次产业占比				均国内生产总值（元）
			第一产业	第二产业		第三产业	
				工业	建筑业		
1992	26937.3	26923.5	21.8	38.2	5.3	34.8	2311
1993	35260.0	35333.9	19.7	40.2	6.4	33.7	2998
1994	48108.5	48197.9	19.8	40.4	6.2	33.6	4044
1995	59810.5	60793.7	19.9	41.0	6.1	32.9	5046
1996	70142.5	71176.6	19.7	41.4	6.2	32.8	5846
1997	78060.9	78973.0	18.3	41.7	5.9	34.2	6420
1998	83024.3	84402.3	17.6	40.3	5.9	36.2	6796
1999	88479.2	89677.1	16.5	40.0	5.8	37.7	7159
2000	98000.5	99214.6	15.1	40.4	5.6	39.0	7858
2001	108068.2	109655.2	14.4	39.7	5.4	40.5	8622
2002	119095.7	120332.7	13.7	39.4	5.4	41.5	9398
2003	135174.0	135822.8	12.8	40.5	5.5	41.2	10542
2004	159586.8	159878.3	13.4	40.8	5.4	40.4	12336
2005	183618.5	184937.4	12.1	41.8	5.6	40.5	14185
2006	215883.9	216314.4	11.1	42.2	5.7	40.9	16500
2007	266411.0	265810.3	10.8	41.6	5.8	41.9	20169
2008	315274.7	314045.4	10.7	41.5	6.0	41.8	23708
2009	341401.5	340902.8	10.3	39.7	6.6	43.4	25608
2010	403260.0	401202.0	10.1	40.1	6.7	43.1	29992

注：按当年价格计算。

资料来源：《中国统计年鉴（2012）》。

一 服务业份额

世界上众多国家的经验都表明，服务业的发展既是一国经济增长和产业结构的具体表现，同时也是一国经济所处发展阶段的重要表征，一些学者如贝尔（Bell，1973）就据此认为，后工业社会的一个重要特征就是其服务业的高度发展。从总体趋势上看，中国经济增长过程的服务因素逐渐增多，第三产业增加值占 GDP 的份额持续上升，与工业增加值所占比重逐年接近，服务业在国民经济中的地位逐渐提高。随着中国生产分工的不断深化及人民生活水平的进一步提高，生产者与消费型服务需求得到了刺激。随着中国经济增长，一些传统型生产者服务物流、商贸及住宿等行业得到了快速发展。现代化生产者服务业如品牌、广告、咨询、营销及金融等发展也表现出良好的发展态势，但总体上竞争力不强。然而，现代制造业的竞争优势有一部分来源于非关键职能的外部化，即将原先内置于企业内部的某些非关键功能交与专业性的第三方生产，而自身集中于关键或核心部门。生产者服务业的专业化发展为制造业提供了大量低成本中间投入，致使制造者与生产者服务提供商共同形成一个供应竞争圈，现代意义上的制造竞争不再是单纯的厂与厂较量，而是转为企业圈与企业圈之间的竞争。因此，提升中国制造水平很大程度上意味着提高国内生产者服务生产水平。

第三产业增加值从变化角度反映中国经济中服务活动能量的大小问题。随着中国经济深层次发展的需要，第三产业增加值总量与地位也逐渐提高。2010 年第三产业增加值达 171005 亿元，相当于工业增加值的 91.7%，占 GDP 的 43%。数据显示，经济的发展带动产业结构的变化，同时第三产业的兴起又为经济作出巨大贡献。通过检验，两者的相关系数达 0.99，呈高度相关。不仅如此，第三产业增加值与第二产业增加值之间也呈高度相关性，工业化与服务化形成目前阶段中国经济发展的两条主线。由于中国工业化进程还有待进一步开拓，而服务化正处方兴未艾之期，中国经济的动力源泉还有很大利用空间。两者可以并行发展，可以充分利用世界工业化与服务化发展的成熟经验或技术，从而可以获取同时进步的后发优势。张国强（2010）认为，由于中国工业发展较快，工业对服务业的支撑度较低以及中国正成为世界制造业转移的中心地之一等因素，造成工业比重反而有所上升的趋势。他认为这也同时解释了 1990 年后服务业发展形势为何会减慢甚至徘徊不前，并指出大幅提升中国服务业比重的产业环境还未形成，服务业在产业结构中占据主导地位尚需时日。与"金砖国家"中其他成员相比，巴西 1990 年服务业比重为 50%，之后一直高于其他产业而居主导地位，其服务业比重是"金砖国家"中最高的，2008 年达 66%，分别高出中国、印度和俄罗斯 25.9 个、12.3 个和 11.2 个百分点（张国强，2010）。印度与俄罗斯也分别于 2000 年和 1995 年服务业比重实现 50% 的突破。同属发展中国家，但服务业的表现却迥异，可能与经济发展需要、历史条件、文化传统等因素有关。

许多学者都注意到中国经济增长与服务业发展滞后的矛盾问题，江小娟等（2004）指出中国能保持长达20多年的全球最高增长速度，而服务业发展滞后并没有成为增长的障碍，因此判断我国经济还没有进入需要服务业迅速增长的阶段，但这个判断明显不符合经济理论和各国的发展实践。实际上，考虑到中国服务贸易长期逆差局面，不难揣测中国经济增长产生了大量服务性要素投入需求，只是由于中国国内的服务并不能达到经济系统的期望，尤其是生产性服务的发展水平与发达经济体相比较低，因而国内各产业对服务的有效需求有一部分需通过进口或国际发包来满足。当然，服务业的发展质量与国民经济结构及人均 GDP 水平相关，中国目前所处的总体经济阶段还不足以支撑大规模中高层次服务需求的出现。针对国民经济系统中产生的文化、科技、精神等文化需求由于受国内服务生产能力和体制的局限，相当数量的服务内需借由国外服务提供商制造。而且国内服务业整体未形成良性发展机制，以满足人们人文、精神需求的服务或"短缺供给"或价高质次，从而不利于社会资本与人力资本的发展。究竟是中国中产富有阶层由于修养未达到而导致相关服务有效需求不足，还是服务产品的制造水准较次令其消费冲动受抑，是一个难以区分的问题。

二 第三产业结构

研究产业问题，不能仅关注其总量，结构更重要。不少国内学者就中国服务业结构问题有过论述，主要是通过计算服务业不同分类增加值或就业比重两项指标，然后得出一些观点。李慧中等（2008）得出，中国服务业在结构上存在明显不合理的地方。首先是科技含量较高的新型服务业比重偏低，传统类型服务业仍居主导地位，分别为批发和零售业、交通运输、仓储和邮政业及房地产业。这一服务业结构特征与中国经济发展阶段相切合。生产力的释放使得居民收入提高，国民对更高质量生活的需求在购买力实现的前提下产生对零售供应的需求，由于中国人口与地区基础庞大，生活购买需求巨大，因而零售服务产业增加值也很巨大。中国承接了相当数量的国际加工制造业务，再加上零售服务业，因此交通等服务业产值也很大。过去二三十年，基础设施、城市化进程都对房地产服务业产生大量需求，目前基础设施与城市化仍处于大力发展过程中，因此未来一段时间房地产服务仍占不小比例。占服务业内部结构前三名的产业仍偏生活服务型，它们在 2004—2005 年增加值总和甚至接近服务业增加的 50%。但随着经济的发展，这类服务业比例会下降。而信息、计算机和软件服务占总体增加值的比重不足 7%。另外，公共属性类服务业比重偏低，涉及民生的卫生、社会保障和福利业、文化、体育和娱乐业，以及居民服务和社会服务总计仅占服务增加值的 10%。而与政府服务相关的公共管理和社会组织增加值偏高。曾世宏（2011）指出，中国服务业结构变迁中反映与生产过程紧密相连的生产者服务业比重上升的幅度很慢，而一些生活消费性与公共性政府和国防安全服务业的比重上升很快，这显示出与发达国家服务业内部结构变迁不完全相同的演化路径。

除了服务业产业结构之外，服务业地区结构分布特征显著。根据李慧中（2008）的计算，就全国范围来看，服务业增加值与人均 GDP 呈正相关关系。他们发现，经济发达地区如上海、北京和天津服务业比重较大，但大体上其他各地区的服务业增加值比重都在 40% 左右，与各地区经济差距相比，服务业地区差距没有表现出明显的扩大趋势。对于一些省市，由于经济基础薄弱，第一、二产业发展落后或区域增长贡献度偏小，某一项服务业（旅游）又构成当地主要收入来源之一，如西藏、宁夏、甘肃和安徽等中西部省份，服务业占经济总值的比重会比较高，但不能断然得出这些地区经济比其他地区发达的结论。但从整体上看，区域经济发展水平是决定服务业发展质量的重要因素。

正如刘培林等（2007）所指出，产业结构是内生的，受经济发展水平和所处制度环境的影响。大体上看，对服务业的需求包括两个方面，一是作为中间品的需要，通常用生产者服务来代替。由于中国国民经济投入的服务化程度低，服务作为一种生产要素参与程度有限，因此在一定程度上解体了服务业总体比重偏低的发展现状。二是居民最终服务消费需求。中国仍属于国际定义的中下收入组国家，恩格尔系数非常高，使得食品消费支出对其他服务消费项目存在挤出效应。相应地，与食品消费的服务如零售、运输等支持服务部门的发展比重保持重要地位。除了需求角度，供给制约也是造成中国服务业现状的一个重要原因。许宪春（2000）通过比较居民消费价格指数和服务项目价格指数，发现后者明显大于前者，而价格指数在一定程度上反映了供求关系，从而表明服务需求大于供给的比例超过全社会消费品的供求比例。而造成服务业供给制约和需求不足的背后不可避免地存在制度因素的影响。中国服务业的垄断程度还很高，典型特征就是垄断经营（华而诚，2002），并存在严重的准入限制（江小娟，2004）。在中国服务业的很多领域中，国有单位职工比重占绝对优势。很多服务业缺乏竞争机制致使使用成本居高不下，进一步遏制了居民对服务需求的开放式消费。

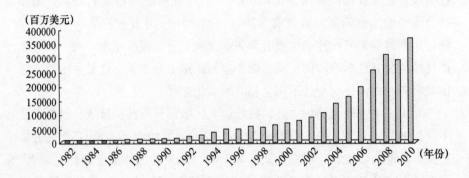

（百万美元）

图 3 - 1　中国服务贸易规模

资料来源：UNCTAD 数据库，中国国际收支平衡表。①

第二节　中国服务贸易研究

在世界经济政治一体化的大背景下，过去的三十多年里通过改革与创新中国经济社会发生了重大变化，通过转变思路积极融入世界主流社会。对外贸易的成倍增长是中国经济融入国际的一个重要表现和成果。在国际经济服务化趋势下，中国服务贸易获得了迅速增长。数据显示，1982 年至 2010 年期间，名义 GDP 增长了 75 倍，同期服务贸易总额增长了 80 倍，说明中国经济的高速增长带动了服务贸易的发展。2009 年和 2010 年服务贸易总额占 GDP 的份额分别为 5.9% 和 6.2%。在此期间，中国服务贸易的增长幅度表现得很不稳定，年际之间起伏较大，而且趋势不明显（见图 3 - 2）。1994 年增幅最大，为 68%。1997 年亚洲金融危机及 2008 年的次贷危机都对中国服务贸易增长路径造成负面影响，两年分别下降了 4 个和 6 个百分点，幅度有限。说明虽然服务贸易对经济形势的变化比较敏感，但中国服务产业的保护性较强使得服务贸易对世界不利环境具有一

---

① 2008 年及 2009 年两年数据来自于中国国际收支平衡表，其他年份均来源联于合国贸发会数据库 Handbook of Statistics，下同。

定抵抗力。加入世界贸易组织之后，中国服务贸易规模逐渐加大，2002年至2010年期间，年均增幅达18%，超过同期GDP增长速率。可以看出，通过"入世"，中国服务产业进一步加深了与国际服务经济体系的交流对话，世界贸易组织所坚守的互惠原则一方面将中国服务业大门史无前例地打开，另一方面也为其提供了吸引外部资源及开拓巨大市场的机会。加入WTO后，2002—2010年，服务贸易进出口额年均增长率分别为20%和21%，基本同步增幅，略高于1982—2010年的整体增幅。

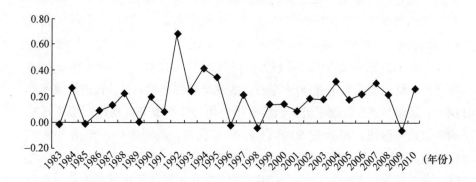

图3-2 中国服务贸易年增长率

资料来源：UNCTAD数据库，中国国际收支平衡表。

在服务出口方面，1982—2010年，总量从25亿美元增加到1712亿美元，增长了68倍，但远低于服务贸易总额80倍的同期增幅。说明服务贸易出口对服务贸易总规模贡献度比较小，在一定程度上揭示出中国服务制造水平还有不少提高空间。虽然服务贸易出口年均增长幅度达17%，但增长速率具有较强的年际差异性，相隔年份之间增长幅度起伏也较大，最高的是1992年，达48%。除去负增长不算，正增长率最低的是1996年，仅为8%。说明中国服务贸易出口波动性很大，容易受当年一些特定事件的影响。另外，随着中国入世程度的加深，中国服务贸易受世界经济波动的影响也在加大。2009年受次贷危机影响中国服务出口下降了12%，1997年亚洲金融危机导致1998年中国服务出口下降了3%。虽然两次危机的严重程度及波及面不可等同，但也能说明中国服务贸易的发展已经与国际接触日趋紧密。在出口服务类别上，运输与旅游长期占据着主导地位，20世纪80年代两者加起来占比高达70%多或80%多，1983年最高，占到 85%。之后的 90 年代大多数年份处于 60% 以上份额。进入新世纪后，虽然大部分时期这两项仍占主导，但 2009 年首次下降到 50% 以下，为 49%，2010 年持续下降至 47%。因此，中国服务贸易出口遵循了一条由传统型服务出口向现代型服务出口的轨迹。

在服务进口方面，1982 年至 2010 年期间，总量从 20 亿美元增加到 1933 亿美元，增长达 96 倍，远高于同期服务贸易总额的增加幅度。说明中国经济发展过程中所释放出的对服务产品的需求有很大一部分是由国外供给来满足的。于是不难发觉，服务贸易进口年均增幅达 20%，高于同期出口年均增幅。中国服务贸易进口年增长率在 20 世纪八九十年代表现得杂乱无章，1992 年增幅为 129%，前一年还下降了 5%，后一年增长为 28%，类似这种年际增幅浮动颇大；但到 2003 年之后，除 2004 年和 2009 年之外，增长基本徘徊在 20% 左右，表现出较强的稳态性。在进口服务类别上，运输与旅游也表现出类似服务出口由传统型服务向现代型服务转变的大致趋势脉络，20 世纪 80 年代末 90 年代初，两项进口占比达 70% 或 80% 左右；然后是 1993—2005 年，除 1995 年之外，一直处于 60%—70% 之间；2006 年跌破 60%，维持了 4 年之后，2010 年又升至 61%。因此，服务贸易进口截至目前仍以运输和旅游占主导。中国外向型经济的发展产生巨大的外部运输需求，而一些国际运输服务公司具有竞争优势，因此出现巨大运输服务进口量。随着中国经济的发展、社会进步的加快，一部分居民的收入得到提高，从而导致国外旅游的消费增加，因此旅游服务进口规模也比较大。对于聚集了现代服务的其他服务进口始终未能突破一半，或可能是因为中国市场对这些服务的需求还未能大量出现。综合以上几点原因，说明中国服务贸易进口仍维持着传统型服务类别占主导地位的格局。

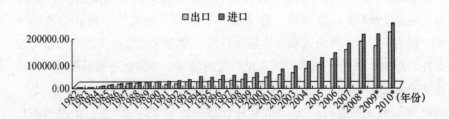

图 3 - 3　中国服务贸易进出口比较

资料来源：UNCTAD 数据库，中国国际收支平衡表。

注：*代表当年数据来源于中国国际收支平衡表，其他年份等均来自 UNCTAD。

　　因此，不难总结，中国服务贸易总体发展的一个显著特征就是持续性逆差。自1992年以来，除1994年之外，中国服务贸易持续呈逆差局面，而且有扩大趋势。2008年，服务贸易逆差缺口突破100亿美元，达11811.54百万美元，接下来的两年服务贸易逆差呈井喷式增长，2009年接近300亿美元，2010年有所下降，但也达221亿美元。2009年的情况比较特殊，受次贷危机的影响，中国服务贸易出口出现负增长，比2008年减少176亿美元之多，而进口仍保持平稳，与2008年基本持平，因此300亿美元的巨大逆差主要原因出于出口方面。从图2-4中也能直观地看出中国服务贸易逆差发展情况，以1992年为临界点，之前，除1984年之外，均为顺差；之后，除1994年外，其余年份全是逆差。中国服务贸易以1992年为时间点可划分为两个明显不同的区间，可能是受到中国改革过程及市场经济逐步发展的影响。1992年之前，市场化改革还存在不同程度的反对声音，通过当年"南方谈话"及市场经济制度目标的确立，改革取得前所未有的一致赞同，在此思想意识的推动下，中国经济市场化程度更加深入。而经济发展的不断升级必然带动对服务产品的需求，市场化进程中释放出巨大的服务生存空间，在国内供给乏力的前提下，服务贸易进口成为弥补国内短缺的重要通道，因此，1992年以来逆差之势一直未扭转。

　　根据国家外汇管理局国际收支平衡表中的数据，2008年、2009年和2010年服务贸易逆差缺口分别达到服务贸易总额的3.86%、10.19%和6.06%。2009年由于中国服务出口受美国次贷危机所引起的世界经济放缓所挫，因此该年的这一比值异常大。从整体上看，运输服务自1983年以来均保持逆差纪录，而且缺口不断扩大。三十年来，中国经济的对外依存度逐渐增加，出口拉动仍是中国经济增长的重要支撑，在中国的外贸出口中，外商主导型又占很大比例，因此它们在选择海外运输服务提供商时自然会倾向于具有国际化运作经验的外资运输公司，从而导致国际收支中运输服务的长期性进大于出。再看旅游服务，2009年和2010年旅游服务净出口连续两年为负，之前1982—2008年均为正。说明中国居民这两年增加了对海外旅游服务的消费。另外，旅游长期保持顺差并不能说明中国旅游服务生产率具有比较优势，而是中国所独特的自然人文禀赋具有较强的吸引力，而且中国经济的高速发展也带动了世界对中国的探知欲，从而促进了旅游服务的输出。面对国际旅游市场的竞争，中国旅游业还应不断加强硬件设施的建设和软件服务的提升，建设面对国际化消费的旅游环境。其他服务净出口，除 1985—1994 年十年间为正之外，1982—2009 年全部为负，但 2010 年又突然转为正，而且该项顺差达 161 亿美元，这种趋势是否能持续还有待将来考验。其他服务中包括了众多生产者服务，有些是资本密集型或技术密集型的，中国在这些服务的生产上不具有比较优势，因此长期的逆差是必然结果。

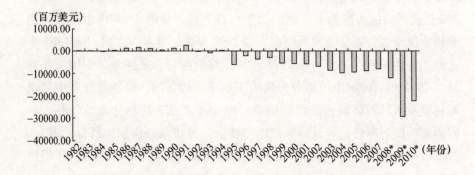

图 3-4 中国服务贸易逆差

资料来源：UNCTAD 数据库，中国国际收支平衡表。

注：*代表当年数据来源于中国国际收支平衡表，其他年份等均来自 UNCTAD。

　　总之，经过三十多年的发展，中国服务贸易国际排名获得提高，开始跻身服务大国之列。中国服务贸易的发展进程从一定程度上反映出中国经济实施内外改革政策的一些侧面，同时可读出有关中国服务部门发展状况的信息。目前，中国服务贸易的局面是中国经济发展阶段及服务生产力水平的客观写照，同时也大致折射出中国服务业的发展程度。另外，中国服务贸易的持续逆差同样也是中国经济服务实力的真实表现，更加突出地说明中国需要在服务制造方面采取更加主动措施。随着全球服务市场开放的进一步加深，世界服务贸易规模也不断扩大，在此背景下，中国不应停留于服务大国阶段，而应成为服务强国，不应满足于中国制造的崛起，而应向中国服务的更高目标迈进。

一　中国服务贸易结构

　　在分析像服务贸易这样的经济数据时，规模与结构是两个不可缺少的方面。一般来说，规模是基础性的，而结构是随着规模的发展而形成的一种内在比例。通常的发展过程也是先规模再结构。规模是结构调整的土壤。而结构的合理与否直接关系着规模之质量的高低。规模上有优势并不一定代表着结构也有优势。规模是量，结构是质。因此，分析服务贸易的发展若只从规模角度那是不全面的，还得解剖服务贸易的结构。另外，服务贸易的规模与结构都是其外溢效应大小的重要影响因素，规模是外溢效应得以发生的载体，它决定着外溢效应这一通道的宽度；结构则影响服务贸易外溢效应的层次，结构良好的服务贸易对本国的外溢效应也是高水平的，结构不良的服务贸易所产生的外溢效应是低水平的，因此它决定着"通道"上行驶的车辆品种，即载重。相比而言，服务贸易的结构比规模对其外溢效应的大小更具有影响。

1. 中国服务贸易结构

服务贸易结构是指各类服务项目之间的比例关系，它是揭示各项服务所处地位、交流程度以及一国服务生产状况的重要指标。因此，可以将服务贸易结构分为劳动密集型和资本密集型（包括技术密集型）、传统型和现代型、强结构和弱结构。劳动密集型服务贸易结构是指劳动密集型服务占主导地位，现代型服务贸易结构是指以新兴服务业为主导的服务贸易，强结构是指在关键服务领域具有强竞争力的服务结构。服务贸易结构是一国服务部门生产率的最佳体现。甚至，通过对服务贸易结构的分析可对一国经济发展阶段、增长方式及技术水平等都有一定程度的认知。

在前一小节中，笔者就涉及一些中国服务贸易结构的分析，但并没有展开，这一小节将进行更细节化的剖析。首先，可以看到，中国服务贸易整体上处于持续逆差的局面，从结构方面看，传统服务贸易中的运输服务和其他服务中的很多项目都长期处于逆差。且旅游服务顺差的局面也被打破，自1982年以来首度连续两年（2009年和2010年）出现逆差。据UNCTAD数据显示，在其他服务贸易中，保险服务、金融服务及许可证与专利服务三项逆差形势相当明显，除2001年金融服务当年出口大于进口以外，此三项的净出口自1997年以来一直为负。而且保险与许可证专利服务两者逆差额度较大，2010年保险服务逆差额达140亿美元，占保险进口总额的89%，可以看出中国保险服务出口量极其有限。同年，许可证专利服务贸易逆差达122亿美元，占该项进口额的93.6%，说明中国目前基本上还处于对外部专利的依赖阶段，这些外国公司以品牌、专利及许可证使用费形式从一些中国企业的利润中收取了很大部分的收益。

其次，中国服务贸易中新兴或现代化服务部门还有较大发展空间。①从服务出口的部门来看，仍以运输、旅游传统服务两大部门为主。1982—2010 年，运输与旅游服务两部门贸易出口额占服务贸易总出口额的 65%，大大高于其他服务的 35%。再除去其他服务中的劳动密集型服务，如建筑，则现代化服务部门的出口份额十分小。由此可见，服务贸易的出口长期以来主要依靠技术或知识含量较低的劳动密集型服务业，现代化服务部门的出口能力严重不足。进口方面也是如此，传统服务部门进口额大大高于其他服务的进口额。1982—2010 年，传统服务贸易进口占总进口的比重平均为 66%，而其他商业服务进口仅占 34%。对于现代化服务业还较落后的中国，且政府也多次提出要大力发展现代服务业，应逐步放宽现代化服务的进口限制，通过国外现代服务业的引进来带动和刺激本土现代服务业的成长。总的来说，传统服务贸易在服务贸易的进出口两方面都占据着主要地位，与发达国家以其他服务进出口占主导的服务贸易结构形成鲜明对比，显示出中国在其他服务部门，尤其是现代服务部门的进出口能力有限，从而直接影响到中国在国际服务贸易分工体系中的利益格局。

最后，中国服务贸易中的其他服务贸易呈递增态势。2009 年中国服务贸易出口发生明显转变，其他服务贸易出口首次超过运输和旅游出口之和，其他服务出口占服务总出口的比重达到 51%，比后两者所占比重高出 2 个百分点。2010 年该趋势继续延续并扩大，其他服务出口比重达 53%，比运输和旅游出口所占比重高出 6%。说明近两年来中国其他服务出口取得较大进步。中国其他服务出口之所以展现出这一趋势，可能是因为随着中国服务贸易自由化步伐逐渐加大，国内服务行业面对激烈竞争环境而做出了不少有利于提高效率的改变，从而促使国内服务业提供水平出现较大的提升。但从整体来看，由于服务进口方面仍是以运输与旅游占比为大，从而抵消了服务出口方面所超出那部分，最终结果还是保持了运输旅游大于其他商业服务的局面。虽然其他服务的出口呈现出一些进步转变，但在其他服务贸易中那些重要服务项目仍处严重逆差状态，因此形势仍不容太乐观。

总的来说，目前中国服务贸易结构是其经济、技术及文化等社会条件

① 新兴或现代服务业，是一个被中国研究机构和决策部门经常使用的概念，且未形成一致说法，国际上也没有类似提法。通常是指运用现代科技手段，或建立在知识、技术和创新基础上的，人类进入后工业化时代之后不断壮大的服务业。

的反映，基本符合国际贸易理论中的比较优势理论和要素禀赋理论。由于
中国国内服务的生产仍以劳动密集型为主导，以知识、技术为投入要素的
服务生产能力还严重滞后。另外，中国经济的服务化程度整体上还处于低
开发阶段，服务业发展环境还有待进一步完善，服务创造能力还需要不断
提高。"以传统为主，以现代为辅"的服务贸易结构自然会形成。服务贸
易结构的劳动密集型特征也有其一定的合理性，以劳动密集型为特征正是
目前中国现实生产力的体现，而服务贸易是中国经济的一部分，因此其具
有劳动密集型也是符合规律的。但随着中国经济及服务业的发展，中国服
务贸易结构也将不断向高层次优化。

2. 中国服务贸易行业

目前，除去政府服务，中国商务部将服务贸易分为 12 大类，与
UNCTAD 的分法有些区别，但大部分是一致的。如表 3 - 2 所示，中外
两种分类共有 9 项是一样的，商务部将"咨询"与"广告宣传"从
"其他商业服务"中抽出来进行单列，而 UNCTAD 表中只有"其他商业
服务"。不难看出，UNCTAD 的"个人文化娱乐"与商务部的"电影音
像"相对应，但前者比后者的范围更广。实际上，这两个不同分类说的
是同一回事，而且中外两表内各行业的服务贸易数据都是自 1997 年才
有记录，因此无论采取何种分类，所得结论必定是一致的。在此，考虑
到中国商务部所提供的行业数据比较全面，因此以其作为行业分析的原
始数据。

表 3 - 2　　　　　　　　　　服务贸易统计分类：中国与国际

中国商务部	UNCTAD
运输	运输
旅游	旅游
通信	通信
建筑	建筑
保险	保险
金融	金融
计算机与信息	计算机与信息
专利与特许	许可与专利

续表

中国商务部	UNCTAD
咨询	其他商业服务
广告宣传	个人文化娱乐
电影音像	
其他商业服务	

　　总体来看，1997—2010 年，中国服务贸易规模从 522 亿美元发展到 3624 亿美元，增长 7 倍，年均增长率为 17%，占世界比重从 2% 提高到 5%。与此同时，中国服务贸易逆差额从 32 亿美元提高到 219 亿美元，增长 6.8 倍。在以"入世"为进一步改革契机的推动下，中国加大了服务贸易开放领域，参与世界服务交流的步伐逐渐加快。在此期间，世界经历了两次重大金融危机，中国服务贸易难以独善其身，每次危机都导致了增长率下跌，但每次恢复起来都还比较快。受 1997 年亚洲金融危机及 2008 年美国次贷危机的影响，1998 年和 2009 年服务贸易总额同比分别下降了 3.4% 和 5.8%，但 1999 年和 2010 年都实现了扭转，增长率分别为 13.5% 和 26.4%。由于服务贸易行业分类较多，从这些宏观数字中很难看出各个行业的具体发展情况，因此中观的行业分析就可以起到补充说明作用。

　　（1）运输服务。运输服务一直是中国服务贸易的重要角色，为中国出口型经济提供了国际物流通道。2009 年，受美国次贷危机影响，中国运输服务进出口总额和占比均较上年有所下降，但仍是中国服务贸易逆差最大的行业，运输逆差约占总逆差的 78.2%。2010 年逆差增至 290 亿美元，超过全年服务贸易总逆差额。中国运输业部门一直是逆差大户，也说明中国货物运输服务还需大量进口才能满足，说明国内运输服务商还应不断提升服务水平与质量。另外，从 2000 年以来，运输服务占服务贸易总额的比例基本维持在 20%—30% 之间，显示出运输服务在服务贸易的地位已基本稳定。

　　（2）旅游服务。旅游服务一直以来也是中国服务贸易中的重要角色，持续保持着强势地位，长期以来是中国服务贸易中的最大顺差项目。但随着中国居民生活水平的提高，服务进口逐渐超越服务出口，成为逆差项目之一，这是最近出现的一个新迹象。2009 年，中国旅游服务出口占服务贸易总出口的比重排名第一，进口所占比重排名第二。2010 年这种排名次序得到延续，但旅游逆差缺口持续扩大，从2009年的40亿美元增加到2010年的90亿美元。说明中国新一代富裕阶层对境外旅游服务的需求持续增加，并且得到其高消费能力的支撑。近几年，有关中国海外消费带动世界奢侈品销售的消息频见报道，也从侧面说明了中国服务进口的趋势在加大。

（3）通信服务。通信服务是以通信服务为交易对象的贸易，包括邮政服务和电信服务。随着现代化信息及智能技术的发展，通信服务在全球服务贸易中的地位越来越重要。2008年危机前，中国通信服务贸易增长迅速。2009年进出口分别下降19.8%和23.5%，主要是因为美国是中国通信服务最大的出口市场和进口来源地。由于危机后美国失业率居高不下，经济回转乏力，2010年中国通信服务贸易进出口仍未回到危机前的水平。随着美国经济的不断复苏，中国通信服务也会有所改善。通信服务在整个服务贸易中所占比重偏小，通信服务出口占服务贸易总出口的0.7%，通信服务进口占服务贸易总进口的0.6%。从1997年到2010年的14年里，通信服务呈"八年顺差，六年逆差"的局面，从顺差额和逆差额的绝对数来看，顺差大于逆差。中国通信服务呈顺差优势局面部分原因是中国的通信服务市场还存在不少针对外资的行业限制，导致进口额人为压缩。

（4）建筑服务。按跨国界交易的交易特征，建筑与工程及其生产的贸易归属为服务贸易，因此在WTO中，建筑服务贸易主要由《服务贸易总协定》所管辖。1997—2010年，中国建筑服务保持稳态发展，由逆差转为顺差，且顺差额不断扩大，为中国服务贸易的优势项目之一。2008年美国是中国建筑服务出口的第三大市场，第一是中国香港，其次是欧盟。[①] 2009年，建筑服务进出口总额受危机影响有所下降，但所占比重仍略有上升。可能是因为相对于其他产业，建筑服务受危机影响较小，因为之前的建筑合同签订未受到危机影响，而施工又具有一定刚性，签订的合同需在工期内完工。2010年中国建筑服务出口同比增长达53.2%，出口比重由上年的7.4%增加到8.5%；而进口增长率及比重均下降。究其原因：一方面，近几年中国积极开展并参与部分国家的能源建设项目，从而带动建筑及工程服务的大规模出口；另一方面，中国国内建筑服务市场的

---

① 中国商务部：《中国服务贸易发展报告》（2009年），第10页。

自由化程度还不高，外资进入还存在诸多壁垒，导致建筑服务进口受阻。

（5）保险服务。中国保险服务贸易自1997年以来至今一直逆差，保险业是仅次于运输业的第二大贸易逆差部门。2001年中国在《中华人民共和国加入世界贸易组织议定书》中对保险服务作了大量市场开放承诺，并在约定期限内实施了各种减让政策。通过近几年的发展，在华外资保险公司的营业机构及市场份额都得到较大幅度的提高，尤其是在北京、上海等大城市，外资保险公司的营业活动更加自由且频繁。同时，得益于WTO的互惠原则，中国国内保险机构也加快了寻求海外发展的步伐，在国外设立分支机构或代表处的数量逐渐增多。2007年10月31日，总部设在广州的保险中介集团——泛华保险服务集团在美国纳斯达克上市，融资达2.16亿美元。近年来，保险业服务外包规模逐渐增大，中国作为发展中国家应不断承接发达国家的服务外包来提升本国保险业发展水平。

（6）金融服务。中国金融服务贸易随着金融服务开放承诺的履行获得快速增长。美国和欧盟是中国金融服务进口的主要国家和地区，但增长波动幅度较大，而中国金融服务出口相对较少，从而导致中国金融业也是长期逆差部门之一。而且中国金融服务以商业存在方式所进行的海外拓展比较有限，多数金融服务出口仍与贸易有着直接联系。2009年，金融服务进出口规模与比重均有所增长，似乎受危机影响不大。可能是由于中国的资本管制造成中国银行体系与外界存在一定隔阂。

（7）计算机与信息服务。中国自加入WTO以来，计算机与信息服务领域加大了开放力度，通过履行入世承诺进一步带动国内计算机与信息服务业的发展。2003—2010年，中国计算机与信息服务贸易发展稳定且保持顺差，2010年顺差额达62.9亿美元。2009年中国计算机与信息服务贸易受危机影响不大，进出口均保持小幅增长，总量与比重均未下降。说明计算机与信息服务已深入到人们日常生活和工作之中，成为一项基本需求，市场存在一定的刚性，因而减轻了次贷危机对其造成的负面冲击。

（8）专有权利使用费和许可费。中国专利及许可证贸易自1997年以来持续逆差，2008年是第三大逆差部门，仅次于运输服务和保险服务，2009年超过保险服务发展为第二大逆差部门，2010年又下降为第三大逆差部门，排在保险服务之后。中国专有权利使用费与许可费服务的贸易伙伴基本为发达国家，2008年美国是该项服务的第一大出口市场，而进口主要来源国为美国、欧盟和日本。说明中国一些行业和企业仍对外国专利及技术存在很大依赖，外方从中获取相当大一部分收益。虽然从数量上来说中国是专利申请大国，但大多数是改造后的实用新型，原发性创造能力仍极度缺乏。因此以目前情形来看，中国专利及许可服务仍将维持逆差局势，短期内很难改变。但通过引进先进专利和技术以及不断提高吸收能力，本土企业也可以实现技术进步及创新突破，在这方面日本企业家们提供了一个成功的案例。

（9）咨询服务。咨询服务贸易包括法律、会计、管理、技术等多方面的咨询服务国际收支。在 UNCATD 统计表中没有将咨询服务进行单列，而中国商务部在统计分类时将其单列。中国咨询服务在 2005 年至 2009 年这 5 年间保持持续增长，其出口比重增长了一倍，从 7.2% 增长到 14.4%；而进口比重基本维持在同一水平，未见较大增幅。2010 年进出口比重均有所下降，但出口也达 13.4%，进口比重基本维持原水平。自 1997 年，中国咨询服务贸易经历 10 年逆差后，于 2007 年实现顺差，且顺差趋势不断扩大。但必须指出，中国咨询服务出口主要面向亚非洲地区，且咨询服务出口的档次也以低端为主，而在高层次的法律事务、管理咨询及会计服务上中国仍需大量进口。

（10）广告宣传。在 UNCTAD 统计表中没有这一项，而中国商务部数据表进行了单列。2005 年以来中国广告宣传服务贸易进出口及比重均保持在同一水平，年增长比较稳定。自 1997 年，顺差的年份数量占绝对优势。

（11）电影音像。中国商务部统计中的电影音像服务应与 UNCTAD 中的个人文化娱乐相对应，但两者所包含的内容显然有区别，电影音像服务是个人文化娱乐服务的主要组成部分。中国电影音像服务发展规模一直较小，2010 年进出口比重分别仅为 0.2% 和 0.1%，这可能与中国在这一行业的开放程度有关。自 1997 年以来，逆差年份数量占绝对优势，2010 年逆差额突破 2 亿美元。这还是在中国设置诸多行业限制前提下发生的，可以预知，若中国对电影音像市场实行更加自由开放的政策，逆差额将会更大。

（12）其他商业服务。在中国商务部和 UNCTAD 的统计表中均列有"其他商业服务"（other business service）这一项。而且其进出口比重在两个表中均很大。其他商业服务一直以来是中国的顺差大户，且自 1997 年以来均保持顺差纪录。

总之，中国服务贸易的行业结构在一定程度上反映了中国经济发展的某些现实面，是多年来国内服务业发展的客观写照。中国服务贸易行业国际竞争力还处于较低水平，一些能体现一国现代化发展程度的服务项目仍处于相对弱势地位，在中高端服务的国际提供仍相对缺少，中国服务贸易优势部门仍以劳动密集型及技术低层次为主。当然，服务贸易行业结构优化与升级绝非短期内能实现，它需要一个过程，甚至只有当国内科技创造、人力资源、现代文化等条件得到满足才能取得突破。

二　中国服务贸易竞争力

服务贸易竞争力或优势是检验服务贸易发展水平及国际地位的重要指标，也是理解服务贸易各部门内在实力的重要方面。而服务贸易竞争力与一国经济条件、社会组织及人文环境等软环境有重要关系，竞争力强的国家往往在这些方面表现出较大优势，因此从这一角度看，服务贸易竞争力在一定程度上体现了国家综合实力。

国内外学者通常运用贸易竞争力指标（TC）、显示性比较优势指数（RCA）及 Michaely 竞争优势指数（MI 值）来分析贸易竞争力。余道先和刘海云（2009）考察了中国生产者服务贸易的国际竞争力，而对运输服务、旅游服务等其他服务未予关注，也没有计算 RCA。根据他们的测算，1997 年中国的 TC 指数全面为负，随着时间的推移，通信、建筑及计算机与信息服务逐渐由负转正，但知识密集型服务项目如金融、保险及专利与特许费三项服务竞争力指数长期为负，且专利与特许费服务接近于 -1，竞争力最差。MI 值也表现出相似的结果，通信服务在 1997—2008 年期间指标一直为正，建筑服务经过前几年的调整后转为正，金融、保险及专利与特许费三项服务的 MI 值仍持续为负。从它们的计算结果来看，中国生产者服务贸易整体竞争力明显不强，其中金融、保险和专利与特许费等知识型项目表现得尤其严重。为了更全面地了解当前中国服务贸易竞争力的状况，本书运用最新数据计算了中国服务贸易的 TC 指数、RCA 指标及 MI 指标。

1. 中国服务贸易 RCA 指标

显示性比较优势（Revealed Comparative Advantage，RCA）是美国经济学家贝拉·巴拉萨（Balassa Bela）测算国际贸易比较优势的一种计算方法，可以反映一个国家、地区或产业贸易的比较优势。服务贸易 RCA 指标公式为：

$$RCA = (x_i/X_i)/(x_w/X_w) \qquad\qquad (3-1)$$

其中，x_i 代表一国服务贸易出口额，X_i 代表一国总出口额；而 x_w 代表世界服务贸易总出口额，X_w 是指世界总出口额。该指标如果大于 1 就说明该国服务贸易具有相对出口优势，小于 1 则相反，等于 1 则意味着处于世界平均水平。具体说来，如果该指数介于 2.5—1.25 之间，表明该国服务贸易具有很强的国际竞争力；介于 1.25—0.8 之间，表明有较强的竞争力；如果小于 0.8，则说明该国服务贸易国际竞争力较弱。

如表 3-3 所示，中国服务贸易显性比较优势指数偏低，长期处于 0.8 以下，自 1982 年至 2010 年平均竞争指数仅为 0.56，说明中国服务贸易整体竞争优势较弱。从指数运行趋势来看，随着中国改革开放程度的加深，RCA 指数呈逐渐下滑行情。20 世纪 80 年代中国服务贸易显性比较优势指数年均为 0.62，至 20 世纪 90 年代下滑至 0.6，但高于 21 世纪头 10 年的 0.49。加入世界贸易组织后，2003 年至 2010 年中国服务贸易 RCA 指数全部在 0.5 以下，年均仅 0.47。为什么随着中国经济的不断发展，服务贸易的竞争优势反而整体性地呈现出下降趋势呢？其他两个竞争力指数 TC 和 MI 值也表现出相似下滑态势，这可能是由于随着中国服务贸易开放进程的加快，尤其是在 WTO 框架助推下，中国服务业部门"零距离"地参与国际较量，中国服务业部门的竞争力实况也充分显露，之前稍高的竞争力指数大概是由于存在国内保护而缺乏直接比较的结果。

2. 中国服务贸易竞争力 TC 指数

TC 指标是反映世界市场上生产同一种产品的不同国家在效率上的竞争优劣势及其程度，是分析贸易行业结构国际竞争力的一种有力工具，其计算公式不复杂，而且所需数据容易获得。服务贸易 TC 指数运算方法如下：

$$TC_i = (x_i - m_i)/(x_i + m_i), \qquad\qquad (3-2)$$

x_i 是指第 i 种服务项目的出口额；m_i 为其进口额。它是一个行业竞争力指数，若要测算一国运输行业的 TC 竞争力指标，只需将该国运输的进出口数据代入即可。TC 指数的取值范围为 $[-1, 1]$，负数则说明具有比较劣势，而且其值越接近于 -1 就说明一国在该行业的出口竞争力越差；正数代表具有比较优势，且越接近于 1 说明该国在此商品的出口上越具有竞争优势。该指标以正负号判断优劣势，而通过数值确定优劣势的程度。

表3-3   中国服务贸易显性比较优势指数 (RCA)

年份	RCA	年份	RCA
1982	0.61	1997	0.60
1983	0.62	1998	0.57
1984	0.63	1999	0.59
1985	0.64	2000	0.57
1986	0.71	2001	0.56
1987	0.62	2002	0.54
1988	0.59	2003	0.48
1989	0.53	2004	0.48
1990	0.53	2005	0.45
1991	0.53	2006	0.45
1992	0.57	2007	0.46
1993	0.62	2008	0.48
1994	0.70	2009	0.45
1995	0.68	2010	0.49
1996	0.61		

资料来源：UNCTAD 数据库，经计算整理而得。

从表 3-4 看出，中国服务贸易竞争力 TC 指数整体表现不容乐观，第一，服务贸易总体 TC 指数在 1995 年之后一直为负数，说明中国服务贸易全体处于竞争劣势地位。第二，中国服务贸易中的两个大户运输与旅游服务 TC 竞争力指数形成鲜明对比，前者基本为负，说明竞争力较差，而后者基本为正，一直保持比较优势，但 2009 年旅游服务 TC 指数下降为负，说明该年中国旅游服务出现竞争劣势局面。第三，其他服务总体在 1995 年之后基本为负，说明其他服务全体竞争力较差。具体来看，1997年后保险、金融及专利与许可三项服务 TC 指数全面为负，而且专利与许可服务的 TC 指数与 -1 最低值相接近，2002—2009 年均在 [-0.9，-1]之内，中国在这一项服务出口上的劣势十分明显。保险服务的 TC 指数在 1999 年突破性下滑至 -0.8，2000 年更跌至 -0.92，此后除 2009 年之外，一直处于 [-0.9，-0.8] 之间，竞争劣势也十分明显。个人文化及娱乐服务 TC 指数基本为负，除 2006—2008 年三年为正数外，1997—2010年皆为负数。由于中国对该项服务的政策性保护与限制，其竞争劣势还有被低估的可能。另外，据 TC 指数显示，中国服务贸易在通信、建筑、计算机与信息及其他商业服务上拥有一定的竞争优势，其中建筑与计算机信息两部门的竞争优势最明显。

表 3 - 4　　　　　　　　　中国服务贸易 TC 指数

年份	总休	运输	旅游	其他服务	通信	建筑	保险	金融	计算机与信息	专利与特许	其他商业服务	个人文化及娱乐
1982	0.11	0.03	0.83	-0.18	0.64		0.39				-0.33	
1983	0.11	0.00	0.87	-0.23	0.42		0.30				-0.41	
1984	-0.01	-0.03	0.72	-0.37	0.64		0.30				-0.49	
1985	0.10	-0.08	0.51	0.06	0.30		0.48				0.11	
1986	0.25	-0.07	0.60	0.48	0.00		0.47				0.78	
1987	0.28	-0.10	0.63	0.51	-0.08		0.28				0.72	
1988	0.15	-0.05	0.48	0.18	0.37		0.24				0.44	
1989	0.08	-0.23	0.55	0.31	0.76		0.28				0.61	
1990	0.15	-0.09	0.57	0.38	0.85		0.41				0.52	
1991	0.26	-0.11	0.64	0.41	0.87		0.23				0.48	
1992	-0.01	-0.35	0.17	0.17	0.66		0.28				0.14	
1993	-0.04	-0.48	0.25	0.10	0.69		0.11				0.10	
1994	0.01	-0.42	0.41	0.05	0.66		-0.05				0.07	
1995	-0.14	-0.48	0.41	-0.26	0.55		-0.40				-0.30	
1996	-0.05	-0.54	0.39	-0.03	0.40		-0.31				-0.03	
1997	-0.06	-0.54	0.20	-0.02	-0.03	-0.34	-0.71	-0.85	-0.47	-0.82	0.16	-0.63
1998	-0.05	-0.49	0.16	-0.09	0.60	-0.31	-0.64	-0.72	-0.43	-0.74	0.04	-0.44
1999	-0.09	-0.53	0.13	-0.14	0.51	-0.22	-0.81	-0.20	0.08	-0.83	0.01	-0.66
2000	-0.08	-0.48	0.11	-0.09	0.70	-0.25	0.92	-0.11	0.15	-0.88	0.05	-0.54
2001	-0.08	-0.42	0.12	-0.13	-0.09	-0.01	-0.85	0.13	0.14	-0.89	0.06	-0.28
2002	-0.08	-0.41	0.14	-0.12	0.08	0.13	-0.88	-0.28	-0.28	-0.92	0.13	-0.53
2003	-0.08	-0.40	0.07	-0.01	0.20	0.04	-0.87	-0.21	0.03	-0.94	0.25	-0.35
2004	-0.07	-0.34	0.15	-0.07	-0.03	0.05	-0.88	-0.19	0.13	-0.90	0.18	-0.62
2005	-0.06	-0.30	0.15	-0.06	-0.11	0.23	-0.86	-0.05	0.06	-0.94	0.18	-0.07
2006	-0.05	-0.24	0.17	-0.06	-0.02	0.15	-0.88	-0.72	0.26	-0.94	0.17	0.06
2007	-0.03	-0.16	0.11	-0.03	0.04	0.30	-0.84	-0.41	0.33	-0.92	0.14	0.35
2008	-0.04	-0.13	0.06	-0.03	0.02	0.41	-0.80	-0.28	0.33	-0.90	0.09	0.24
2009	-0.10	-0.33	-0.05	-0.02	0.00	0.23	-0.75	-0.27	0.34	-0.93	0.14	-0.50
2010	-0.06	-0.30	-0.09	0.10	0.04	0.48	-0.80	-0.02	0.51	-0.88	0.28	-0.50

资料来源：UNCTAD 数据库，经计算整理而得。

3. 中国服务贸易 MI 竞争力值

Michaely 指数 （Michaely Index, MI），又称"Michaely 波动指数"，以另一种角度衡量贸易的比较优势和国际竞争力，它以某一种产品的进出口分别占该国进出口总额的比重为基础，通过公式计算所得，表达式如下：

$$MI = X_i / \sum X_i - M_i / \sum M_i \qquad\qquad (3-3)$$

其中，X_i 和 M_i 分别代表第 i 种服务的出口额和进口额，而 $\sum X_i$ 和 $\sum M_i$ 自然表示相同类商品的出口总额和进口总额。MI 值也在 [−1，1] 范围内变动，正数表示具有比较优势，数值越大，优势或竞争力就越强，而负值表示比较劣势，且绝对值越大表示越不具有国际竞争优势。

计算结果如表 3−5 所示，由于对同一对象的考察，MI 值与 TC 指数具有较多相似之处，但也存在略微不同。与 TC 指数不同的是，其他服务的 MI 值正数比较多。2003 年至 2010 年期间，除 2005 年、2006 年为负之外，MI 值全都为正。而同期 TC 指数，除 2010 年为正之外，其余均为负数。也就是说，2003 年至 2010 年期间其他服务的 MI 值基本为正，表明具有竞争优势，而其 TC 指数为负，说明是竞争劣势，两者结果相左。除此之外，MI 值所表现出的趋势与 TC 基本一致。中国服务贸易全体 MI 值由正转负，与 TC 指数所反映的趋势相同，而且两指标都显示出 1995 年之后中国服务贸易总体竞争力全面转为负，进一步说明现阶段中国服务贸易整体上缺乏竞争优势。从单项来看，MI 值与 TC 指数也表现出诸多相似之处。与 TC 指数相同的是，运输部门与旅行部门表现出相反趋势，运输服务 MI 值全面为负，而旅游服务基本为正；通信、建筑、计算机与信息及其他商业服务四部门的 MI 值基本为正，说明这些服务具有一定的竞争优势；保险、金融、专利与特许三部门 MI 值与上述四部门表现相反，基本为负数，说明中国在这些服务上存在比较劣势。

4. 中国服务贸易竞争力的国际比较

据 WTO 官方数据，2009 年中国服务贸易出口排名第五，进口第四，总量上具有一定规模，但服务贸易竞争力不强的局面一直存在。如表 3−6 所示，从服务贸易出口占有率来看，中国的市场份额虽有所上升，但比重较小且增速较缓，与中国经济高速增长及顺差国的地位极不匹配，反映出中国服务部门出口能力的提升十分有限。从世界范围来看，传统西方工

表 3 - 5   中国服务贸易 **MI** 值

年份	总体	运输	旅游	其他服务	通信	建筑	保险	金融	计算机与信息	专利与特许	其他商业服务	个人文化及娱乐
1982	0.0113	-0.0934	0.2472	-0.1538	0.0078		0.0364				-0.1338	
1983	0.0216	-0.1376	0.2828	-0.1452	0.0044		0.0267				-0.1043	
1984	0.0108	-0.0166	0.2755	-0.2589	0.0089		0.0373				-0.2370	
1985	0.0521	-0.1776	0.1961	-0.0184	0.0015		0.0368				0.0049	
1986	0.0790	-0.3242	0.1853	0.1389	-0.0027		0.0238				0.1719	
1987	0.0589	-0.3576	0.2258	0.1318	-0.0029		-0.0003				0.1495	
1988	0.0446	-0.2072	0.1942	0.0130	0.0019		0.0119				0.0479	
1989	0.0342	-0.3271	0.2135	0.1136	0.0215		0.0243				0.1211	
1990	0.0266	-0.2835	0.1888	0.0946	0.0242		0.0172				0.0899	
1991	0.0452	-0.3204	0.2122	0.1083	0.0280		-0.0029				0.1114	
1992	0.0126	-0.2337	0.1154	0.1183	0.0301		0.0235				0.0735	
1993	0.0251	-0.2828	0.1860	0.0968	0.0350		0.0103				0.0728	
1994	0.0159	-0.2823	0.2543	0.0280	0.0335		-0.0131				0.0233	
1995	-0.0304	-0.2025	0.3101	-0.1077	0.0309		-0.0726				-0.0793	
1996	-0.0198	-0.3076	0.2970	0.0105	0.0094		-0.0043				0.0134	
1997	-0.0458	-0.2353	0.2007	0.0346	0.0007	-0.0192	-0.0303	-0.0105	-0.0048	-0.0172	0.1231	-0.0012
1998	-0.0445	-0.1573	0.1823	-0.0250	0.0265	-0.0171	-0.0498	-0.0050	-0.0069	-0.0131	0.0483	-0.0008
1999	-0.0413	-0.1579	0.1932	-0.0353	0.0164	-0.0112	-0.0530	-0.0011	0.0030	-0.0222	0.0502	-0.0008
2000	-0.0292	-0.1679	0.1694	-0.0015	0.0375	-0.0078	-0.0650	-0.0001	0.0043	-0.0329	0.0587	-0.0007
2001	-0.0275	-0.1494	0.1795	-0.0302	-0.0002	0.0033	-0.0622	0.0010	0.0050	-0.0461	0.0623	-0.0004
2002	-0.0274	-0.1486	0.1820	-0.0333	0.0037	0.0106	-0.0645	-0.0006	-0.0083	-0.0636	0.0911	-0.0013
2003	-0.0218	-0.1605	0.0978	0.0626	0.0059	0.0062	-0.0758	-0.0010	0.0049	-0.0619	0.1854	-0.0005
2004	-0.0187	-0.1470	0.1468	0.0002	0.0005	0.0049	-0.0788	-0.0004	0.0089	-0.0586	0.1267	-0.0018
2005	-0.0237	-0.1322	0.1341	-0.0019	-0.0007	0.0155	-0.0785	0.0000	0.0054	-0.0614	0.1186	0.0000
2006	-0.0263	-0.1124	0.1278	-0.0154	0.0004	0.0096	-0.0816	0.0073	0.0149	-0.0636	0.1106	0.0003
2007	-0.0287	-0.0762	0.0757	0.0005	0.0013	0.0216	-0.0746	0.0024	0.0186	-0.0602	0.0968	0.0014
2008	-0.0301	-0.0555	0.0501	0.0054	0.0012	0.0428	-0.0746	-0.0014	0.0226	-0.0611	0.0722	0.0012
2009	-0.0395	-0.1111	0.0313	0.0798	0.0016	0.0361	-0.0588	-0.0012	0.0299	-0.0663	0.1374	-0.0010
2010	-0.0239	-0.1274	-0.0163	0.1437	0.0012	0.0584	-0.0714	0.0006	0.0387	-0.0626	0.1802	-0.0012

资料来源：UNCTAD 数据库，经计算整理而得。

业发达国家占有率包揽前五名，尤其美国服务贸易出口独领风骚，2009
年美国服务贸易的市场占有率是中国的 3.7 倍。印度服务出口表现强劲，

2000 年至 2009 年十年间增长了 1.17 倍，而同期中国只有 0.9 倍。印度服务贸易的增长得益于其软件服务实力的大力支持，印度的软件外包已形成巨大规模且在世界市场享有盛誉。

表 3-6　　　　　　　　　世界服务贸易市场占有率之国际比较

国别 年份	美国	英国	德国	法国	西班牙	意大利	日本	中国 内地	中国香港	印度
2000	18.2	8.0	5.4	5.4	3.6	3.8	4.6	2.0	2.6	1.2
2001	18.1	7.8	5.7	5.5	3.9	3.8	4.3	2.2	2.7	1.4
2002	17.3	8.1	6.2	5.4	3.9	3.7	4.1	2.5	2.7	1.5
2003	16.0	8.0	6.4	5.5	4.2	4.1	3.9	2.6	2.5	1.4
2004	14.7	8.5	6.2	5.0	3.9	3.8	4.4	2.9	2.5	1.8
2005	14.6	7.8	6.2	4.8	3.8	3.9	4.5	3.1	2.6	2.3
2006	14.3	8.2	6.1	4.1	3.7	3.7	4.5	3.4	3.1	2.7
2007	13.9	8.3	6.3	4.2	3.9	3.4	3.9	3.7	2.5	2.7
2008	13.8	7.5	6.4	4.2	3.8	3.2	3.9	3.9	2.4	2.7
2009	14.1	7.0	6.8	4.3	3.6	3.0	3.8	3.8	2.6	2.6

资料来源：根据 WTO 官网数据整理而得。

与世界服务强国相比，中国服务贸易的显性比较优势指数处于低端。见表 3-7，服务贸易发达国家（英国、美国及法国）的 RCA 普遍在 1 以上，而中国的 RCA 基本低于 0.8，与发达国家分属不同梯队。而同为"金砖国家"的印度服务贸易显性比较优势指数较大，1982 年至 2009 年期间大部分年份都在 1 以上，只有少数年份低于 1，但也都在 0.9 以上，表明中国服务贸易与印度服务贸易在实力上还存在一定差距。另外一个以承接服务外包而获得较快发展的是爱尔兰，它的显性比较优势进步很快，2006 年后突破 2 并一直保持，说明爱尔兰服务贸易竞争优势取得快速提高。印度与爱尔兰的经验表明，通过承接服务外包可对国内服务产业竞争优势具有促进作用。因此，中国应从这些新兴服务外包承接国（印度、爱尔兰及马来西亚）的发展中吸取教训，构建服务经济升级的组织框架，扩大人力资本的发挥空间及创造适合于服务发展的社会基础。

表 3 - 7　　　　　　　　　　　世界主要国家和地区服务贸易 RCA

国别 年份	英国	美国	法国	德国	意大利	荷兰	爱尔兰	西班牙	日本	中国 香港	印度
1982	1.33	1.10	1.53	0.75	0.80	1.12	0.72	0.88	1.18	1.35	1.34
1983	1.33	1.16	1.52	0.73	0.85	1.07	0.66	0.83	1.22	1.27	1.50
1984	1.33	1.28	1.54	0.70	0.87	1.08	0.61	0.78	1.22	1.21	1.44
1985	1.32	1.32	1.50	0.67	0.91	1.08	0.62	0.72	1.14	1.20	1.55
1986	1.35	1.36	1.38	0.62	0.91	1.06	0.59	0.74	1.22	1.11	1.38
1987	1.33	1.36	1.36	0.60	0.93	1.05	0.60	0.74	1.35	1.06	1.23
1988	1.32	1.29	1.33	0.58	0.94	1.08	0.61	0.80	1.44	1.01	1.21
1989	1.25	1.31	1.35	0.57	0.95	1.06	0.57	0.76	1.47	0.99	1.13
1990	1.17	1.32	1.22	0.56	1.06	0.97	0.63	0.77	1.37	0.94	1.06
1991	1.13	1.30	1.23	0.58	0.98	1.05	0.63	0.75	1.34	0.87	1.09
1992	1.18	1.26	1.16	0.57	1.13	1.06	0.58	0.81	1.37	0.81	0.96
1993	1.19	1.26	1.20	0.61	1.18	1.09	0.53	0.89	1.36	0.81	0.91
1994	1.24	1.30	1.14	0.60	1.10	1.05	0.54	0.84	1.38	0.85	0.97
1995	1.28	1.32	1.12	0.64	1.09	0.99	0.50	0.85	1.29	0.86	0.94
1996	1.30	1.31	1.08	0.65	1.09	0.95	0.52	0.87	1.27	0.89	0.90
1997	1.33	1.28	1.06	0.66	1.11	0.95	0.52	0.91	1.25	0.86	1.03
1998	1.42	1.27	1.02	0.63	1.10	0.94	1.00	0.84	1.30	0.80	1.22
1999	1.50	1.35	0.99	0.64	1.01	0.94	0.89	0.94	1.24	0.84	1.40
2000	1.54	1.37	1.05	0.66	0.97	0.97	1.00	0.91	1.14	0.87	1.44
2001	1.53	1.35	1.02	0.65	0.97	1.01	1.11	0.93	1.11	0.89	1.41
2002	1.59	1.40	1.04	0.67	0.98	1.01	1.25	0.94	1.11	0.89	1.38
2003	1.68	1.41	1.02	0.67	0.98	0.96	1.55	0.93	1.03	0.84	1.43
2004	1.80	1.45	1.01	0.67	0.94	0.89	1.67	0.93	1.05	0.86	1.66
2005	1.77	1.46	1.06	0.72	0.95	0.85	1.79	0.96	0.98	0.91	1.75
2006	1.79	1.47	1.07	0.76	0.95	0.79	2.02	1.00	0.98	0.96	1.89
2007	1.98	1.48	1.07	0.73	0.96	0.74	2.21	1.01	0.98	0.99	1.86
2008	1.97	1.48	1.10	0.78	0.96	0.70	2.30	1.02	0.91	1.03	1.78
2009	1.88	1.46	1.07	0.79	1.03	0.76	2.16	1.09	0.99	0.98	1.65

资料来源：根据 WTO 官网数据进行整理而得。

通过比较分析，中国服务贸易的竞争力还有很大提高空间，与发达国家相比还存在不小差距。而中国服务贸易的竞争力水平一定程度上反映了国内服务业的发展层次。一般来讲，国际上具有较强服务贸易竞争优势的国家，基本都是国内服务经济及其相关配套产业基础比较优越的国家。因此，提高服务贸易竞争优势根本还在于大力发展国内服务业部门及其发展环境。服务部门应不断提高人力资本水平，加强服务产品的开发技术能力，与生产性部门形成良性互动，只有国内服务部门的实力获得提升，服务贸易的国际竞争优势才能得到提高。

三 中国服务贸易国别

在有关对外贸易或 FDI 的技术外溢效应研究中，国别是一个重要的影响因素，因为国家不同，所形成的综合信息流交换是不一样的。这与人的社会关系网络属同一道理。本书所指的国别是一个包含诸多内容的概念，如经济制度、人种情况及文化信仰等。如果贸易对象国是一个发达经济体，发展模式先进，且表现出较强的创新精神，则其拥有的一些先进理念或技术可通过贸易和投资活动传递给它的相对落后的贸易伙伴。Bernstein 和 Mohnen（1994）的研究发现美国的研发资本对日本全要素生产率的增长贡献很大，达 60% 左右，而其他国家则不对日本具有这么大的影响。[①] 说明贸易国别的差异影响到对外交流所能产生的效应。由此可推断，服务贸易的外溢效应也因国别不同而有差异，与美国的服务贸易和与墨西哥的服务贸易，两者所产生的外溢功效必定有很大差别。

中国服务贸易收支国别比较稳定且集中度高，2007 年服务贸易收支前 10 名伙伴国家（地区）占到总收支的 3/4，2008 年为 72%，2009 年达78%。其中，2009 年中国服务贸易收入来源国家（地区）前五位是中国香港、美国、日本、新加坡及韩国，支出目的地排名前五为中国香港、美国、日本、韩国和中国澳门。[②] 另外，欧盟作为一个整体，是我国的重要服务贸易伙伴国，2008 年在五大服务贸易伙伴中排名第三，紧随中国香港及美国之后。[③] 中国香港连续几年成为中国服务贸易最大出口市场和进口来源地，在服务贸易发展中扮演着重要角色。从服务贸易收支国别来看，我国的服务贸易主要是与服务经济强国和地区之间展开的，这种国别

---

① Bernstein J. I., Mohnen P.（1994），"International R&D Spillovers between U. S. and Japanese R&D Intensive Sectors"，*NBER Working Paper*，No. 4682.

② 国家外汇统计局：《2009 年中国国际收支报告》，2010 年 4 月 19 日，第 22—23 页。

③ 中国商务部：《中国服务贸易发展报告》（2009 年），第 8 页。

特性对于服务贸易效应的发挥是有益的，通过与服务业发达国家的广泛接触，在外贸固有机制作用下会对我国服务业的发展产生推动效应。

然而，并不是说与落后国家的外贸不会有任何好处，根据日本学者小岛清的"雁行模式"发展理论，可将国内面临废弃的技术转移到落后国家，在这些国家里相对落后技术还有用武之地，先进技术的使用环境还未建立，因此两国也能实现外贸的福利增加。

四　中国服务贸易开放

有关中国服务贸易开放利弊的探讨在入世前比较多，但随着入世承诺的逐渐履行后现实经济增长的表现，这些问题都不证自明。目前，则集中于进一步提高服务业对外开放水平的思考上。现实政策制定中，包括服务贸易在内的对外贸易之所以经常受阻，很大部分是对本国产业的保护与发展两者之间关系的处理上产生冲突，以及消费者剩余与民族产业之间的权衡取舍等方面存在不同考虑。开放的目的就是要通过开放来提升或发展本国服务业水平。然而在一定有限期内产业保护是必要的，但最终目标是培养本国产业及企业的竞争力。因此，保护并不意味着消灭竞争，而是通过逐步增加竞争强度来增强本土产业和企业的免疫力，从而一定时期后本土企业真正具有实力参与国际竞争，这应该成为发展中国家制定保护政策实施的一个原则。否则与该原则相违背的政策只会造成过度保护而不能增强产业体能。

发展中国家在面对发达国家服务贸易自由化诉求时，也经常以某些服务业涉及国家安全、关系重大国计民生而拒绝对外开放。持这种观点的人不在少数，表面上看似理由很充分，并且容易戴上民族主义的光环而容易受到众多支持。实际上，这些行业在这一冠冕堂皇的外衣下由既得权贵利益小集团控制的国有企业所经营，因此低效率是不言而喻的，严重挤压本应通过开放可以享受的国民福利。有些服务行业的开放问题不是出于福利经济学意义上的考虑，而往往是掺杂着政治顾忌或意识形态的差别。中国对外开放过程中也存在着正负思维的激烈较量，尤其服务业的开放更具敏感性，因此到目前为止电信、银行等服务行业仍处于行政垄断下的国企经营，其服务意识与效率和经济自由状态下相比严重倾向于生产者剩余。

针对服务贸易开放（自由化）的效应，苗秀杰（2005）总结了服务贸易自由化可能给我国带来的正负效应，并指出服务贸易自由化的主流经济效应体现为正效应。事实也说明，服务贸易自由化程度较高的国家的确能够促进整个经济的发展，因此实行服务贸易自由化是必然趋势。他还指出，对于强调负效应的发展中国家来说，应该通过适当的政策配合来缓解自由化带来的负面冲击，但不应因此采取绝对化的手段阻碍整个世界服务贸易自由化的进程。尚涛（2007）通过实证方法对中国服务贸易自由化与经济增长的关系进行了检验，发现服务贸易自由化是我国经济增长的重要原因。在对待服务贸易自由化问题上，发达国家与发展中国家分别表现出积极与相对保守的态度，前者由于具有服务产业竞争优势而积极推行服务贸易自由化发展，而后者由于顾虑太多而往往陷入被动局面。对发达国家来说，急切地要求发展中国家服务贸易自由化可能并不能取得良好效果，而应对发展中国家的发展困境具有理性认识，甚至包括国内政局稳定、文化理念等因素在内的复杂性予以充分考量。当国民享受到开放带来的现实好处时自然会对开放形成共识从而影响政府决策思维。对发展中国家来说，服务贸易自由化必然会在短期内对开放行业产生一定的负面效应，但市场之手调节功能可以让本国产业获得发展空间，如韩国影视业刚开放时受到很大阻力，但现在已成功自救。

在中国众多服务行业中，零售商业是开放较早的一个部门，"入世"后外资得到更多的市场空间和机会。在外资零售巨头的带动下，中国城市居民也逐渐享受到本土零售商方便快捷的服务。一些本土品牌也在市场细分中取得一席之地，专注于城市周边或某一社区（如美廉美、物美）或学区（超市发）的零售服务提供。整个零售业基本形成开放竞争的环境，从而提高了全社会的零售服务能力。不可否认，现如今中国居民所司空见惯的现代零售服务与当初零售业的全面开放无不具有直接关系。同样在开放较早的餐饮服务业中，类似效应也得以显示。还有近年来逐渐开放的本土银行业，其服务方式，包括前台、服务大厅及态度等服务，都较之前有很大提高。这其中就有行业开放所带来的效应。

第四章　服务贸易外溢效应研究

随着世界经济服务化趋势的加强，对外服务贸易逐渐在国际经济社会交流中发挥重要作用。从经济效应来看，服务贸易的作用可分为两方面：直接影响与间接影响。直接影响比较明显，如服务的出口使得服务生产者完成销售并取得利润；服务贸易可带动本产业的发展；服务的进口可以填补国内供给空白；服务贸易可以创造税收与外汇等。而间接影响则不同于直接影响，而是通过服务贸易的过程及结果所间接带来的影响。这种间接效应在有关制造业 FDI 的研究领域中已被充分认识。国内外学术界围绕FDI 对东道国是否具有技术溢出效应的研究已获得众多成果。沿其思路，服务贸易是否也具有包括技术溢出效应在内的一些对东道国的好处呢？

就服务贸易占世界 GDP 比重来看，其远非货物贸易那么重要。但服务贸易无疑是当今世界最具潜力的经济力量。据权威数据，全球范围内服务业对外直接投资已占全部外商的 60% 以上。而且服务贸易还具有巨大发展潜力，许多服务项目因人为障碍仍未能充分展开。随着双边及多边贸易体制的进一步深化，及国际经贸合作共识进一步加强，规则减免（De-regulation）范围的扩大，服务贸易中的自然人流动将获得更大的贸易空间。在充分自由前提下，与商品贸易相比，服务贸易具有很多实现途径。比如，服务贸易还可以跨境消费，即服务的提供者不移动，国外消费者通过入境获得该国服务。这比单纯的商品贸易无论是在形式还是在效果上都更利于知识交流、文化传播等化学反应。

另外，需要指出国际服务贸易的外溢效应一般性与特殊性相兼容。从普适角度讲，国际服务贸易外溢效应客观存在于服务贸易所发生的地方，因此中国的服务贸易外溢效应与美国服务贸易外溢效应具有共同性。但由于经济条件、社会文化等差异的存在，各国服务贸易外溢效应具有不一致性。因而，本章基本运用这样一个思路，即首先构建国际服务贸易外溢效应的理论，然后运用中国经验进行实证。以下各章基本都遵循这一思维范式。因此，由中国经验数据检验出的一些结论也可作为其他国家或地区的服务贸易外溢效应特征的参考。

一 有关外溢效应的研究

"外溢"（Spillover）一词源于物理学，后用于经济分析，通常指正外部效应，即经济行为的产生造成的社会效益大于私人效益。在外商直接投资（Foreign Direct Investment）效应的研究中，国内外学者对 FDI 的外溢效应进行大量的经验研究并取得不少成果。思路基本上是要论证 FDI 对东道国具有较大的技术促进效应。作为外商直接投资的主体，跨国公司具有某些垄断优势，在管理、技术或服务某方面具有竞争优势。而它们所拥有的这些优势对东道国企业具有很高的学习价值。通过 FDI 这个桥梁，东道国的不同产业或企业可以从跨国公司的本土运作中获得许多生产性知识和技能，由于这种积极影响属于 FDI 投资初衷之外，因而是外溢性质的。

国内外大量实证研究表明，FDI 可以通过模仿示范、竞争、生产网络关联、知识扩散及人力资本流动等多种途径对东道国产生技术溢出效应，对东道国的技术创新能力形成有力影响。目前，学界和政界基本认同 FDI 技术效应是存在的，持赞同观点的理论多于持反对意见的。但实证结果却不太一致，不少研究从跨国公司国际活动角度出发，认为技术扩散效应得益于跨国公司的直接投资。比较早期的可以追溯到 MacDougall（1960），他认为外资的流入，无论是采取直接投资还是股权资本的形式，都会提高东道国劳动的边际产出和资本边际效率。所谓跨国公司外溢效应是指由其产生但却不能全部被其获取而留给了东道国的那部分生产率或效率的提高。比较明显的外溢例子有当地企业通过技术模仿达到提高劳动生产率的目标，还有跨国公司带来的行业竞争加剧导致本土企业更加有效率地利用技术与资源，或者迫使本土企业积极寻求更新更有效率的技术。但是，通过对发展中国家的一些基于企业层面的研究并未发现外资的存在具有水平产业效应，即对相同行业的东道国企业有显著影响（Haddad M. 和 Harrison A. E.，1993；Aitken B. J. 和 Harrison，1999；Djankov S. 和 Hoekman B.，2000；Konings J.，2001）。但如果将研究对象转到发达国家，情况又有所改变，结果比较乐观。Haskel J. E.（2002）、Keller W. 和 Yeaple S. R.（2003）的实证研究为正向外溢效应的存在提供了证据。这有可能说明外溢效应的产生需要建立在一定科技水平发展的基础上，因此发达国家与发展中国家之间同行业出于同业竞争的顾虑不可能有太多的技术转移，而发达国家之间由于技术水平接近更容易分享技术交流带来的成果。虽然实证研究未能明确证明外溢效应在同发展中国家的同行业内企业产生，但Javorcik B. S.（2004）对拉脱维亚的研究则表明FDI的外溢效应却存在于上游供货商企业之中，而且合资企业比外商独资企业更有可能散发出积极的外溢效应。

关于FDI外溢效应的研究和争论还将继续，以往研究及将来成果都将为本书研究服务贸易的外溢效应提供思路或线索。而且在WTO及多边谈判体制下，服务贸易必将日趋自由化，国与国之间的服务FDI将会变得更加活跃，对双边及多边经贸关系也更具有影响。关于服务贸易与经济增长的研究受到学界关注，近年来相关内容的期刊文章发表了不少。中国在入世减让表里对某些竞争性服务业的开放承诺大都得到实现，但与世界贸易组织和美国的理解还有差距。因此，加大对服务贸易效应的研究有利于下一步有关服务贸易政策的制定与实施。

二　服务贸易外溢效应的概念

外溢效应作为一种正外部效应，是一种经常会发生的现象。举一个简单的例子，邻居家的花园使路人受益（享受到花香），这里就存在着正外部效应①，因为路人虽没付出花园的投资，也未帮忙锄草浇肥，但却享受了花的芬芳和颜色，得到这个福利。外部性的对象是未付出成本但受益的他人，而实施主体即为邻居，其所进行的活动不仅给他个人带来效益，而且带来了外部效益。负外部效应的情况与此相反，即社会成本大于个人成本。更进一步地说，外部性是指某人的行为对他人产生的正面或负面的影响，且没有被完全支付或补偿。再举一个例子，有关服务行业。众所周知，商圈具有聚集效应，知名品牌的存在可能会带动其他商户的客流量，增加它们的销售额。如McDonalds、KFC深受年轻人的眷顾，其周边那些针对年轻消费群体的服装、鞋及娱乐业经营者因为有了McDonalds和KFC的存在，其客流量增加从而业绩得到提高，但周边厂商并没有对McDonalds或KFC的全球化知名品牌的运营投入有所贡献。当然，聚集效应是相互的，同理周边厂商的存在也能给McDonalds或KFC带来顾客的增加。但两边外部性存在不平等局面，前者的外部效应要明显大于后者输出的外部效应。由于McDonalds或KFC的正外部效应巨大，有些大型商场不惜

---

① 此处当然是正假设，即路人不存在过敏或其他厌恶反应。

大幅减免租金也要引进两大快餐巨头。

在经济研究领域中，人们一般用社会收益与个人收益、社会成本与个人成本两组概念来说明外部性的存在。具体来说，当社会从个人活动中所得到的效益大于个人从中所得时，这项活动就产生了正外部效应；反之，当个人活动所造成的社会成本大于个人实际付出的成本时，该活动就会产生负外部效应。如前节所指，溢出（Spillover）本是一个物理概念，但逐渐被经济学所引用。阿罗（1986）认为新投资具有溢出效应，不仅进行投资的厂商可以通过积累生产经验提高生产率，其他厂商也可以通过学习提高生产率，进而带动整个经济增长。罗默（1994）提出了知识溢出模型，意识到知识具有外溢效应，知识生产部门通过外溢效应机制可提高全社会劳动生产率。卢卡斯（1988）的人力资本溢出模型指出人力资本高的人对他周围的人会产生有利影响，提高了周围人的生产效率，但他自己不会因此而得到相等的直接利益，即使他因此可能会得到一些直接或间接利益，但总有一些被周围人所内生的外溢收益是得不到补偿的。

服务贸易外溢效应是服务贸易与外溢效应的结合，因此，服务贸易的正外溢效应就是指服务贸易活动所能引起的超过私人利益的社会效益。近年来学界也开始逐渐意识到服务贸易可以产生较强的外溢效应。已有许多文章就服务贸易与经济增长之间的实证关系进行了研究（庄丽娟，2007），还有提出服务贸易技术溢出效应的（方慧，2009）。还有中国每年的大量教育进口服务是否对中国人力资本或社会具有溢出效应也是值得研究的课题。另外，贸易与经济社会本身就具有十分紧密的联系，而逐渐在世界经济中占一席之地的服务贸易其外溢效应的发挥也将加强。从世界角度来看，服务贸易对经济的直接拉动仍然有限，中国的服务贸易也只占GDP总规模的很小一部分，但服务贸易的发展具有广大空间，且由于服务贸易包含着众多重要产业，其直接拉动之外的间接效应似乎更大。为了便于研究，本书初步将服务贸易外溢效应定义为服务贸易活动所导致的经济效率的提高和社会进步等众多间接效果。

三 服务贸易外溢效应的特征

服务贸易的外溢效应因服务行业性质上的原因而具有一些明显特征。服务产业被认为是经济运行的"润滑剂"，经济的高速运转离不开大量的服务产业的辅助。既然是服务贸易的外溢效应，其特征必然会受到服务业特征的影响。基于这样的思路，本书认为服务贸易外溢效应具有以下特征：

（1）柔性化。柔性化是指服务贸易的外溢效应主要体现于软件方面，它不同于进口一套大型设备直接提高了产能，服务贸易的外溢效应可能不会如此迅速，如通过许可证与专利服务贸易，并经过一段时间的学习与掌握，东道国公司的整体加工能力得到提升。一般来讲，软件方面的提高是潜在能力的提升，硬件可以通过进口就能很快补缺，但软件方面不可能在短期内有较大改善。再比如国际教育服务的交流对一国教育体系的建设和人才培养起到重要影响，这显然是软件方面的。正是由于其作用于软件方面，因此服务贸易外溢效应的发挥可能需要一个时间段。因此，对于软件方面不强的国家和地区来说，服务贸易对软件方面的影响就更加重要，因而可能通过大力发展服务贸易来提高软件实力。

（2）国别性。服务贸易的外溢效应具有较强的国别差别，由于各国所具有的社会文化习俗不同，经济基本面不同，因此服务贸易活动对相关变量的作用力也会受到这些固有因素的影响，因而表现出很多国别特征。有些影响因素是长期累积的，很难在一定期限内改变，而正是这些因素对服务贸易效应发挥的环境起重要约束作用。在所有影响因素中，有些起良性促进作用，有些可能起到负面作用，国家不同，两者各自所占比重也不同，有些国家可能促进的因素多于制约因素，有些可能就相反。

（3）规模性。只有当服务贸易规模达到一定程度，服务贸易的外溢效应才能比较显著地发挥。也就是说，服务贸易的外溢效应具有一定的规模经济性质。服务贸易包括不同形式的服务进出口，因此不难理解当服务贸易达到一定规模时，效应会更大。另外，其规模性也表现在服务经济基础规模达到一定程度，服务贸易效应的发挥空间就越大。服务经济是服务贸易的产业基础，服务贸易对服务经济产生改善，两者类似于建筑的地基与地面部分，一个完整的建筑需要结实的地基，也离不开地上部分的补充，地基的坚固决定了地面部分的高度与结构。如果服务经济这块地基比较结实，则服务贸易——地面部分就更有发挥的空间。

（4）结构性。服务贸易项目比较庞杂，因而各服务项目的比例关系在服务贸易的外溢效应上具有重要影响。许多研究从传统与现代的区分角度来研究服务贸易项目对经济增长的不同效应，也有的将服务贸易分成消费型和生产型进行对比研究。不管采取何种角度，服务贸易的结构对其效应大小或强弱都有直接影响。因为服务贸易的实力不单体现在规模上，一定意义上更体现在其结构上。结构合理即包含众多强大现代化服务贸易部门的服务贸易结构才具备持续竞争优势。

四 服务贸易外溢效应模型

关于外溢效应方面的模型，国内外期刊已有较多论述。早在 1988 年 Borensztein、Gregorio 和 Lee 就曾构建了包括 FDI 技术扩散效应的增长模型，并论证了吸引 FDI 的东道国经济可以实现内生增长，并且长期增长率是 FDI 的函数。[①] 也有从 C – D 生产函数出发构造外溢模型的，如我国学者沈坤荣从柯布—道格拉斯函数出发，运用中间产品思想发展模型，得出经济的均衡增长主要依赖于制度的演进、人力资本存量、吸收先进技术的效率及时间贴现率。[②] 通过内生增长理论论述外溢效应的还有李子奈等（2004）。这些模型为本书构建服务贸易的外溢模型提供了思路。

服务贸易的外溢效应因贸易国别的不同而有所差异。具体有两种：一是发达国家之间的服务贸易所具有的外溢效应；二是发达国家与发展中国家之间的服务贸易所产生的外溢效应。因而服务贸易外溢效应在这两种不同情况下具有不同特征，从服务贸易的产品结构及经济发展水平看，两种情况存在巨大差异。而且服务贸易外溢效应的发挥是建立在一定的经济基本面之上的，同样的服务贸易可能在不同国家产生不同影响。在此不对这种区别进行讨论，又由于本书主要研究中国服务贸易的外溢效应，且发达国家具有较强的服务生产与输出能力。因此，模型采取第二种情况，即发达国家与发展中国家之间的服务贸易的外溢效应模型。通过模型解释了与发达国家之间的服务贸易对发展中国家具有外溢效应。假设发展中国家的生产函数可表示为：

$$Y_t = A_t^{\sigma} L_{yt} \tag{4-1}$$

其中，Y_t 是 t 时的社会总产出，A_t 表示 t 时的全要素生产率，σ 是参数，L_{yt} 表示 t 时用于产品部门生产的劳动力。

知识具有独立公式，是由独立的生产部门所生产，其生产函数为：

$$\frac{dA_t}{dt} = \rho L_{At} A_t^{\eta} \tag{4-2}$$

① Borensztein, E. J. De Gregorio and J. W. Lee, "How Does Foreign Direct Investment Affect Economic Growth?" *Journal of International Economics*, 1998 (45), pp. 115–135.

② 沈坤荣、耿强：《外国直接投资、技术外溢与内生经济增长》，《中国社会科学》2001 年第 5 期。

式中，L_{At} 表示 t 时用于全要素生产率生产的劳动力，ρ 和 η 为模型参数。

如果 $\eta > 0$，则表示之前所生产的知识对于未来知识生产具有一定的溢出；如果 $\eta < 0$，则表示现有知识存量对未来知识存量具有负外部性。

假定人口增长率是 n，则可以解出其人均收入的均衡增长率为：

$$g_Y = \sigma g_A = \frac{\sigma n}{1 - \eta} \tag{4-3}$$

而服务贸易有助于 $\eta > 0$ 的条件得到满足。本国服务贸易的外溢效应受到他国服务经济状况及两国服务贸易的影响，即 $z = s^\theta t_f^{1-\theta}$（$\theta \in [0.1]$），国内因素的权重 θ 是与模型其他参数同时被估计的，它衡量了与发达国家之间的服务贸易对外溢效应的影响权重，而 $1-\theta$ 衡量的是他国国内服务经济对本国服务贸贸易效应的贡献度。运用类似划分方法进行过相关研究的有 Jovanovic、Lach 和 Lary（1992），他们认为一个企业的技术水平取决于自身知识的积累及其他企业的知识积累状况。

经过上面的理论分析，考虑到服务贸易中生产者服务比重较大，它们以中间投入品的形式参与生产，本书通过建立中间产品贸易模型来说明服务贸易的外溢效应。因此，有必要对 Helpman 和 Krugmam（1985）的中间产品贸易模型进行分析。[①] 假设世界生产 3 种商品：两种无差异的最终产品 X 和 Y，以及一种差异中间产品 Z。X 和 Y 以不变规模报酬生产并且具有完全竞争的市场结构。Z 以变体方式存在，并具有规模报酬递增效应。假设 Y 产品生产只需要投资资本 K 和劳动 L，将其价格标准化为 1，则单位成本为：

$$c_Y(w_L, w_K)$$

商品 X 不仅需要 K 和 L，还需要一定的中间投入品 Z，以多种变体形式进行投入，假定 Z 的所有变体的价格均为 P_Z，则 X 的平均成本为：

$$c_Y(w_L, w_K, p_Z, n)$$

其中 n 是 Z 的变体种数。假定平均生产函数是随着 n 的增加而递减。具有以下生产函数形式：

$$X = f[L, K, \varphi(Z_1, Z_2, \cdots)] \tag{4-4}$$

函数 f 具有规模报酬不变性质，$w = 1, 2, \cdots$，Z_w 是第 w 个 Z 的变体

---

① Helpman, E. and Krugmam, P., "Market Structure and Foreign Trade", *MIT Press*, 1985.

的投入量，而：

$$\varphi(Z_1,Z_2,\cdots) = \left[\sum_w Z_w^\beta \right]^{\frac{1}{\beta}},其中,\beta = 1 - 1/\sigma \qquad (4-5)$$

从 (4-4) 式和 (4-5) 式，可以得到如下平均成本函数：

$$c(w_L,\ w_K,\ pZ_n - 1/\sigma)$$

c 为与 f 相对应的单位成本函数。Helpman 和 Krugmam 指出，n 越大，中间投入品的有效价格就越低。

假定每种中间投入的变体都以相同的递减平均成本函数生产：$c_Z(w_L,\ w_K,\ z)$，其中 z 是每种变体的产量。生产中间投入品的规模经济程度是：$\theta_Z(w_L,\ w_K,\ z)$。在需要方面，假定每个人都具有相似偏好。在 X 产品上的消费额为 $\alpha_X(p)$，在 Y 产品上的消费额为 $\alpha_Y(p)$，其中 $p = (p_X,\ p_Y)$。它们共同决定了最终产品的需求。

对中间产品 Z 的需求反映了厂商生产 X 的投入选择。假定 Z 的单个变体的生产商都将 X 的产出、要素的价格 w_L 和 w_K，以及其他 Z 变体的价格当作既定的，这样 Z 的生产者所面对的需求弹性依赖于要素价格、Z 的变体价格和其种数。

由于 X 和 Y 产品市场是完全竞争，假定 Y 的产品价格为 1。则边际定价为：

$$1 = c_Y(w_L,\ w_K) \qquad (4-6)$$

$$p = c_X(w_L,\ w_K,\ P_Z,\ \bar{n}) \qquad (4-7)$$

由于产业 Z 是垄断竞争的，则可用下列两式来确定中间产品 Z 的价格和厂商的平均产出：

$$p_Z = c_Z(w_L,\ w_K,\ z) \qquad (4-8)$$

$$R(w_L,\ w_K,\ p,\ \bar{n}) = \theta_Z(w_L,\ w_K,\ z) \qquad (4-9)$$

由对成本函数进行求导可得每单位要素需求：

$$a_{iY}(w_L,\ w_K) = \frac{dc_Y(w_L,\ w_K)}{d(w_i)},\ i = L,\ K \qquad (4-10)$$

$$a_{iY}(w_L,\ w_K,\ p_Z,\ \bar{n}) = \frac{dc_Y(w_L,\ w_K,\ p_Z,\ \bar{n})}{d(w_i)},\ i = L,\ K \qquad (4-11)$$

$$a_{iY}(w_L,\ w_K,\ z) = \frac{dc_Y(w_L,\ w_K,\ z)}{d(w_i)},\ i = L,\ K \qquad (4-12)$$

如此，要素市场出清的条件为：

$$a_{iY}(w_L, w_K)\overline{Y} + a_{iY}(w_L, w_K, p_Z, \overline{n})\overline{X} + a_{iY}(w_L, w_K, z)\overline{Z} = i, \quad i = \overline{L},$$
$$\overline{K} \tag{4-13}$$

对于商品市场出清条件，对于产业 X，投入品 Z 是一种生产要素。因此，可以通过对 X 的平均成本函数求导得到 Z 的单位使用量：

$$a_{ZX}(w_L, w_K, p_Z, \overline{n}) = \frac{dc_X(w_L, w_K, p_Z, \overline{n})}{d(p_Z)} \tag{4-14}$$

因此，Z 的产出就是：

$$\overline{Z} = a_{ZX}(w_L, w_K, p_Z, \overline{n})\overline{X} \tag{4-15}$$

产品 X 的市场出清条件是：

$$\alpha_X(p) = \frac{p\overline{X}}{p\overline{X} + Y}以及\overline{Z} = \overline{n}z。 \tag{4-16}$$

因此，本书从中间产品产业内贸易模型中，得出产出 X 越大，Z 的变体种数和生产规模也就越大；反之亦然。在一个相异产品无贸易成本的世界里，重要的是世界的生产规模。

第五章　中国服务贸易的技术外溢效应研究

　　目前有关技术外溢效应的研究绝大部分以制造业外商直接投资为研究对象,与制造业 FDI 在国际经贸活动中的重要地位相对称。由于世界范围内制造业 FDI 的投资额规模通常比较大,足以对发展中国家造成多方面的经济与社会效应,因而是全球化进程中一支重要力量。出口导向型发展中国家通过承接发达国家的制造转移积极参与到全球化趋势当中。发展中国家在对外开放决策有效性的衡量时不可避免地要考虑到制造业 FDI 的影响,因而有关制造业 FDI 的经济效应研究往往能吸引众多眼球。从实证研究结论上看,在制造业 FDI 的技术溢出效应问题上,目前有两种观点:一种认为其具有明显的技术溢出效应 (Rhee and Belot, 1989),另一种认为没有技术溢出效应或有负效应 (Germidis, 1977)。而从定性研究上,经济学家基本认同 FDI 具有技术外溢效应。Findlay (1978) 认为 FDI 通过传染效应 (contagion effects) 提高了东道国技术进步速率。而 Walz (1997) 从另一角度指出 FDI 可向东道国研发部门制造知识外溢。Saggi (1998) 认为只有 FDI 的本土化才能为东道国企业进行制造模仿提供可能。

　　与制造业 FDI 的关注度相比,针对服务贸易是否具有技术溢出效应这一问题还未引起如此大的兴趣。但有关服务贸易与经济增长的研究在国内呈海量增长态势,随着服务业 FDI 的发展及生产性服务贸易额的不断增多,有关服务业外商直接投资的经济效应也逐渐被理论界关注。在开放经济条件下,服务将是一国企业竞争力的关键决定因素,企业的竞争力很大程度上取决于能否获得高质量、低成本的生产者服务 (Hoekman, 2006)。服务业基础设施和基础服务的发展水平对一国的产品出口竞争力有直接的影响。对于服务业落后的国家,可以通过进口服务或相关服务领域的 FDI 来发展。因此,服务市场开放成为技术扩散的最重要途径,这一点对发展中国家尤为重要 (OECD, 2006)。

　　据中国商务部消息,2010 年 11 月中国外商直接投资实现连续 16 个月度同比增长，增幅达 38.17%，其中服务业是吸收外资增长的主要来源，且预计未来还将加速发展。从全球范围来看，服务外包规模逐年增加，且服务业 FDI 还存在很大潜力。因此有关服务贸易是否具有技术溢出效应这一问题也亟须解决。若服务业 FDI 具有技术外溢效应，那影响技术外溢效应的因素又是什么？服务贸易技术外溢大小是不是具有门槛限制，是不是只有达到一定设限条件，服务贸易 FDI 的技术溢出效应才会显现？它的外溢效应相对于制造业直接投资，即传统意义上的 FDI，是否更具有外溢性特征？相关问题不一而足，但首先要考察中国服务贸易的发展过程中是否具有技术溢出效应这个第一性论题。

第一节　服务贸易的技术外溢效应

随着服务贸易规模，尤其是服务业 FDI 的快速发展，国内外学术界在有关服务贸易的研究中逐渐涉及其技术溢出效应的探讨。随着第三次科技革命的不断深入及信息软硬件科技的迅速发展，各国从世界市场上获得先进技术的路径呈现出多样化。以技术为对象的服务贸易逐渐发展成国际贸易中重要的独立力量。据有关研究，日益频繁的跨国技术活动对落后的发展中国家具有技术外溢效应。世界上大部分研究投入与支出发生于发达国家，而发展中国家在世界研发投入规模的占比上则少得可怜。事实证明，发展中国家的技术进步与产业升级受限于自身创新的不饱满而不得不走上一条具有"国际依赖"的道路。最大的成功案例来自于印度，通过承接欧美发达国家的技术服务外包，印度的第三产业在国民经济中的比重快速超过一半。目前，印度已不再是简单的技术服务外包国，而是逐步转型向业务流程外包和知识外包迈进，高附加值服务外包的比重逐渐增加，整个服务行业的技术效率非常高，是跨国公司在选择服务外包地时所考虑的性价比最高的地方之一。另外，通过一些具有技术特征的服务贸易，东道国企业真实地接触到国外先进技术，借由技术的天然外溢性，以及若能对引进技术做到充分吸收，进而引起自主研发和创新活动的增加，则最终可以提高自身科技水平。日本的现代化过程很大一部分就是引进与吸引完成的，而且日本在引进技术时采取不盲目求新而是注重与本国生产条件结合，这一点值得借鉴。因此，无论从现实发展还是从理论推断上看，对外贸易技术溢出效应的存在性基本可以得到肯定，而服务贸易在世界贸易中占据20%的份额，而且集知识性、技术性及资本性于一体，因此服务贸易的技术溢出效应也能得到认可。对于技术溢出效应，无论是来自制造业FDI还是服务贸易，最有可能产生并发酵的还是与其接触紧密的部门或企业，包括跨国公司的上下游部门。但这种效应可能不会仅仅止于此，因为这些上下游部门又处于另外不同产业链的环节，在产业波动效应的带动下，通过制造业FDI或服务贸易所引起的技术溢出效应会不断传递下去，类似乘数原理起作用，本书称为服务贸易技术外溢的"乘数效应"。首先与制造业FDI与服务贸易联系最密切的相关产业从中所得到的外溢效应最大，随着波及产业或企业层级逐渐展开，及产业或地域空间逐渐变广，技术外溢效应也会随之变弱。因此，针对技术外溢效应，可以分为核心区、扩散区及外延区三个不同层面，总的外溢效应为三者之和。因此，技术效应的天然波及性可使服务贸易所传导的技术延伸至多个层面。

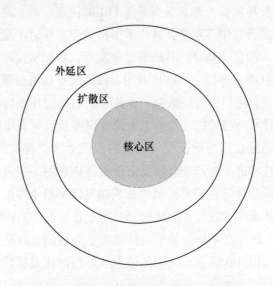

图 5 - 1 技术外溢效应的乘数扩散效应

第二节 服务贸易技术外溢效应的路径研究

世界贸易的发展催生了大量技术创新，除了战争，贸易（交换）是对技术的最大需求动力。国际服务贸易的发展一方面创造了技术需求环境，另一方面对技术的产生与革新起到推动作用。前一小节本书探讨了服务贸易技术外溢效应的存在性问题，本节主要就服务贸易产生技术外溢效应的路径进行归纳分析。目前已有大量文献讨论了制造业 FDI 技术外溢效应这一问题，存在两种相反观点。有些学者认为制造业 FDI 对东道国的技术创新有正向溢出效应。而有些人则持保留态度，认为其是技术中性的，甚至负面的。不管制造业 FDI 是否能真的促进一国技术水平，其所制造的社会福利效应（如就业效应、产业拉动及满足需求等）仍是客观存在的。当然，技术外溢效应不只存在于制造 FDI 领域，同样可以存在于服务贸易发展过程中。但学术界对服务贸易外溢效应的途径至今还没有比较明确的探讨。基于服务贸易的特点，并借鉴制造业 FDI 技术溢出效应研究成果，本书认为服务贸易的技术外溢路径至少但不限于如下几个方面。

第一，从行业内来看服务贸易技术外溢效应的路径。服务贸易进口及 FDI 其实是对国内服务生产的一种替代，使用国外替代产品至少会产生两种效应，一是市场抢占。无论哪种形式都会造成国内服务行业企业面临市场份额减小的局面，有些企业可能因此而陷入困境，这是不利的一面；二是被迫竞争。此效应其实也间接来源于市场抢占，国内厂商面对国外替代品的竞争可能会促使其从研发、管理、技术及服务水平等方面着眼不断改进以应对竞争。就金融服务行业来说，据普华永道的研究报告（2010），"中资银行目前已是外资银行心目中强大可畏的竞争对手"，"在理财、银行卡和网上银行等业务领域，中资银行都在不断努力提升自身的竞争力"。当然，在服务和产品的提供方面，由于外资还面临着不少准入限制，使得中资银行具有一重天然保护网。但中资银行在外资银行蚕食策略的影响下对产品与服务挖掘力度逐渐升级的事实也无可争议。现阶段无论走到哪家银行，有各种各样金融服务产品（如大量理财产品）供顾客选择，相比过去这不能不说是一个巨大进步。诚然，这种进步离不开中国金融水平整体的发展。另外，外资银行的技术密集性特征也刺激了中资银行在提供各种产品与服务时，尽量采用一些先进的技术服务手段。而这些服务技术极有可能由外资银行最先使用并传到中资银行，使得中资银行的服务水平大大提高。总之，事实证明，外资竞争对手的存在一定程度上通过竞争效应迫使东道国企业提升自身竞争力或基础性资源能力的提高，对整个行业的发展效率具有比较大的有利效应。

第二，从上下游产业关联角度看服务贸易技术外溢效应的途径。当经由服务贸易所提供的服务作为一种中间品被投入到生产制造中，由于服务起头价值提升功效，对它的上游产业（通常是制造业）产品整体水平的提高具有很大的促进作用，或大大提高了制造品的附加值。另外一种情况，当国际服务提供商在提供服务产品时，通常会与国内企业的员工进行信息交流，这些国内企业有可能会得到一些不计偿付的技术辅导或支持，通过员工内化于企业效率的改进中。还可能存在一种情况，国外厂商主动地帮助企业提高技术，目的是刺激上游企业购买外商生产的产品。根据Javorcik（2004）对 Lithuania 的研究，那些大量吸引 FDI 流入的部门的上游产业比其他部门的上游产业普遍具有较高的生产率。Blalock 和 Gertler（2008）发现印度也具有类似情形。他们研究对象是通常意义的制造业 FDI，而不是服务 FDI。但由于服务贸易 FDI 包含具有天然外溢性质的知识型服务，而且服务的技术较固态产品技术容易外泄，因此服务的溢出效应具有比较大的可能性。先进服务的使用能带来产品价值增加，因而基本可以认为服务 FDI 的存在或服务的进口对其上游企业生产率的提高也具有拉动作用。

第三，从人员流动（Labor Turnover）来看服务贸易技术外溢路径。外资在人才争夺方面对内资企业构成很大威胁，但也应看到事情的另一面。在外资企业或服务业 FDI 企业工作过的国内员工一旦换到本土公司，或自主创业，他们将在外资情境下所积累的先进理念或经验运用于本土企业或自己公司，这也是产生技术外溢效应的一个途径。Poole（2009）针对巴西的研究指出，有过外资企业工作经历的员工比例高的企事业组织中员工工资比较高，从结果反映了其企业绩效高于其他对手，如果要说这与具有外资经验背景员工的存在不无联系，显然不妥。再者，这种外资工作背景可通过代际传递或婚姻机制影响面更大。另外一个比较有意思的方面是，在目前中国企业管理咨询市场上活跃着不少曾拥有多年外资经验的"布道者"或创业者，他们或自己成立公司或作为企业合伙人，传授企业管理经验或提供解决方案。应该说，其存在不同程度地为内资企业寻求解决"瓶颈"的办法并提高管理技术起到一定的帮助。

第四，从服务贸易的许可证专利进出口看技术外溢。据中国国际收支平衡表（2010）显示，中国每年大量进口许可证与专利服务，2009 年达111.00 亿美元，占当年其他商业服务的 16.18%，比 1997 年增加了 20 多倍。技术水平的成长培养需要很长时间，在国内供需产生结构性矛盾时，服务贸易的许可证及专利进口可缓解短期难题。知识及经验的获得是经济持续发展的结果又是总结。而技术进口在生产持续过程中起到重要作用，在加工过程中所需的一些技术需求如果得不到满足，则很多工作就无法进行，因而也就谈不上加工水平的累积性进步。另外，许可证贸易与专利授权并不能直接促进进口国的技术进步，正如一些日本学者所认为的，技术引进对日本战后经济增长的作用不宜评价过高，日本在世界上技术强国的地位相当程度上依赖于国内的研发活动。① 日本在 1950—1964 年间签订的 1132 项许可证贸易协议中，有 19% 在原有引进技术的基础上开发出新产品或新工艺；有 19.6% 超过原先引进时的技术标准；15% 被开发出新的专利产品；另有 38.8% 未能改进。② 技术引进一旦进入良性发展，先进技术的吸收就更加顺利，产生良性连环效应，足见日本对引进技术的吸纳取得重大收获，其关键点还是重视自主研发和长期积累。反思中国"以市场换技术"政策的实施效果，就目前来看，中国企业的自主核心技术创新还是未能取得关键性进展，但在局部领域水平还比较高。因此，目前中国企业还不得不向国外支付巨额专利费，即使一些知名民族品牌还得依靠国外专利技术才能生存。从国家民族的战略高度来看，技术引进只能起辅助作用，不可能对一国的技术进步内涵式增长起到关键的主导作用，还得通过自己国内的产学研体制不断获得技术积累才能使科技素养得到本质上的提高。但通过贸易机制和学习效应可获得技术进步的成长条件。

第五，由于服务贸易种类多项目杂，其技术外溢效应可能通过产业联动效应传递到国民经济的其他很多部门。通常来讲，从宏观层面一国技术水平的提高不外乎是通过国内和国外两个方面来实现。就国内来看，是通过各种资本的积累（包括人力资本、物质资本及知识技术）和产量增加而实现的。国外方面则是通过各种形式的国际交流，主要是贸易和投资活动来实现。而国际贸易又由货物与服务贸易两部分组成，且服务贸易当中集中了不少资本、知识及技术密集型行业，这些行业所占比重在服务贸易总额中逐渐增大。因而，服务贸易不仅自身即为技术提高的源泉之一，同时也可正面影响东道国内促进技术进步的影响（如各种资本）进而间接

---

① 张宏斌：《日韩两国技术引进消化吸收经验及启示》，《浙江经济》2006 年第 6 期。

② 同上。

作用于技术进步。

第三节　服务贸易与国内专利

在一定程度上，专利申请的数量与结构是创新或新思想的开发程度的正函数。通常来讲，专利的数量与质量客观上反映一个地区原创力的大小，以及其环境对专利生成的舒适程度。专利是一项耗时耗力的工作，报酬是对其的一个补偿。对专利的认识、理解及产生又是经济政治文化的产物，其中，保护制度及激励体制在专利或创新的生成过程中发挥着关键作用。因此，专利意识的普及首先在盎格鲁—撒克逊文明中产生是有其文化人种背景的。人类许多情况下是因为激励制度的缺失，才导致本应提取的专利未能被生产出来。补偿机制的缺失对专利的打击是致命的。而这种激励或补偿机制的建立是涉及人种、文化等社会因素的。就目前中国知识产权保护情况来看，根源性问题仍然没得到根本解决。中国社会似乎已陷入一种"侵权惯性"，社会的运作很大一部分依赖着这种"非常规"内生机制。人们普遍地、公开地接受并使用盗版物件，每一个人的生活因盗版而成本减少，整个社会已习惯性地享受盗版所带来的福利，甚至已成为中国特色文化的一部分，公平的版权意识仍严重缺失。但从危机角度看，如果创新成果得不到应有的尊重与补偿，从长远来看，不利于整个国家和民族的核心竞争力的培养。

从国内专利事业发展过程来看，国内专利申请数量的大幅增长很大程度上是受到国际交流不断深入的刺激。改革开放以来，尤其是 20 世纪 90 年代之后，国内专利申请数量发展相当迅速。这股势头主要源自两点：一方面，受到在华跨国公司研发活动的推动；另一方面，中国企业及个人的专利维权意识逐渐苏醒并积极申请专利。据统计，国内专利申请数量从 1990 年的 19304 件上升到 2008 年的 352406 件，增加了 18 倍，高于同期 GDP 增幅。中国自主专利意识的增强受到欧美国家企业的带动。国际贸易与投资及跨国公司在中国的本土活动客观上助推了国内专利维护意识的提高。反过来看，设想如果没有改革开放后一系列的国际经贸活动及外资企业的引导和竞争，国内企业的专利意识也很难发展到现在的高度。经过多年的培育，专利意识发展的阶段性成果，就是在国内已普遍意识到专利维权的重要性和必要性，不再涉及意识形态的干扰。

很长一段时间以来，中国一直是进口专利与特许服务的逆差国，每年向外方支付了巨额的专利和特许使用费，2009 年和 2010 年分别进口 103 亿美元与 130 亿美元，而出口分别仅为 5 亿美元和 8 亿美元，前者是后者的 20 倍和 16 倍，进出口之比严重失衡，显示出中国对世界专利技术的依赖程度很大。从国内自身角度看，自主核心技术的严重缺失导致中国处于国际价值链的低端，始终无法在高端环节打开有利局面，至多只能获取很少的加工或组装利润，其占产品国际总价值的一小部分。问题的另一面是，大量专利与特许虽有引进但不能被充分吸收，因而多年的逆差态势也未能转化为自身真实的创新能力，如此则陷入"引进—使用—再引进"的恶性循环，其结果只能是中国继续长期处于价值链的末端。这种严重失衡及不利的局面及对自身利益的维护使国内企业及决策部门认识到自主研发的紧迫性。就目前中国的技术水平来看，技术依赖仍将持续较长时间。所以在此背景下，在不断引进先进生产技术的同时，国内企业不能局限于技术的简单套用，而应发挥主观人力资本力量积极改进工艺，逐步形成中国原产的技术优势。如此服务贸易的技术外溢效应才能更好地展现出来。

第四节　服务贸易技术外溢效应的实证研究

国内外关于制造业 FDI 的技术溢出效应的研究已相当多，而有关服务贸易是否对东道国具有技术溢出效应这一问题所进行的研究还比较少。服务贸易技术溢出效应问题分三个层次，首先，服务贸易到底有没有技术溢出效应？其次，效应有多大？最后，效应的影响因子有哪些？前一个问题笔者已经在前面进行了定性分析。对第二、三个问题的研究，基本采用附带交叉项的计量模型进行了实证研究，通过观察自变量及其交叉项系数前面的正负号和绝对值即可粗略地得到服务贸易与技术变量的关系，及此关系之影响因素。在实证研究中，由于技术的衡量标准不定，且很难找到一个变量能直接说明技术水平，有些研究采用产量 Y 的增加值代表技术水平，作为被解释变量。若经实证检验产量增加值与 FDI（自变量）正相关，一般就认为 FDI 具有技术溢出效应。比较早期的论文大都采用了这种思路（沈坤荣，1999）。后来研究逐渐意识到这种技术指标选取方式有问题，转而逐步选用其他指标来表示技术效应，如用专利申请数量（李梅，2009），还有用全要素生产率的（李杏，2009；朱福林，2010）。

大凡有关技术外溢效应的研究都会遇到如何选择技术进步这一关键指标的难题。根据实用观点，技术水平的提高应该有可表征性的实际具体结果。技术外溢效应的存在即指贸易国自身技术进步的增加，这样的增加应有一些实际效果。那么，能表征一国技术进步得以实质性提高的一个具体指标就是高技术水平的产品的生产制造或出口。一国已经将技术进步内化于生产高新技术产品中。因此，技术产品的产出指标从一定程度上体现出技术进步趋势。总而言之，可以采取高新技术产品的出口作为中国技术进步水平的具体指标变量，来检验其与中国服务贸易之间的关系。运用最小二乘法（OLS）得到回归结果如表 5 - 1 所示。由于时间序列较易存在自相关，因此回归模型中加入 AR 项。

表 5 - 1　　　　　　　　　　技术外溢效应回归结果

	HIGHTECH			
	(1)	(2)	(3)	(4)
服务进出口	0.286 (1.23)			
服务出口		0.4788 (1.67)		0.42 (1.77)
服务进口		-0.0815 (-0.43)	0.289 (1.45)	
AR (1)	1.45 (5.64)	1.46 (4.35)	1.50 (4.34)	1.43 (4.49)
AR (2)	0.49 (-1.92)	-0.49 (-1.45)	-0.20 (-0.42)	-0.46 (-1.44)
AR (3)			-0.34 (-1.20)	
Adj - R^2	0.992970	0.9935	0.99202	0.9939
F - statistics	754.3357	612.390	467.163	871.107
D. W.	1.67	1.94	2.07	1.87

注：①常数项省略。②通过在模型中加入 AR 项以最大限度消除因自变量相关而导致回归失真问题。③括号中为 t 统计量，通过 t 大于 1.5 时说明估计系数显著不为零。

其中 HIGHTTECH 代表高新技术产品的出口额，代表中国技术进步，是因变量。服务贸易是自变量。由表 5 - 1 可知，各模型中的可决系数及统计量指标良好，大体上通过了检验。具体来看，方程（1）表明服务贸易进出口总额与因变量呈正相关，服务贸易总额每增加 1 个百分点，高新技术产品出口就可增加 0.286 个百分点，但因 t 统计量偏小（小于 1.5），故需进一步论证。方程（2）将进出口分列单独作为自变量，结果显示出口与因变量呈正相关，且 t 统计量大于 1.5，说明关系较显著，系数也较大，说明服务出口对高新技术产品的出口具有显著促进作用；但服务贸易进口对其的影响呈负相关，但未能通过 t 检验。于是，方程（3）只有服务贸易进口唯一变量，发现进口与因变量也呈正相关，而且 t 统计量达 1.45，与标准值相近，说明估计基本显著。方程（4）中只有服务贸易出口一个自变量，估计结果进一步证实服务贸易出口对因变量具有较强促进作用。因此，通过回归分析，基本发现服务贸易对中国高新技术产品出口具有促进效应。

　　服务贸易的技术溢出效应经过传导与运用可表现为实际技术能力的提升，而代表实际技术水平进步提高的一个结果指标就是一国高技术产品出口量。因此，采用高新技术产品出口这一指标，一定程度上代表了中国总体技术能力提升的实际成就。通过国际服务贸易，国外服务产品对国内企业在技术提高方面有良好示范及促进作用，通过引进先进技术、转化并吸收还有助于自身技术实力的增强。方慧（2009）认为由于服务贸易有四种不同方式，即境外消费、境内提供、商业存在和自然人流动，因此与商品贸易比起来，其技术外溢效应的具体渠道比货物贸易要多。① 传统制造业 FDI 研究领域中关于技术溢出效应的研究都可为服务贸易技术溢出效应的探讨提供思路，但由于服务行业与制造业的区别，在应用时可能会有一些角度和方法上的区别。正如制造业 FDI，服务贸易的技术溢出也会出现于上下游产业或企业的供应链中，工作人员之间的流动性转移，或者国外企业示范作用都可以传达出一些先进服务知识或技术理念，这一系列外溢机制都有利于帮助国内企业提高管理水平与效率指标。与制造业 FDI 不同的是，服务业的技术知识传导的可能性更大。

　　需要提出的是，任何外来技术和理念都需要做好本土化的吸收工作，并且基于实用主义的革新往往更能有助于当地生产力的提高，日本的科学技术引进策略就是一个很好范例，其并不一味追求高新技术，而且基于本土水平选择二三流技术，并再加以改造创造出可观生产效率。另外，最核心的技术也只有通过自身创造才有可能获得，外来获取只是一种暂时弥补空缺，自身创新发展才是根本，否则只会陷入"引进—落后—再引进"的不良循环之中。制造业 FDI 和服务贸易作为当今世界两种相当重要的国

① 方慧：《服务贸易技术溢出的实证研究》，《世界经济研究》2009 年第 3 期。

际经贸活动,其所发挥出的技术效应是客观存在的,只是程度不同。在与国际技术联系时,国内承接方不应只是引进而不汲取本质,技术外在依赖局面将一直存在,这是对国家竞争不利的。

第五节 服务贸易与行业生产效率实证关系

通常来讲,一国服务业与服务贸易的发展相得益彰、相互促进。一方面,产业是源,贸易是流。服务业的发展是服务贸易发展的基础,而且国际服务贸易结构的形成很大程度上是由国内服务业比较优势决定的。另一方面,服务贸易拉动或助推服务业增长。从服务贸易数据来看,无论发达国家还是发展中国家,服务出口增长率明显高于 GDP 和服务业的增长率。世界服务贸易经济及服务外包生产方式的增长形成大规模的产业转移,以及服务贸易在对外贸易比重的提高,影响到世界各国服务产业发展布局。对于中国来说,自改革开放以来,经过三十多年的服务经济发展,服务贸易与服务业的实际增长关系如何是一个值得总结的问题。由于两者关系概念太过庞大,在此缩小研究范围,专注考察服务贸易与服务业生产率之间的关系,并运用实证方法进行检验。

数据选取与整理思路大致如下:因变量为中国服务行业生产率(SE),用单位劳动第三产业增加值来代表,即第三产业增加/第三产业就业人数,通过统计年鉴获得原始数据并计算所得。自变量为服务贸易,分为服务贸易总额(St)、服务进出口(Sm,Sx),数据来源于商务部网站。数据的描述性统计见表 5 - 2。

表 5 - 2   变量的描述性统计 (1982—2010 年)

项 目	SE	LNSt	LNSx	LNSm
平均值	1.725195	10.49021	9.801424	9.779091
中位数	1.176812	10.69994	9.933095	10.13550
最大值	6.494116	12.80628	12.05059	12.17200
最小值	0.188851	8.405815	7.815611	7.597898
标准误差	1.740606	1.430113	1.349280	1.525105

资料来源:国家统计局,商务部官网数据。

自 1982 年至 2010 年期间，服务业单位劳动创造的增加值大体上呈上升趋势，说明服务产业的劳动生产率逐步提高。从表中可以看出，最大值（2010）年比最小值（1982）增长近 37 倍。数据还显示，除个别年份之外（2004），其他年份均能保持逐年提高的良性走势。那么，这种持续增长趋势与服务贸易又有多大关联？首先，检验两者的相关性。从表 5 - 3 可以看出，服务业单位劳动生产率与服务贸易总额、进出口额对数值存在较强的正相关性。接着，通过建立回归模型，检验单位劳动服务生产率与服务贸易之间的实证方程关系。在建立模型之前要对数据进行单位根检验，否则不在同一阶单整的变量有可能出现伪回归现象。单位根检验结果显示变量系统整体在 2 阶上集体通过 Levin、Lin 和 Chu 检验，可建立回归模型，并加入 AR 项，以消除自相关。之前，已通过对数化处理过滤多重性。通过观察方程（1）、方程（2）和方程（3）的结果（见表 5 - 4），综合起来看，服务业单位劳动生产率与服务出口存在正相关，但与服务贸易总额及服务进口的关系未能通过显著性检验。还发现因变量存在较强的滞后性，说明当期单位劳动生产率受到前一期非常大的影响。之所以出现这样的回归结果，可能是因为随着服务出口规模的扩大，产量及销量的提高可以提高劳动人口的服务生产的熟练程度，从而可以提高服务产业的劳动力的学习效率，获得更多的经验效应和成本竞争优势。还可能因为服务出口商面临着国外服务需求方的严格要求，在与全球竞争者较量时，更加注重提高生产率，而且出口部门往往能通过报酬激励及工作环境、社会认可等优越条件吸引国内相对较高素质的员工，从而获得逐年生产率的提高。

表 5 - 3 变量相关性检验

	SE	LNSt	LNSx	LNSm
SE	1			
LNSt	0.875457	1		
LNSx	0.886863	0.998546	1	
LNSm	0.861782	0.998347	0.993831	1

表 5 - 4　　　　　　　　　　　　回归结果

变量	（1）	（2）	（3）
SE_{t-1}	1. 1375（21. 5293）	1. 0803（18. 0385）	1. 0515（20. 4411）
lnSt	0. 0213（0. 3806）		- 15. 4229（ - 2. 2582）
lnSx		0. 5721（1. 7033）	9. 0394（2. 4016）
lnSm		- 0. 4288（ - 1. 6487）	6. 5829（2. 1156）
AR（1）	- 0. 6362（ - 2. 8294）		- 0. 8538（ - 3. 8414）
AR（2）	- 0. 0467（ - 0. 2003）		- 0. 2413（ - 1. 0844）
Adj - R^2	0. 9740	0. 9759	0. 9797
F - statistics	235. 3604	204. 1884	201. 7529
D. W.	1. 9874	2. 0580	2. 0581

注：因变量为 SE，服务业单位劳动生产率。括号内为估计系统的 t 统计量。

第六章　中国服务贸易的资本溢出效应研究

通常来讲，资本的积累通过市场及社会双重机制可提高国民收入和经济福利。但从企业家个体角度来看，投资策略不是为了获得这种社会效应的，相反其目的就是追求利润。投资是一项艰难的抉择。从人类的偏好来看，即使未来收入比现在高于一定程度，人们仍更愿意获取眼前利益。在通货膨胀高企及"现金为王"的人性倾向影响下，市场经济人通过选择保守的眼前消费。而对于着眼于未来收益的资本家来说，通过抑制眼前消费并投入资本发展企业，非常难能可贵。这种企业家节余精神是一个社会进步的重要力量源泉。因此，企业家资源是一个社会最可宝贵的资源。庇古认为，阻止新资本的创造及对花光现存资本的鼓励是对经济福利的一种极大危害，因为未来可能产生更多的福利，但资本却用来满足了当前更小的福利。[①] 也就是说，他认为任何鼓励资本生成或创造的行为都应得到奖励，因为最终将会促进整个社会福利的提高。资本的积累需要克制当前消费，但由于将来更大的收益回报被人类特有的"短视眼镜"大大缩小，从而不利于资本的积累，更无从谈起资本积累所具有的经济与社会效应。因此，有利于资本形成的活动对社会具有重大意义。

第一节　服务贸易物质资本溢出效应研究

有关服务贸易的物质资本溢出效应这一提法，目前国内外学术界还比较谨慎。此处物质资本是相对于人力资本、社会资本而言，并非仅指固态

[①] A. C. Pigou, "The Economics of Welfare", *China Social Science Publishing House*, 1999, p. 27.

物质制备等，而是经济模型里通常所说的 K 或 I。不难发现，国际服务贸易及投资活动的开展对一国物质资本的扩大具有正效应，而物质资本的积累具有促进技术进步、生产管理及经济增长等功能。纵观世界经济史，物质资本丰富的国家其技术更新的速度往往比资本短缺的国家迅速得多。因而国际服务贸易的发展通过物质资本对经济发展产生非常重要促进作用。由于物质资本本身的逐利性导致其想方设法地进行创新，以赢得消费者的投票，其巨大力量蕴藏于通过技术创新、工艺革命、商业拓展及营销改革等多种途径进一步加强创新。市场经济就好像一只"看不见的手"在指挥着资本不停地创造财富，这就是资本主义增长奇迹的根本源泉。在物质资本对自身利益的追逐过程中，通常会引起社会机制（如专利制度、信任）的系列良性运作。国内外经济学家一致认为在长期内资本积累有利于社会道德的形成，人最终是理性的，相对于短期内采取非正常途径而获利，大多数资本更愿意获取长期收益，而在市场竞争规则的引导下只有通过诚实经营才能走得更远，而各种资本长期交会的结果就是社会上交易各方信任度的加强。现实也证明，在市场经济运营比较完善的国家，人们的诚信机制更容易建立。基于此，政府对物质资本的保护首要责任是为资本的长期存在与发展提供可预期环境。

一 服务贸易对物质资本的溢出机制分析

1. 服务贸易的信用扩张溢出效应

熊彼特（1934）认为货币的数量或分流具有深远影响，经济增长需要货币信用的支持。J. L. Laugihlin 在 *Principles of Money* 上也说到信用不能增加生产性资本或资本（其本身是生产媒介），但信用能促使资本更加有效率地运转并导致生产的增长。相比来说，发达国家的资金比较充裕而且使用效率较高。而发展中国家则普遍面临着资金短缺且利用效率不高的困境。再加上发展中国家信贷体制不健全，投融资渠道不顺畅，一些急需资金周转的中小企业不得不求助于民间借贷。而一个社会的货币与信用的存量与结构对经济增长具有重大影响。总的来说，外资银行，作为服务贸易的重要部门，增加了东道国的资本规模，以及进入东道国所忽视的某些金融领域，外资银行的存在对理顺东道国金融关系具有很大的积极影响。因此，本书认为，从这一角度讲金融服务贸易在东道国所开展的融资服务具有资本扩张外溢效应。具体到中国情况，2006 年底我国实现承诺，取消对外资银行等金融机构开展人民币业务的地域限制，允许向所有中国客户提供业务并办理异地业务。早在 2006 年底，获准经营人民币业务的外资银行已达 111 家。据普华永道 2010 年 5 月报告，已有 30 多家外资银行在中国设立法人机构，受访的 42 家外资银行预计 2010 年会有超过 40 家设立境内法人机构。而且外资银行对农村银行业务表现出极大兴趣，澳新银行已于 2009 年 9 月设立了一家全资分支机构，即重庆澳新村镇银行。此外，汇丰、渣打及花旗等均已设立村镇分行机构。外资银行如真能在农村有效地开展金融业务，对长期处于国有银行视野之外的乡镇企业不啻是一种福音。此处，服务贸易的物质资本扩张溢出效应还可以通过理顺信贷市场关系而获得，从而使资金到达体制之外的需求方，不仅具有数量上的扩张效应，而且是结构比例优化性基础上的内涵性扩张。

2. 服务贸易的资金效率溢出效应

事物总是矛盾的，在资金短缺的国家里资本的利用率往往也比较低下。就中国目前情况来看，造成资本利率用不高的局面至少有以下三个主要原因。一是中国长期处于负利率状态，通胀率高位运行抵消了一部分资金付息，从负面刺激了贷款的无效率使用。二是国有企业机制的存在客观上助长了资金低效率使用，国有企业由于关系国计民生，一旦亏损有国家财政进行支持，因而存在软约束问题。在中国，这些国有企业的政治身份决定其能很方便地获得银行信贷，在低付息及软约束机制下，资金的使用效率当然不高。三是国有商业银行的独立性不强。而外资银行实行独立经营、自负盈亏的体制，在资金的使用上讲求成本收益，不存在软约束问题，因此他们的资金使用效率自然会高。外资银行对中资银行资金使用的影响可以从两方面来看，其一，外资银行对中资银行的股权渗入，对银行资金管理效率有一定的促进作用。据巴曙松的研究，外资金融机构利用控制一定股份之后就入主董事会谋求发言权，从而对公司施加影响，贯彻自身的经营理念。如汇丰银行收购上海银行 8% 的股份之后，成为第二大股东，派驻的董事经常在董事会展开激烈辩论，反对不顾资本金的约束，盲目扩大资产规模的非市场行为，因此，上海银行较早地接受了资金管理的理念，实现稳健发展。[①] 其二，由于外资银行的加入导致竞争不断加剧，虽然工农中建四大国有商业银行利用政治身份与网点优势把持住大部分客

————————

① 巴曙松：《外资入股中国银行业：痛苦中整合机遇风险并存》，《每日经济新闻》2005 年 5 月 9 日。

户，但外资银行业通过近几年的经营已挖走一批优质高端客户，而且将来对外资银行的限制逐渐大幅减少，其服务模式与理念有可能抢走普通客户。由外资银行带来的竞争迫使大型国有商业银行转变思路，注重资金的使用效率和资金利润。

3. 服务贸易的资本创新溢出效应

2001 年中国在加入 WTO 时承诺 3 年内将允许外国证券公司设立合资公司，外资拥有不超过 1/3 的少数股权，合资公司可从事（不必通过中方中介）A 股的承销、B 股和 H 股及政府和公司债券的承销和交易，以及基金的发起。据证监会统计，截至 2010 年 9 月 30 日外国证券类机构驻华代表机构达 152 家，主要集中于上海、北京及深圳三地，广州和厦门各有两家，南京、沈阳及成都各有一家。① 另外，截至 2010 年 12 月在华 QFII 总数已达 106 家。② 外资证券在华公开活动范围进一步扩大，市场份额增长迅速。与发达国家相比，中国在直接融资市场方面起步较晚且市场发展不是很完善，主板市场直到 20 世纪 90 年代初才建立并探索运行，而且股市并未如成熟经济体那样成为经济运行的"晴雨表"，但发展日趋正规与完备。据国家统计局数据显示，2009 年底我国上市公司数量达 1718 家，其中上交所 870 家，占 50.64%，深交所为 848 家，占 49.36%。中小企业板与创业板也分别于 2005 年和 2009 年成立。据深交所网站，2010 年中小企业板上市公司 539 家，总市值达 23149.64 亿元，创业板上市公司 163 家，总市值 6940.81 亿元。③ 中国证券市场发展思路主要取材于一两个西方发达国家，融合了中国国情。这几年外资证券在国内的金融服务逐渐增多，也间接地带动了一批具有国有背景的但市场化较高的证券机构的发展，如深创投。这些本土证券公司对国内行业及企业的需求较熟悉，因而可以在证券上市咨询中提供合适服务产品。因此，此类服务贸易对中国资本市场的运作也起到积极作用。

二 服务贸易的物质资本外溢的实证研究

物质资本通过利用可以创造价值。因此可以将物质资本的生产率定义

---

① 中国证监会：《外国证券类机构驻华代表机构名录》，http：//www.csrc.gov.cn/pub/zjh-public/G00306214/ml/201012/t20101208_ 188432. htm，2010 年 12 月 8 日。

② 中国证监会：《QFII 名录》，http：//www.csrc.gov.cn/pub/zjhpublic/G00306208/201101/t20110110_ 190337. htm，2011 年 1 月 10 日。

③ 深圳证券交易所，http：//www.szse.cn/，2011 年 1 月 24 日。

为产出与资本的比值，即 $p_t = y_t / k_t$，y_t 表示当年 GDP，而 k_t 代表当年物质资本量。考虑到资本的获得无非是通过直接融资或间接融资两种途径来实现，因此，本书选取了金融机构的信贷额与上市公司筹资额两者的和作为总资本。由于 1990 年深交所与上交所才挂牌经营，因此数据以 1991 年为始点。根据这一思路本书测算了中国物质资本的使用效率。发现总体上中国国内资本的使用效率不是很高，基本保持在 1% 左右，小于 1% 的年份多于大于 1% 的，如果资本利用率高，这一比值应该大于 1。计算结果说明目前我国物质资本还存在着很多利用效率不高的地方。导致资本低效运行局面的原因是多方面的，现行金融制度安排所形成的真实利率长期为负及国有企业预算软约束是两大主因。因此，今后应从利率市场化及国有企业产权方面加大改革力度才能避免资金使用效率不高的局势。

数据均经过单位根检验，均通过二阶单整检验，具体过程省略。在实证方程中，将物质资本与产出比看作因变量，代表物质资本使用效率，服务贸易作为自变量，进行了回归分析。其中，服务贸易自变量选取了服务贸易进出口总额和其他服务贸易额两组数据，因而得到两个方程。结果如表 6−1 所示，方程（1）的各项指标整体上通过检验，说明回归有效。发现物质资本使用效率与服务贸易总额呈正相关，服务贸易总额每增加 1%，资本效率就提高 0.48%，且系数的 t 统计量通过检验，说明估计系数显著不为零，从计量意义上可以判断服务贸易的发展对资本效率的提高具有促进作用。方程（2）表明，各项指标也都基本满足要求，方程整体通过检验。资本利用效率还与其他服务贸易相关且为正，其他服务贸易每增加 1 个百分点，资本效率可增加 2.85 个百分点，且 t 统计量较好，为 1.79，说明该系数比较显著，而且比方程（1）的估计系数要大。而其他服务贸易中包括众多知识与技术密集型服务进出口项目。结果说明资本使用效率与这些服务贸易所表现出的计量关系要比其与服务贸易总额的关系要大。通过两个方程的实证结果，表明上一节所分析的服务贸易对物质资本的外溢机制是的确有很大可能存在的。上述所论述的路径其实也就是外溢效应发挥的机理机制，其客观存在性由本次实证结果得到侧面验证。相比而言，方程（2）中的其他商业服务贸易对资本利用效率的促进作用更大，可能是因为其他商业服务贸易聚集了不少资本密集型行业及金融服务业，因而大力发展其他商业服务贸易有利于国内资本利用率的提高。还要指出，物质资本使用效率存在较强的滞后性，当期水平受前一期的影响较大，达 0. 9306 个百分点，即前期效率每增加 1 个百分点，当期就能获得 0. 9306 的增长率。

表 6 - 1　　　　　　　　资本效率与服务贸易回归结果①

	R	
	(1)	(2)
R （-1）	0. 9306 （10. 1487）	
C	-0. 1144 （-1. 1963）	-2. 7293 （-0. 549）
SERV	0. 4845 （1. 2759）	
OTHSERV		2. 8513 （1. 7919）
AR （1）	-0. 21 （-0. 64）	0. 68 （2. 43）
AR （2）	-0. 17 （-0. 54）	0. 27 （-0. 95）
Adj - R^2	0. 79	0. 84
F - statistics	15. 45	29. 81
D. W.	1. 96	1. 97

注：R 为因变量，代表物质资本使用效率；SERV 代表服务贸易总额；OTHESRV 代表其他服务贸易额。

第二节　服务贸易的人力资本外溢效应研究

一　服务贸易人力资本外溢效应

不管人力资本如何被定义，国内外学界与政界都一致认可这样一个信念，即通过教育及在职培训可以提高一国人力资本总水平。教育发达的国家其人力资本的积累上无论是在量上还是在质的层面都具有比较优势。以罗默及卢卡斯为代表的新经济增长理论派证实了人力资本是促进经济增长的重要内生性力量。这一论断可表现在以下几个方面。首先，事实证明，人力资本水平高的地区，人们对新知识或技术的接受能力和运用能力较

---

① 原始数据见附录表 2。

强。这些能力的增强可以带来较高的生产效率，人员效率的提高体现于企业、政府的各项工作或运营当中，提高了整体福利指数。其中，高效率的政府服务对行为人投资决策可以起到很大的刺激和鼓励作用，有时政府办事效率的高低可以决定一项投资事业的成败。其次，人力资本水平往往与知识技术的扩散效应成正比。人力资本丰富的地区知识与技术的传播速度和效率也会加快。而且人力资本水平的高低在一定程度上决定着信息传播的效果，人力资本水平越高，有效信息扩散及吸收效应就越充分，而在知识与技术得以快速传播的良性环境里，所谓破坏式创新（Disruptive Innovation）也更容易产生出来。总而言之，人力资本主要通过提高劳动生产率与增加创新两个方面促进经济增长，而且这两个路径是其他因素所不可替代的。

服务贸易的发展与人力资本的关系又如何呢？按《服务贸易总协定》，服务贸易的开展可分成四种类型，分别为跨境提供、境外消费、商业存在及自然人流动。这四种不同方式下的服务贸易外溢效应，其侧重点是不同的，如商业存在和自然人流动由于具有驻地属性，与当地国家接触较直接，因而可能对当地人力资本外溢直接效应相对于跨境提供来说更具影响，而境外消费（如教育进口）则具有非常大的间接人力资本溢出效应。具体来看，服务产业的跨国公司所实施的本土化战略对东道国人力资本提升具有很大感染与激励效应。首先，由于中国服务型企业概念及创业起步较晚，为缩短与发达国家的差距，相当一部分管理理念或服务模式需要学习发达国家经验，而跨国服务公司的本土化为国内服务公司提供了现实参照。如国内银行大堂管理模式（包括装饰布局、柜台及流程等）都受到外资银行的启发，外国金融公司的商业存在对国内银行服务的提升及业务的拓展起到了催化作用。通过本土化的一种形式即合资，国内企业也学到不少先进理念及管理方式，比如与上市相关的一些事物基本是从外国学来的，从主板到中小板块，再到创业板，直至拥有自己的风险投资与私募公司。中国所经历的金融市场深化的这个过程，所取得的成果都是与世界交流分不开的。这些知识的获取可提高国内相关行业的人力资本水平。其次，一些成功的服务业外资跨国公司在国内发展迅速，中国市场在其全球战略逐渐重要，其经营方式的成功对国内同产业内企业的发展具有榜样或标杆效应。如快餐巨头麦当劳、肯德基在中国的突出表现对国内餐饮服务行业连锁经营提供了思路，许多国内商业企业（如呷哺呷哺）通过模仿跨国公司的做法同样达到了扩大规模并提高利润的目的。与此类似，国内一些具有先见的企业家主动向外企学习并推行管理经验，在内控制度方面也吸收了不少先进理念。对外国成功经验的学习也有助于提高本国的人力资本水平。再次，经过文艺复兴及启蒙运动的洗涤，西方发达国家的企业对人本主义理解较深刻并影响到公司管理。外资企业普遍就如何增强员工忠诚度这一问题的思考与管理下足了功夫，其中比较吸引人才的就是它们所提供的系统化培训。国际知名服务公司在本土化经营过程中，传承了国外企业注重职工培训的传统，并惠及加入外资企业的东道国员工，而外资企业中的中国本土员工可能有一部分通过市场化人才流动机制转而服务于内资企业。由于具有外资经验，他们可能在内资企业中得到重用，掌握一定的资源和权力，因而得以推广其在外资企业中实践效果较好的企业管理理念。最后，对人力资本影响较大的还有教育服务贸易。近年来，国内外教育界交流日益加深，出国留学及外国来华留学人数屡创新高。近些年来中国香港高校在内地的招生多次引起社会讨论教育招生及考试改革，对中国高校积极探索更科学的培养模式起到引导作用。除了留学这种方式，国内学校（主要为高校，也有高中）聘请外籍教师的规模逐渐加大，他们的教学方式可能会引起中国高校的反思，他们所教育出来的学生日后也可能成为教育新思维的实践者。同时，中国教师出国培训的机会也逐渐增多，通过切身体验和感知必然会对自己所熟知的那一套教育方式有所思考和改变。

国外留学与境外旅游也是服务贸易人力资本溢出效应得以产生的重要渠道。据国家统计局官方数据（如表 6 - 2 所示），1978 年至 2009 年中国教育境外消费发展迅速，留学人员年增长率较大。2008 年出国留学人员达 17.98 万人次，在这一年回国有 6.9 万人次。2009 年留学与回国人数比上年分别增长了 27.5% 和 56.3%。另据年鉴数据显示，国内居民出境人数达 4584.44 万人次，因私出境人数达 4013.12 万人次，旅游进口占服务贸易总进口的 22.9%，这两项服务贸易的发展促进国内外民间交流进一步加强。另外，出境机会的增多可以扩展中国人的国际视野与见识，这些海外留学与出境旅游的中国公民大都具备一定经济实力，他们在国外考察或体验到中国没有的产业业态或商业模式，回到中国国内尝试创办，引起国内新事物的产生。他们还可能在国外学习到新经验，并将其中一些理念运用到实践中，进而传播给其雇员及同行。

表6-2		中国留学教育情况			单位：人
年　份	出国留学人员	学成回国留学人员	年　份	出国留学人员	学成回国留学人员
1978	860	248	1997	22410	7130
1980	2124	162	1998	17622	7379
1985	4888	1424	1999	23749	7748
1986	4676	1388	2000	38989	9121
1987	4703	1605	2001	83973	12243
1988	3786	3000	2002	125179	17945
1989	3329	1753	2003	117307	20152
1990	2950	1593	2004	114682	24726
1991	2900	2069	2005	118515	34987
1992	6540	3611	2006	134000	42000
1993	10742	5128	2007	144000	44000
1994	19071	4230	2008	179800	69300
1995	20381	5750	2009	229300	108300
1996	20905	6570			

资料来源：《中国统计年鉴（2010年）》。

二　服务贸易人力资本外溢效应与国内人力资本水平的关系

根据目前有关外溢效应研究的经验，服务贸易的人力资本溢出效应水平应与东道国国内人力资本的总体分布状况密不可分。东道国人力资本水平通常会表现出制约或增强作用，高人力资本能促进外溢效应的发挥，反之则阻碍，从而表现出"门限"特征。在一定程度上国内教育与科研发展水平决定了人力资本发展水平，因此一国教育水平直接会影响到服务贸易人力资本外溢效应的大小。另外，根据服务经济发展的一般规律，若一国人力资本总体发展水平增长有限，服务经济与服务贸易的内部结构与技术水平很大程度上处于低水平状态，而行业的技术效率也可能是影响服务贸易人力资本外溢效应发挥的重要因素。因此，提高中国国内人力资本水平不仅有助于服务贸易结构的升级，而且可以使服务贸易人力资本外溢效应得到增加。

一个社会里人力资本积累最主要的途径就是教育，主要包括家庭教育和学校教育。从教育功能来看，家庭教育塑造人的根本，学校教育培训的是生存技能；家庭教育构造的是机械机理，而学校教育则是零件组装。现代社会所需要的基本素质如责任感、团队精神及沟通能力应从家庭教育就开始，如果家庭教育中缺失了这些内容，学校教育是很难再补回来的。就目前中国情况来看，各级学校教育还存在很多不科学的地方。中小学生的分数之外的素质培养在一定程度上仍被忽略掉。本应为社会提供专项技术人才的职业教育未能良好地发展起来。大学的高等教育功能及其所应有的求知索真的大学精神逐渐退化。中国各级学校的教育质量状况直接决定着人力资本的生产效率与水平，因而也间接影响到服务贸易的人力资本外溢效应的发挥。另外，中国目前的科技研发体制对人力资本积累的贡献度有限。科研本应对人力资本具有积极的影响，科研的成果具有外溢性，而且研究工作过程中相关人员的知识水平得到提高。这么多年以来，国家对科技研究的投入力度逐渐加强，实施了大量的科研项目，也获得了不少有价值的研究成果及培养一批科技研发人才。但就目前情况来看，科研的投入产出比总体上仍严重偏小，因而导致国内对一些高端技术或产品的需求还得严重依赖进口。科技对人力资本的提升十分有限，同样不利于服务贸易人力资本外溢效应的发挥。

如果人力资本水平是因变量 y，教育及科研环境是自变量 x，则两者存在着一定的函数关系，即 $y = f(x)$。什么样的教育环境就会培育出什么样的教育果实，从质量角度来看，上述教育函数呈现出单调性。国内人力资本环境呈现出不利于人力资本提升的局面，从而导致在高端或核心创新的研发上能力不足。这就是为什么经济高速发展了但高端科技还不得不依靠进口、各界都呼吁加强自主核心技术研发的根本原因。2010 年 8 月，根据各大财经媒体报道，中科院院士及材料学家邹世昌介绍，中国所使用的芯片 80% 需要进口，所用外汇超过石油列第一。[①] 另外，高技术含量的机械或成套设备也需进口，能拿到国际市场上竞争的中国原创性技术太少。几十年来，中国在核心技术的自主研发方面没能交出一份满意的答卷，可能正是由于国内教育及科技环境严重不利于技术创新的成长，甚至起到负面影响。

三 服务贸易的人力资本外溢效应的实证研究

目前实证研究中所用到的人力资本水平变量通常用社会平均教育年限

---

① 新浪财经，转引自《上海商报》，http://tech.sina.com.cn/it/2010 – 08 – 24/15574581996.shtml，2010 年 8 月 24 日。

来代表，一般是根据全社会就业人员中各级毕业生的比重乘以相应的所赋教育年限值，然后加权平均得出当年人力资本水平。具体计算方法为，将小学、初中、高中和大专或以上就业人员受教育的年数分别定为 6 年、9年、12 年、16 年，则人力资本存量（HR）就等于就业总数中的小学毕业比重×6＋初中比重×9＋高中比重×12＋大专及本科比重×16＋研究生比重×22。由于中国经济增长得以实现的大部分空间布局主要在城市或城镇，因此选取城镇就业人口为总数，可直接从统计年鉴中获得。各项数据及计算结果参见附录表 3。从中可以看出，我国人力资本水平呈逐渐上升趋势，基本上每年都保持一定的增长（除 2009 年之外）。

　　各变量均通过单位根检验，为防止模型自相关而加入 AR 项。回归结果如表 6-3 所示，其中 SERV 代表服务贸易总额。方程（1）的结果显示服务贸易的发展对中国人力资本水平起到正向促进作用，变量系数为0.032，t 统计量也比较显著，方程的各指标均良好地通过了检验。根据前面的分析，服务贸易对人力资本外溢效应的发挥受到国内人力资本生产条件的制约。为此，将教育经费及师生比作为衡量我国人力资本环境的控制因素，将其作为影响因子，构造交互项，加入回归模型，分别得到方程（2）和方程（3）。其中方程（2）中的 R 代表全国教育总经费占 GDP 的比重，用其与服务贸易（SERV）的乘积即交叉项来衡量教育经费的制约影响，结果发现 SERV×R 前面的系数为负，而 SERV 前面的系数为正，表明加入了教育经费影响后的服务贸易的人力资本外溢效应转为负，可能是由于国内各项教育经费不足从而导致人力资本的发展存在一定的压抑，致使人力资本的提升乏力，从而不利于通过服务贸易渠道下的人力资本外溢效应的发挥。据教育部网站统计，2009 年国家财政性教育经费占 GDP比重未达 4%，与发达国家存在较大差距，说明对教育的实际重视与投入还需不断加强。与方程（2）类似，方程（3）中的交叉项为服务贸易与师生比的乘积（SERV×T，T 代表师生比），结果发现该项前面的系数也为负，t 统计量显示该系数很显著，方程（3）其他统计指标也较好。说明加入师生比这一影响因素，服务贸易的人力资本外溢效应也为负。可能是由于师生比严重偏低，导致在校生人力资本素质的培养得不到切实保证，影响了人力资本的内在质量，进而对服务贸易人力资本外溢效应的发挥未能产生推动作用。因此，无论从增强人力资本质量的角度，还是从提高服务贸易人力资本外溢效应的角度，都应增加教育经费及扩充学校师资力量。另外，通过观察各模型中人力资本的滞后项，发现人力资本的发展存在较强的滞后效应，当期人力资本水平受 t - 2 期的影响比较大。

表 6 - 3　　　　　　　　服务贸易人力资本外溢效应实证

	HR		
	(1)	(2)	(3)
HR (-2)	0.87 (8.99)	-0.46 (-1.55)	0.82 (19.69)
C	-0.82 (1.38)	0.71 (3.09)	0.11 (5.72)
SERV	0.032 (1.28)	0.056 (1.29)	0.77 (4.36)
SERV × R		-1.624 (-1.465)	
SERV × T			-11.92 (-4.15)
AR (1)		1.99 (5.74)	-0.06 (-0.21)
AR (2)	-0.10 (0.255)	-1.05 (-2.99)	-0.57 (-2.20)
AR (3)	-0.21 (1.80)		
Adj - R^2	0.984	0.984	0.978
F - statistics	207.24	164.25	116.63
D. W.	1.91	1.87	2.28

注：HR 代表人力资本变量，为因变量。模型中的滞后项及 AR 调整项均通过多次回归模拟确认，以使各模型指标达到最佳水平。

第三节　服务贸易的社会资本外溢效应研究

随着经济理论研究的进一步深入，资本这一概念不再局限于物质资本，即传统意义上的投资 K。另外两个资本形态，人力资本及社会资本，逐渐被理论界挖掘，并发展成经济研究中的重要领域。单从资本角度来看，社会资本是与实物资本、人力资本一样，能够创造价值、增加财富的资本。P. Bourdieu 在 *The Forms of Capital* 一书中将资本划分为经济资本、文化资本和社会资本，并从工具主义方式定义了社会资本。J. Coleman 则用功能主义方法定义社会资本为包含社会结构并且有利于个人或者社会群体特定行为的一系列实体存在（entities）。在《大分裂：人类本性与社会秩序的重建》一书中，福山也指出了社会资本定义的模糊性，毕竟这是一个比较新的应用，尽管其思想早在托克维尔那里就已经产生了。福山的定义是："社会关系中真实存在并能够提升社会合作的共同的社会规范或价值观念。"在另一部名著《信任——社会美德与创造经济繁荣》中，他进一步探析了社会资本（信任程度及其范围）对经济组织形态、产业结构、经济运行效率乃至国家竞争力的重要意义。他认为低信任度国家企业无法顺畅地迈入现代科层制的专业大型企业阶段，而只能大量充斥家庭小企业，因此只能在全球化的分工体系中给别人打零工或专注某一行业。福山的社会资本思想为研究经济繁荣提供了文化上的思路，是以非经济因素解释经济成就的典范。对于信任这一概念，科尔曼认为交易双方交付货物在时间上的不对称为单方行动以及在获得报酬之前，必须投入资源的任何方面都带来了风险。因而用"信任"一词表示做决定时必须充分考虑的风险因素（科尔曼，1990）。什卡托姆卡普则直接将信任定义为"相信他人未来可能行动的赌博"，并依次将信任划分为三个维度，即作为关系的信任、作为人格特质的信任、作为文化规则的信任（什卡托姆普卡，2005）。卢曼从新功能主义的理论角度来界定信任，他认为信任是用来减少社会交往的复杂性的机制。它之所以能达到此一社会功能是因为它能超越现有的信息区概括出一些行为预期，从而用一种带有保障性的安全感，来弥补所需要的信息。卢曼还区分了人际信任与制度信任，前者建立在熟悉度以及人与人之间的感情联系的基础上，后者则建立在外在的，像法律一类的惩戒式或是预防式的机制，来降低社会交往的复杂性。郑也夫在总结前人观点的基础上提出了自己对于信任的看法，即"信任是一种态度，相信某人的行为或周围的秩序符合自己的愿望。它可以表现为三种期待，对自然和社会的秩序性，对合作的伙伴承担的义务，对某角色的技术能力"（郑也夫，2001）。对于中国这样一个传统中央集权制国家来说，民间社群的发展长期受到压抑，从而不利于社会资本的积累，因此大型企业组织由国家介入才能形成，但这必然导致资源浪费及竞争力的牺牲。当今中国，收入差距的野蛮式拉大进一步增强了社会的不信任感。按照福山的观点，低信任是与低效率或低质同行的。而对于人均 GDP 直逼 1 万美元的中国，必定不止于"世界工厂"的步伐，在向"中国创造"前进过程中，社会资本建设仍是实际社会秩序建构中不可避免的领域，成功与否直接关系着中国未来的国家竞争力。

市场经济是消费者投票体制，也就是通常所说的"无形之手"的作用。企业只有通过不断地满足消费者的需求才能获得长期发展，为此它必须注重产品质量及服务方式。事实证明只有那些不断在产品与服务上精益求精的企业才能赢得消费者的信任并成为强大企业。市场经济条件下也存在另一些企业，通过一些非正常手段而获利，可能一时得逞但不会长期存在，而这个"长期"的概念在市场信息越充分的时候就越短。因此，长期中，企业普遍实行正规经营。总之，持续的竞争环境下，交易或贸易是可以培养一个社会民族的诚信与法制精神的。

一　社会资本外溢效应研究

社会资本是广义资本的一种，是指通过社会网络所能动员的资源和能力的总和。[①] 关于社会资本的相关论述较早就出现。20世纪一些哲学家也提出过相关观点，只不过那时社会资本这个概念还没现在这般明确，而且较多地于社会学领域内讨论。经济学界于20世纪八九十年代开始出现比较有影响的相关学者和专著，如 Bourdieu（1986）、科尔曼（1988）、普特南（1993）、福山等（1999）。其中福山的理论最具有影响，他认为群体成员间共享的非正式价值观、规范等，能促进他们之间的相互合作，如果全体成员与其他人将会采取可靠和诚实的行动，他们就会逐渐相互信任；信任就像润滑剂，可使人和群体或组织更高效地运作。接着有关社会资本与经济增长的国内外研究逐渐增多，有的学者认为社会资本可以起到弥补市场失灵难题的作用，不仅如此，社会资本还可以通过一系列机制来达到增强信任、减少机会主义和降低交易风险，进而提高契约执行与资源配置效率（速水佑次郎，2003；Durlauf S. N. 和 Fafchamps M.，2004）。国内学者张维迎和柯荣住的信任研究表明，省际间经济增长的差异与信任是相关的，即信任指数高的省份其经济增长也较快。[②] 有的学者（杨宇等，2008）从人力资本角度解释社会资本对经济增长的贡献，认为社会资本可以提高人力资本的积累，而人力资本早被内生经济增长学派强调为影响经济增长的重要因素，因此社会资本能促进经济增长。

社会资本与物质资本、人力资本构成资本的三种存在形态，三者分别从工具、智力及人际角度对经济增长产生积极作用。社会资本强调的是一

---

① 维基百科，http://zh. wikipedia. org/zh/% E7% A4% BE% E4% BC% 9A% E8% B5% 84% E6% 9C% AC，2010年1月28日。

② 张维迎、柯荣住：《信任及其解释：来自中国的跨省调查分析》，《经济研究》2002年第10期。

种价值观和思维模式，包括信仰、传统、文化等社会中大多数人所共同遵守的一些理念。社会资本水平的高低影响着经济增长。首先，任何交易都是有成本的，而诚信度高的社会里交易成本可降至很低，这是社会资本有利于经济发展的一个方面。其次，如果一个社会的社会资本能培养或鼓励人们积极进取或不断创新的精神，这样一种无形的社会资本可能比物质资本对经济发展的作用还要大。最后，社会生产力最终还是由人来推动，而社会对人的激励机制是生产力发展机制的最重要方面。

一个社会若高效运转需要正式制度和非正式制度的相互配合才能实现。正式制度，如政体、法规、司法等，是一个社会必不可少的秩序保证。正式制度具有经济效应，它可以通过最大限度地保护财产所有权而使理性经济人不断投资，创造财富。同样，正式制度也具有不可替代的政治效应，在维护社会稳定、保卫国土安全等重大社会问题上具有决定性作用。但在社会及经济组织系统运行中，正式制度还有许多无法触及的点和面，而非正式制度就可以起到增补作用，一些非正式制度安排，如文化、传统，往往能对经济社会发挥出巨大功效。正式与非正式制度的配合效应也体现在微观公司运作层面，每个职位都有明确责任，但职责书上所规定的内容不可能做到与实际工作面对的情形及时地对应，如突变情况的发生。而且很多工作内容是写不下来的，公司员工如果仅按书面职责内容行事，根本不可能做好工作，在公司里如果想把一项工作做好，员工往往不得不完成一些超越员工手册中职责之外的工作内容。非正式制度所起的作用类似公司那些不可能写在纸的工作责任，社会机器正常高效地运转不能缺少非正式制度。从一定程度上来说，非正式制度的好坏直接关系到社会民间合作机制的健康发展。在一个具有诚信、积极和充满爱心的非正式制度的社会里社会关系网络的良性循环得以较小成本地实现。这种非正式制度安排所起到的社会效应可以称为社会资本。因此，社会资本是为润滑客观世界而生，不同的社会所产生的社会资本存在差别，润滑效应自会有高低。反过来看，社会资本的发展有利于增强社会个体之间的合作与互信，从而有助于更多有益非正式制度的确立。

二　服务贸易的社会资本外溢效应的原理

许多经济学家，包括弗里德曼，认为"直接提供经济自由的那种经济组织，即竞争性资本主义，也促进了政治自由，因为它能把经济权力与政治权力分开，因之而使一种权力抵消掉另一种"①。根据这一思想，《服务贸易总协定》（GATS）的本意旨在通过多方谈判机制有效地促进服务贸易的自由化，而这一国际化努力可将服务经济的发展在一定程度上解开了各国对服务生产国际化的政治束缚，因而具有一定的政治与社会功能。对一些发展中国家来说，通过主动融入国际组织（如WTO），政府、企业及民众的价值观都会受到一定程度的影响。比如，市场竞争理念在中国大部分人口的深入及认可离不开以"入世"为代表的国际经贸活动的推动。

根据前面有关社会资本的论述，得知社会资本具有很强的经济社会效应。而国际服务贸易的发展可以对本土社会的价值及规范的形成，进而对社会资本的积累，产生很大影响。国际服务贸易的开展使得其他国家的一些优秀思想通过多种媒介（如电影、文学及互联网等）得以传入发展中国家，从而对部分群体或相当数量的国民产生思想冲击，逐渐地影响了他们的部分或整体价值观的形成或意识形态的转变。当然，在一定时期内对外来文化的辨别与认识上，有时可能会产生偏向或加工，而产生不利影响。但总的来说，输入文化的主流效应为正。另外，服务贸易分类较多，各个服务贸易项目的发展对本土该行业的合作模式与观念会产生积极影响，从而可以促进本行业内的社会资本积累。鉴于中国服务贸易进口增长迅速的事实，从2005年的831.73亿美元增长到2008年的1580亿美元，3年时间增幅达1.89倍，以及各项子服务项目也实现不断增长的成就，服务进口活动基础的扩大有利于社会资本效应的溢出。实际上世界经贸活动的开展最终还是落到企业层面上，随着国内外服务行业及企业之间交易及交流的加强，各项服务贸易的进出口可能对该行业的一些思维模式、生产观念和创业精神等软件内容产生推动影响。

与过去相比，目前中国社会及市场的诚信度有所提高，得益于全社会对诚信之于社会运转的重要性的认识逐渐提高。贸易天然具有消除隔阂的作用，服务贸易的发展也有助于这一"认识"的提高，从而具有促进社会诚信的功能。许多国外知名服务型商号到中国投资并提供服务，如沃尔玛（Wal－mart）、肯德基（KFC），他们通过正常市场经营就可在中国取得巨大财务成绩，并形成巨大的全球品牌效应，而企业的品牌就是企业最

① ［美］米尔顿·弗里德曼：《资本主义与自由》，张瑞玉译，商务印书馆2004年版，第13页。

大的社会资本。世界级公司通过诚信经营就可获得消费者的认可，国内企业当然也可为之。外资企业的成功经验促使国内企业加强品牌建设，树立诚信意识，并加快企业形象管理。打破长期以来困扰中国企业家"无商不奸"的魔咒，诚信经营照样可以生存盈利。众多世界级公司的到来使中国企业家加强了一种认识：诚信可以带来企业更长生命周期。国内企业家由于有了实实在在的参照物，更相信诚信经营可以做成百年企业，更注重科学管理及人力资本管理。当然，从外资企业经营实践中应认识到品牌资产的形成需要一系列管理活动为基础，在其影响下，国内企业逐渐学会并提高了品牌建设本领。因此，大量外资服务企业的在华贸易活动不可避免地会提高企业诚信度，进而对整个社会信任水平形成促进作用。

由于发达资本主义国家市场经济发展历史较长，积累了不少适合市场经营发展的经营理念和思维。中国的市场经济发展起步较晚，亟须借鉴他们的成熟理念，并结合自身条件加以改造，可少走弯路。通常国际经验的传递很多时候是由企业完成的，外资服务企业给中国市场、企业和消费者带来许多冲击性理念，直接影响到产业发展。如始于外资的"顾客至上"观念的传播对中国整个企业服务水平提高具有相当大刺激作用，之前中国社会还未能自发产生类似的市场营销观念。一大批中资企业，与日常生活联系密切的服务业，如零售，不断加强顾客服务管理，经过一段时间的锻炼，消费者也能在本土中资零售业里享受到较高质量的服务。除此之外，外资零售企业在供应链管理，即处理与供应商之间的关系，以及人力资源管理，如人员激励及培训的逐渐重视，以及与同行业的关系等诸多方面为中资零售企业提供了学习榜样。不妨进行设想，如果没有这些外资服务公司的进入所造成的理念冲击，中国服务企业的整体服务水平很可能难以自我突破，银行也不可能为等待的客户提供座椅。自1992年，以试点的形式在11个城市开放国内商业零售业，经过多年发展，中国老百姓享受到的零售服务超过其他未开放的服务业。2011年"入世"五年后国外零售巨头的经营限制大大减少，除了少数几种商品不能经营之外，一般商品都在经营之列。"入世"后的第二个五年中国的发展速度有目共睹，跨国零售巨头乘东风不仅改变了中国零售业整体面貌，以至于中资连锁超市从管理模式到内部陈列都显示出模仿外资的痕迹。类似这种学习效应不只存在于零售服务行业，还存在于其他行业。可以说，外资服务企业的进入对中国服务业的价值观产生了重大影响，增加了许多"消费为王"的内容，为市场经济的运行扫清了意识上的障碍，为企业发展提供了一种方向。

三　服务贸易社会资本外溢效应路径

国际服务贸易对社会资本的促进过程有时不易觉察，可能还比较分散，其渗透式影响本身就是一个过程。像价值观、诚信与合作精神这种社会关系层面的非物质变化不是很明显，但改变是客观存在的。随着服务贸易的进一步开放，以及自然人流动的不断加强，以及其他途径如进口图书、进口培训或电影规模的不断加大，外国一些有利于社会合作的精神品质通过服务进口的商品得到大面积的展现。由于其传递的一些涉及理念根源上的软产品，因此服务贸易是国际不同文化背景社会之间理念碰撞的一个非常重要的层面。如果单是货物贸易，而没有国际人员流动（尤其是教育领域内的人员交流，包括留学生、交换生及访问学者等），没有大量进口或引进的图书，或大量包括各种西方合作思想的书籍，至少有些理念的传播可能没这么快。如服务贸易中的电影电视的进口对社会，尤其是年轻群体，产生不小影响①。如表 6 - 4 所示，韩国电视剧的大量进口，2009 年金额为 7088 万元，出口韩国的金额仅 351 万元，已形成一股强势"韩流"影响着人们的生活。市民可能会从高品质电影中得到精神享受进而对提高其工作效率有裨益，有时还可能从电影中得到一些启示从而对生活充满信心或体会到更深刻的东西。如《功夫熊猫》的上映甚至引起了社会上有关中国人性格的广泛热议，讨论效应通过网络被放大多倍。据CCNIC 报告，截至 2010 年 6 月底，中国大约有 4.2 亿网民。对该话题的探讨注定会具有促使人们产生反思的无形力量，或许能作用于其工作与生活态度，或价值观的形成与转变。

2009 年中国进口图书、期刊及报纸数量超过 2794 万册，涉及哲学、文化、文学等社会科学，其中进口少儿读物 38.45 万册，占 1.37%（如表 6 - 5 所示）。书籍是人类进步的阶梯，是各种文化思想传播的载体。书的影响是巨大且深远的。阅读有利于合作和诚信精神的培养。世界上各种文化在相互碰撞中生存发展，优秀的文化必然是包容并蓄的"磁铁"。中华文明长期以来不断吸纳外来或异族思想，尤其是机器工业革命的近代以来来自西方的思想不断引进到中国，引起了社会变革。1978 年改革开

---

① 中国自加入 WTO 时就允许以分账形式将用于影院放映的进口大片数量由原先的 10 部扩大到 20 部。

放以来，中国对外经贸活动不断加强，对外经贸活动的影响不局限于经济领域，而且波及社会领域。西方文化通过不同进口途径对国内思想产生冲击或演化，通过图书、影视等服务产品进行传播是比较直接的。未来中国图书、影视等服务业市场还将进一步开放，将会有更多的人通过多样途径，与外国思维产生不同程度的接触。由于欧美社会是一种契约型理性社会，社会资本已发展到高级阶段——"市民社区"（普特南，1993），从西方发达国家进口的书或影视中自然地包含着一些合约精神，而契约精神的培养对于中国不断完善市场经济将产生推动作用。西方社会的经验表明，一个市民社区所提供的社会资本，有助于政府推动改革，减轻政府负担和令政策更有效率（陈建民，1999）。发达国家成熟的"市民社区"实践为中国社会资本由"表面人情"向"理性合作"过渡提供了参考样本。需要指出的是，文化的影响是一把"双刃剑"。近代以来，由于备受外强欺凌，导致国人对传统思维文化怀怨很深，从而导致多次全面否定传统文化的实际运动，而日本、韩国的实践证明，儒家思想完全可以与西方现代文明成功融合，实现经济政治现代化。

表6-4　　　　　　　　　电视节目进口情况（2009年）

指标	合计	欧洲	美国	拉美	日本	韩国	非洲	其他
电视节目进口总额（万元）	49146	7193	12147	630	1567	7088		20521
电视剧（万元）	26887	2266		560	1177	6713		16172
动画电视（万元）	128	34	74		20			
电视节目进口量（小时）	21426	8661	8697	144	233	1328		2363
电视剧（部/集）	115/4035	8/371		1/120	11/187	32/1614		63/1743
动画电视（部/集）	5/421	1/209	3/160		1/52			
电视节目出口总额（万元）	9173	729	1130	25	443	351	511	5984
电视剧（万元）	3584	77	246	25	372	298	161	2404
动画电视（万元）	4456	520	801			7	350	2778
电视节目出口量（小时）	10238	278	1372	30	367	525	48	7618
电视剧（部/集）	128/5825	7/168	18/805	1/30	12/384	10/475	4/37	76/3926
动画电视（部/集）	55/3191	6/156	3/3			1/50	2/44	43/2938

资料来源：《中国统计年鉴（2010年）》。

表6－5　　　　　全国图书、期刊及报纸进出口情况（2009 年）

指　　标	出　　口			进　　口		
	种数	数量	金额	种数	数量	金额
	（种次）	（万册、份）	（万美元）	（种次）	（万册、份）	（万美元）
总计	900344	885.16	3437.72	811265	2794.53	24505.27
图书	855934	624.84	2962.03	755849	533.53	8316.65
哲学、社会科学	196721	84.04	686.62	193885	87.32	1856.34
文化、教育	167418	123.97	549.30	99250	144.08	1060.60
文学、艺术	192528	105.12	471.85	95886	89.09	1033.85
自然、科学技术	84125	90.11	303.37	246680	106.03	3232.88
少儿读物	29216	70.64	127.73	41617	38.45	428.92
综合性图书	185926	150.96	823.16	78531	68.56	704.05
期刊	43741	211.65	351.13	54163	448.09	13661.47
报纸	669	48.67	124.56	1253	1812.91	2527.15

资料来源：《中国统计年鉴（2010 年）》。

四　服务贸易社会资本效应的实证研究

关于社会资本变量选取的说明。对服务贸易社会资本效应分析时，涉及一个基础难点就是对一国社会资本的衡量问题。外国学者（Miguel，2003；Crudelia，2006）用社会信用度、社会犯罪率、不良贷款比率作为社会资本的代表，来研究社会信用水平与产出的关系。国内较早关注社会资本研究的张维迎和柯荣住将社会资本定义为信任，通过问卷调查得到信任的定序排名，再计算出各省的信任值，但不是时间序列[①]。但目前可用于实证的上述几个社会资本的时间序列数据不容易得到。考虑到教育对社会诚信的培养起到相当的关键作用，尤其是家庭教育。教育的结果可归结为整个社会的受教育程度，可由中国人力资本水平代替，人力资本水平越高的社会，诚信程度也较高；另外，笔者还在统计年鉴中发现了社会捐赠情况的数据，鉴于社会捐赠规模状况一定程度上反映了民众对社会责任的

---

① 张维迎、柯荣住：《信任及其解释：来自中国的跨省调查分析》，《经济研究》2002 年第10 期。

理解状况以及诚信状况，而且社会诚信度的增加能吸引更多的捐赠规模，从而笔者认为社会捐赠体现出一定的社会资本水平，社会捐赠规模较大的地方，居民的社会意识及信任关系也较强。因此，暂且用人力资本和社会捐赠作为中国社会资本的代表。由于在服务贸易人力资本外溢效应章节已进行了人力资本与服务贸易的实证分析，得出服务贸易有利于人力资本的提升，进而也认为服务贸易对社会诚信也有贡献。因此此处仅对社会捐赠与服务贸易进行实证分析。

在统计年鉴中，社会捐赠中包括社会捐赠款物与接收社会捐赠衣被数量，分别以"亿元"和"亿件"为单位。为体现社会资本的民间特性，将社会捐赠款物中的民政部门份额减去。在实证分析中，考虑到若直接用"接收社会捐赠衣被数量"与服务贸易额建立回归方程，可能不存在实证研究的可能。因此，选择"社会捐赠款物"作为因变量。实证结果见表6－6，其中 SHWK 是指社会捐赠物款，SERV 代表服务贸易，为避免由时间序列的自相关而导致的回归失真，在模型增加了 SHWK（－1）、AR（1）和 AR（2）控制项。数据均经过单位根检验，结果表示数据之间为同阶单整。回归结果显示，服务贸易对社会资本的促进效应较大，服务贸易每增加1%，社会资本就增长0.87个百分点，且 t 统计量较大，说明系数显著不为零，回归方程的各项指标也较好，说明方程有效，回归结果能比较好地反映服务贸易与社会资本之间的促进关系。然后对方程的残差进行 ADF 检验，发现方程自变量与因变量两者之间存在长期协整关系[①]，即在长期内两者具有平衡的发展趋势。具体结果如表6－7所示。

必须说明的是，由于社会资本本身的含义还不统一，理论界仍未能达成共识，且相关数据的统计还未形成明确目录，其测度到目前为止仍然是相当前沿且困难的领域。此处单以社会捐赠情况作为社会资本的代表的确实存在有失全面的缺点，但未找到更好的社会资本代替指标，因此考虑到数据的可得性及实证需要，暂且以之粗略代替。待今后社会资本理论研究发展不断更新，指标的选取也会更加科学。本实证研究则更多的是一种尝试，是为抛砖。

---

① 用残差的稳定性检验变量之间的长期协整关系是比较早的方法，但只能回答是否存在，并不能得到协整关系式。随着协整理论与技术的发展，目前学术界大多使用 JJ 检验，而且可导出协整关系方程。

表 6 - 6   服务贸易社会资本效应实证结果①

	社会资本（SHWK）
SHWK（-1）	0.87（20.85）
C	-9.03（-16.36）
SERV	0.87（13.25）
AR（1）	-0.81（-3.45）
AR（2）	-0.35（-3.19）
Adj - R²	0.9908
F - statistics	242.78
D. W.	2.25

表 6 - 7   服务贸易社会资本效应 ADF 检验

变量	(C, T, P)	ADF 值	临界值（1%）	临界值（5%）	临界值（10%）	D. W. 值	平稳否
Resid	(C, T, 1)	-3.82	-4.58*	-3.32*	-2.80	2.28	平稳

注：*、** 分别代表 1% 和 5% 显著性水平值。

近几年来，有关中国情境下社会资本与政治经济发展的研究纷纷涌现，提出了一些非常值得深思的问题。自晚清时期，中国的社会团体如商会、福利组织、居民组织等已在北京、上海、广州等大城市有相当的发展，对于当时工商贸易、救济及地方自治起着积极作用（陈健民，1999）。封建社会里一些省份在各大城市，主要是商业或政治中心，所成立的"会馆"也扮演非常重要的互助、规避风险的组织功能角色。但华人社会关系呈现出非常明显的"差序格局"的特征，即使到目前为止，中国社团无论在与国家的关系上，抑或在其文化基础上，仍未可称为一个市民社区。而只有"市民社会"才能造就一种促进人际的沟通与合作、缔造互惠、互信的规范，减少机会主义行为，最终对政治和经济发展作出贡献。因此有些学者认为中国建立在人情、熟人等社会运作方式导致中国社会的交易成本及不透明程度增加，不仅限制了中国企业规模边界的扩大，而且对中国社会各要素资源的效率产生压抑。通过服务贸易渠道，中国社会逐渐加深对国际文化、价值观及公民社会思想的理解，从而为市民社会的形成奠定了思想基础。

————————————

① 原始数据参见附录。

第七章　中国服务贸易的制度外溢效应研究

在资本、劳动和技术之外，制度毫无疑问也是影响经济发展及社会运行的另一关键因素。对制度经济学家来说，制度也是一种生产力，甚或是比科技更重要的生产力。制度对生产力的影响在某些条件下可能要大于技术、物质资本及自然资源等，因此制度也是生产力。科技是第一生产力的论断在器物层面来说是非常正确的，但科技产生的环境或文化或许才是最基础的竞争力量。怎么样发展科技在目前中国实践界还是一个缺少明确思路的问题。制度影响效率是无处不在的，大到国家的收入分配体制，小至一个企业的薪酬机制。归根结底，是一种激励制度，设定得合理与否直接关系着国家和企业能否发展壮大。如果说科学技术是直接作用于生产率的硬件层面，那么制度则是影响科技、人才等效应的软件安排。基于此，新制度经济学成为一门独立的经济研究学科。

从人类历史来看，各种大大小小的制度一直不断变迁。由于各国的思想与治理形式差异较大，制度的演变有快有慢、时直时迁。有些制度转变是成功的，对经济社会发展起到了很好的促进作用；而有些制度改革之后反而不利于经济增长。通常来说，制度变革的动力产生于内部矛盾的博弈，但并不排除有时确实为外界力量所迫。当一个体制内部力量不足以推动深刻变革时，在外部压力的推动下，或许内部能产生有益制度改善的举动，这时外界因素就显得十分必要且关键。世界范围内，各种国际交流活动，如加入WTO，对外贸易和各种教育文化双向交流，对于相对落后的发展中国家来说，是推动内部制度变迁的有力外界因素。例如，在中国成为WTO成员之前及以后一段时间里，为与国际游戏规则保持一致，政府推动了大规模的法制、条例修改、删减及增新等举措，使相关法律法规得到完善，这些技术层面的制度对中国经济发展和社会进步产生了非常深刻的积极影响。在世界游戏规则的影响下，一些国际准则逐渐在社会各层面得到传播，政府和企业的管理思维也比以前有所改进。刘易斯（1955）就曾指出，许多国家的经济增长在很大范围上应归功于与外界的交流接触；外界可以带来社会行为及关系的冲撞，对既定观念或模式提出挑战。①

第一节　服务贸易与产权制度溢出效应

产权制度的重要程度关系到一国兴衰。亚当·斯密认为，"大英帝国法律给予每一个人享受自己劳动成果的那份保障独自就足以使任何国家繁荣"。② 他明确将私有产权的重要性上升到国家战略程度，从历史轮回来看，一点也不为过。他接着说道，"每个人努力让自己条件变得更好，如果建立在自由且有保障的前提下，这是一个原则强大到独此就不仅可以使社会走向财富和繁荣，而且可以跨越多重由于人类愚蠢的法律所形成的不恰当的阻挠"。③ 就目前中国情况来看，假冒侵权已成为制约中国经济原创力的一大痼疾，是自创品牌设立及发展的一大障碍，很大部分可能是因为产权意识的长期缺乏所致。从历史角度来看，产权理念自然发生于契约精神成熟的环境中，与中国建立在人情、家庭、熟人等情愫基础上的"差序格局"有很大冲突。为此，现代意义上的产权概念在中国本土产生不了，直到近代由西方传入我国。总的来说，之前的中国封建社会，基本没有出现为保护创新而设立的产权保护国家措施。鉴于中华文化中长期以来一直没有产权观念，以至于直到今天人们对产权尊重的自主意识仍未根本改变，民众由于从盗版中得到巨大经济与生活便利，从而不愿转向正版，渐渐产生盗版惯性或依赖，对社会上原创的打击是相当致命的。加入WTO对中国的知识产权保护起到非常大的推进作用，一方面来自于欧美国家的催促与压力，另一方面，从中国自身利益考虑，意识到知识产权保护的重要性。尤其是《与贸易有关的知识产权协议》（简称 TRIPs 协议）的出现对所有成员国都提出了高标准，中国作为其中一分子对知识产权相

---

① ［美］阿瑟·刘易斯：《经济增长理论》，商务印书馆 1996 年版，第 183 页。
② 亚当·斯密：《国民财富的性质及原因研究》，中国社会科学出版社 1999 年版，第 42—43 页。
③ 同上书，第 43 页。

关法律进行了大量修改，目前与 WTO 相关的法律已相对比较完备。法律的完备性增强对于中国企业与居民专利申请的刺激也是相当有益的，影响结果也是相当显著的。2008 年 29 万件专利申请中有 2/3 是国内企业提出；70 万件商标中绝大部分也是由国内企业所申请。意识进步固然不小，但令人遗憾的是，产权保护的实践及实际执行还远达不到欧美国家满意程度，在 WTO 层面，还经常受到他国诟病。现在回过头来设想，如果没有 WTO 外在力量的推动，中国知识产权保护的理论与实践程度必定还达不到目前水平，可能也就不会涌现出如此大的国内企业和个人的专利与商标申请规模。中国自 2001 年"入世"以来，受到来自发达国家关于知识产权保护的执行力度不够的问责的次数逐渐增多。中国政府也为此推出了不少具体措施，通过努力在知识产权立法、执法、司法、宣传教育及国际合作交流等多个领域取得一些成就。2008 年中国还制定了《国家知识产权战略纲要》，将知识产权上升到国家战略高度。

很明显，中国知识产权保护意识的提高和创新成果的增加是由内外因素共同推动的。国内经济水平及私有容忍度的提高达到一定程度，单个体的产权意识必然提高，对自身利益保护的诉求与愿望就更强烈，从长远来看，国家也最终是这种意识提高、诉求强烈的受益者。外部力量对中国制度形成的影响力之大，甚至从中国近代化以来，国际力量的推动作用一直在持续。尤其从 1978 年中国改革开放以来，全国、地区以及各行业领域的开放导致生产力的提高，从而有助于普遍意义上的产权意识、产权制度的提高。

第二节 服务贸易与外贸制度溢出效应

外贸制度，一般来讲，是指一国对外经贸活动的法律法规的总称，或指在与外界的经贸交流过程中的有关规则的总安排。改革开放三十多年来，总的来说，中国外贸体制在"主动融入"的主旋律下取得诸多重大关键性突破。2006 年 12 月 11 日，中国正式加入世界贸易组织 5 周年，除了一些小面积分歧之外，中国对开放承诺的履行信守还是得到世界贸易组织大部分成员国的认可，当然在一些问题上还存在着不小差距，如知识产权执行力度方面确实比较差。在国门开放承诺的实施过程中不可避免地会导致外贸制度的变革发生。而外贸制度的变动其实不仅直接影响到涉外经济领域或部门，还将直接影响到国内各经济多个层面的运行。仔细来看，国际服务贸易的发展对中国外贸制度的完善与升级起到了非常大的影响。对中国许多服务业来说，2001 年"入世"转折点的影响是巨大的。据统计，中国针对服务贸易 12 领域中的 9 个做了具体承诺，在 160 个分领域中承诺了 102 个，大大高于一般发展中国家的承诺水平；在过渡期结束后，承诺包括一些敏感行业在内的 9 大服务部门开放步伐将加大。① 开放程度越大，制度性协调就需要重新安排，外贸制度的变动就可能越大，而服务行业的制度调整变动可能会更大。

贸易因制度有利而得到发展，同时对制度效率又提出要求。与国际接轨意味着法律与制度必须做出相应变革，适应国际游戏规则的玩法。2006 年下半年中国修订了《对外贸易法》，增加了对国际服务贸易的法律解释；近年来也相继颁布了《海商法》、《商业银行法》、《保险法》、《民用航空法》等涉及服务贸易子行业的法律法规，使中国服务业与服务贸易领域的立法整体面貌有所改观，且这一过程还将持续。服务贸易的发展及不断开放将一直会对国内相关法律法规的制定和完善产生促进影响。客观结果之一就是服务业市场环境的法治化进程逐渐加快，导致经营环境的透明度提高及产业预期日趋平稳，从而会对国内服务供应商的经营活动形成有利保护，法律环境的改善更有利于服务业经营规模的扩大。从投资角度看，由于环境的规范透明性及收益预期性得到提高，可以刺激服务经济体新投资的增长。另外，服务贸易与外贸制度的相关性还表现在：一方面，服务贸易的发展对理顺国内相关产业的外贸管理体制提出要求，无论是由商务部集中管理，还是与其他部委进行协调，都应明确各自权责，避免多部门无序管理及缺位与越位现象的产生。另一方面，服务贸易对外贸管理思维提出高要求。相对来说，服务贸易经营企业具有较高人力资本和技术条件，政府管理部门应基于企业长期发展而提供各种服务，合理的领导才能使外向型企业的生产潜能得到充分发挥。

① 裴长洪、彭磊：《中国服务业与服务贸易》，社会科学文献出版社 2008 年版，第 128 页。

第三节 服务贸易与制度市场化溢出效应

在人类经济发展史上，对制度的探讨与争论从未间断。从意识形态角度来分析，社会制度有资本主义经济制度和社会主义经济制度；按调控手段的不同，可分为市场经济和计划经济。世界史发展及实践的客观结果表明：市场经济制度若在国家及社会经济运行中占据主导地位，则国家繁荣与发达具有实现的可能；反之，则有可能会陷入空想理论下的灾难。

贸易与制度一直处于相互影响、相互促进或互为冲突的复杂关系路径之中。首先，贸易制度是影响贸易发展水平的重要因素，不同的贸易制度所产生的贸易便利性及成本、激励制度的不同，从而导致贸易的效果有差异。另外，贸易的经济力量是相关国内贸易政策及制度的建立及改革的重要推动要素。服务贸易作为对外贸易中逐渐强大起来的部门，作为一个重要的经济趋势，其自由化进程对各国或地区进一步采取市场化制度起到推波助澜的作用。经济自由的发展可导致国内外贸制度的改变或废除，如英国中产阶级在政权中的胜利标志就是《谷物法》的废除。所谓《谷物法》是指英国资产阶级革命前的相当长一段时间内关于谷物流通的一系列条例，在进出口方面，这批法律的宗旨就是鼓励出口（如 bounty 政策），限制进口，从而维持国内农业经济阶层的利益。[①] 当时成立的反谷物法联盟认为谷物条例（statutes）增加了工业生产成本，不利于新兴中产阶级的崛起。在《谷物法》被废除的基础上资产阶级进而发动了一系列制度变革，当然谷物进出口贸易的自由化是资产阶级占据经济国家主导权的关键点。

始于 19 世纪中叶的工业革命之后，世界经济一体化及区域经济集团化的趋势不断加强，世界经济比任何一个时代更紧密地联系在一起，在这一融合过程中出现了不少全球性组织或机构，如 GATT、WTO、NAFTA等，通过它们的努力制定了相当数量的有利于世界经济全球化发展的国际协定，如 GATS 等。这些组织本身及其协定的成立和制定都以促进世界经

---

① 有关《谷物法》的讨论，可参阅亚当·斯密《国富论》的 Chapter V 后的 "Digression on Corn Trade"。

济与贸易自由公平的发展为宗旨，对各国国内经济及法律制度产生重大影响。服务贸易逐渐成为国际协定的下一个重点内容，多边体制下的《服务贸易总协定》（GATS）是迄今为止服务贸易领域第一个系统性的国际法律文件，GATS 的第二部分是关于各国应遵守的"一般义务与纪律"，如最惠国待遇、透明原则、增加发展中国家参与及国内规章等内容，这些原则总的目的是促进世界贸易的自由化，从而对发展中国家如中国建立市场化趋向的经济制度产生重要影响。

第四节　服务贸易的制度外溢效应实证研究

　　总的来说，服务贸易的制度外溢效应最终体现于其对市场经济制度的影响效果上。因此，在实证研究中需要找到一个变量指标来代表中国市场经济制度的发展水平，然后再检验其与服务贸易之间的关系。实际上中国的改革开放，本质上就是经济权逐渐开放，市场经济要求的自由度逐渐扩大的过程。经过权力下放过程，民营经济在城乡两个层面以不同形式发展壮大，私营企业在国民经济及就业中发挥着不可替代的作用。因此，在一定程度上，私营经济的发展程度可代表着中国市场经济制度的发展程度。由于在官方统计年鉴中找不到民营经济的相关指标，只查到了自 1995 年开始的私营企业从业人数数据，从而可以得到私营企业人员占全国总就业的比重。据此可用其来大致代替中国市场经济制度发展指标。此外，用服务贸易占 GDP 的比重当自变量，由于服务贸易是以美元为单位，而 GDP 是元，采用统计年鉴中的当年名义平均汇率来换算。各变量数据经单位根检验为同阶单整序列，因此排除了伪回归现象。回归结果具体见表 7 - 1。Mar 代表市场经济制度的发展情况，为因变量。SERV 代表服务贸易总额。从实证结果发现，服务贸易占 GDP 的比重每增长 1%，私营企业从业人员占总就业的比值就增加 0.24 个百分点，表明了服务贸易的发展对私营就业的扩大具有促进作用。而且该估计系数的 t 统计值超过 1.5，说明自变量前面的系数可信度高。方程其他指标也较好，说明服务贸易与市场经济制度的促进关系得到计量上的证明。从经济意义上来说，服务贸易对中国私营就业具有促进效应，说明服务贸易的发展促进了中国经济中私营经营份额的增加。从更大方面推衍开来说，服务贸易的发展对中国经济的市场化发展也具有推动作用。

通过 Eviews 软件生成方程（1）的残差序列，并对其进行单位根检验，发现方程的两个时间向量在 5% 的可信区间下存在长期协整关系。具体结果如表 7 – 2 所示。说明在长期中服务贸易的发展有利于市场经济体制作用的发挥。因此可通过深入服务外贸发展的方式来推动中国市场经济的进一步改革。接下来又对服务贸易与市场经济制度两变量进行了 VAR 模型分析，在此基础上运用脉冲响应函数进行分析，观察到服务贸易的增长对市场制度具有正向冲击作用，即表示如果外部力量对服务贸易产生一个标准差的正向冲击，将会引起市场经济制度也能得到一定幅度的促进。另外，还发现其冲击效果的产生比较及时，没有滞后效应，第一期就具有影响，且可以一直持续，具体见图 7 – 1。

表 7 –1　　　　　　　服务贸易结构与 TFP 回归结果

	市场经济（Mar）(1)
Mar（–1）	1.03（40.99）
C	–0.01（–2.03）
SERV	0.24（2.82）
AR（1）	–0.30（–0.75）
Adj – R²	0.995
F – statistics	925.03
D. W.	2.02

注：Mar 代表市场经济制度指标，为因变量。

表 7 –2　　　　　　服务贸易制度效应回归方程残差 ADF 检验

变量	(C, T, P)	ADF 值	临界值(1%)	临界值(5%)	临界值(10%)	D. W. 值	平稳否
Resid	(C, T, 1)	–3.94	–4.29	–3.21 *	–2.75	2.18	平稳

注：C、T 和 P 分别代表常数项、趋势项和滞后项；* 代表有效临界值。

应当指出的是，改革开放后中国的经济增长实现路径很大一部分是得益于外部经济势力的推动，以及由此引发的国内经济体制的变革，共同释放出的经济活力。中国通过承接制造业加工贸易转型成功进入工业化中后期，与印度通过承接服务业外包获得产业升级的路径存在差异。外国市场与外资活动在中国的经济增长过程中扮演着举足轻重的角色。在面对国际制造业转移巨大市场时，通过优惠税收政策吸引外资，并在国内体制中通过下放经济自由权至企业及个人激发了市场潜能。通过以对外贸易与投资为主体形式的国际交流，中国从世界市场上获得了巨大出口利益及国内利益，通过经济主体经济实力强大后所产生的对社会及政治诉求的增加可进一步对国内社会制度建设完善产生内在推力。当前，国际服务外包市场发展如火如荼，不少发展中国家通过承接服务外包获得巨大经济利益的同时也对国内经济环境的改善产生促进作用。在与发展中国家竞争欧美发达国家外包业务时，中国如何利用国际服务外包达到产业转型的目的是一个值得思考的问题。在应对国际服务外包发展大势过程中，中国各级政府及分属不同部门纷纷制定外包相关政策，通过大力发展服务外包实现绿色增长。总之，通过与国际成熟市场的交流，中国的政策层面大量借鉴了美国等发达国家政策制定及经济治理方面的经验，因此，通过贸易渠道所产生的制度外溢效应在促进中国市场经济有效推进时具有重要作用。服务贸易作为一支新兴的力量，其在制度改善外溢效应方面的影响将随着规模及内涵开放程度的不断加深而更加明显。

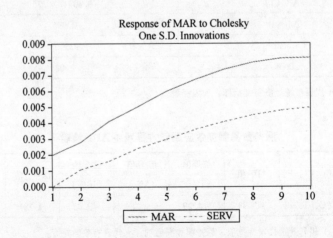

图 7-1　服务贸易与市场经济制度的脉冲响应函数

第八章　基于行业及模式的中国服务贸易外溢效应研究

不少学者已意识到行业上的差别将导致服务贸易的效应也会有所不同，无论从最终效应的大小还是产生路径来看都有所区别，因此已有不少文献从行业视角研究服务贸易的经济效应。就目前研究成果来看，大多数学者选择运输、旅游、教育或金融作为行业切入点进行了论述，而对同属于其他服务中的另外一些行业所涉不多。而且已有文献的研究视角比较集中，不是讨论其与经济增长的联系，就是分析其竞争力。但对各个单项服务贸易所具有的溢出效应还未作详细研究，对服务贸易产生经济效应的具体环节还没有深入探讨。因此，本章将在前一章内容的基础上对各单项服务贸易的外溢效应进行阐述。根据联合国贸发会对服务贸易的统计分类，运输与旅游之外的其他服务贸易包括通信、建筑、保险、金融、计算机与信息、许可证与专利、其他商务服务及个人文化娱乐服务。与中国国际收支平衡表上的分类有些差别，在此笔者采用联合国贸发会（英文缩写，UNCTAD）的分类来逐一分析。

由于运输与旅游服务偏向于劳动密集型行业，而其他服务贸易中的服务表现出较强的技术知识密集型，因而两者的溢出效应分析思路会有些不同。有关运输与旅游服务贸易的外溢效应研究基本采用的是企业与产业分析法，而针对其他服务的溢出效应则采取了定性分析与计量实证相结合的方法。前面章节详细论述了服务贸易与内生经济增长因素的模型关系。在研究其他服务贸易的外溢效应时，采用了相同的思路。之前本书也研究了服务贸易总体的溢出效应，在此又单独研究其他服务的外溢效应，并不是重复劳动，因为其他商业服务贸易与服务贸易总体还是具有较大差别的。

第一节　传统服务贸易的外溢效应研究

一般来说，传统服务贸易是指运输与旅游服务的国际贸易两大类，两者存在的历史很长且便于统计，在国际服务贸易中占据重要地位。就中国情形而言，直到近期两者合在一起的比重才连续降至60%以下。1982年至2005年期间两者占服务贸易总额的比重基本保持在60%以上，改革开放伊始这一比例甚至达到近80%，而后呈曲折下滑态势。就目前来看，中国经济增长方式在短期内还不可能大幅度地转向内需拉动型，出口仍将是实现年度经济增长的主要途径，因此国际运输服务贸易的发展还将继续保持较大规模。对旅游服务贸易来说，由于中国中产阶层的收入不断增长及生活理念的更新，并且世界旅游资源强国争相向中国游客开放本国旅游市场以吸引中国游客的高消费所带来的收入，中国旅游服务进口仍将保持强劲发展态势。未来较长一段时期内中国的旅游进口服务贸易额也将面临巨大提升空间。据此判断，传统型服务贸易在未来相当长时间内仍将对总体服务贸易的发展起到重要作用。因而在研究服务贸易的外溢效应时如果不就两者进行单项讨论，显得不够充分。

一　中国运输服务贸易的外溢效应研究

改革开放以来，中国运输服务贸易为中国对外开放政策的实施及外向型经济发展提供了强有力的支撑。加入世界贸易组织后，运输服务承诺得到切实履行，成为开放程度很高的部门之一。经过多年发展，中国运输服务贸易总体规模持续增长，2009年运输服务贸易总额占GDP的比重达1.43%，单一产品的贸易额能达到如此大份额还是比较少见。但中国运输服务贸易长期以来一直处于逆差格局，且缺口逐年增加（见表8 – 1）。说明中国的货物进出口还在一定程度上依靠境外运输服务提供商。在此背景下，运输服务出口与进口到底对运输行业有多大促进作用，是一个值得研究的问题。前面部分章节里提及过运输服务贸易的外溢效应，但没有将运输服务贸易单独进行考察。本节将重点论述发生运输服务贸易对国内该行业的外溢效应。众所周知，运输部门是现代国民经济的重要环节，直接关系着产品物流的效率与成本。可以设想，若全国范围内运输效率都能得到进一步提高，所能节省的费用将是十分巨大的。在2011年1月19日召开的 2011 年中国物流发展报告会上，中国物流与采购联合会的何黎明指出，2010 年中国物流总费用占国内生产总值（GDP）的比重为 18% 左右，比发达国家要高一倍左右。[①] 除了成本高之外，国内运输作业存在很多需要改善的地方。如一线操作员工责任心不强；有些运输仓库措施不到位，隐含着各种风险；国内运输流程缺乏科学指导与规划，运输过程中随意性较大，不利于货物的安全与存储；内资运输业存在不少服务缺陷，如时间性不强，出错率高，服务模式单一。相比中资运输企业而言，外资运输公司的操作比较现代化，业务流程的可靠性高。外资同行具有多年的管理经验并能提供高质量的服务。市场的相对开放性让中资运输企业可以从外资运输企业学习到先进的运输服务内容。本土运输公司还可通过组建中外合资公司的形式对自身运输业务能力和素质进行提升。这就是通常所说的模仿效应和感染效应，外资的进入对中国公司业务的开发与运作提供了现实榜样。当然，外资的进入增加了行业竞争强度，部分国内企业可能被吞并或消失，但能生存下来的企业得到了锻炼，增强了自身的免疫力。

表 8 – 1　　　　　　　　　　中国运输服务贸易情况

单位：百万美元

年份	运输服务出口	运输服务进口	运输服务总额	运输服务净出口	运输服务占服务贸易总额之比重
1982	1313.00	1247.00	2560.00	66.00	0.5644
1983	1341.00	1353.00	2694.00	– 12.00	0.6023
1984	1253.00	1321.00	2574.00	– 68.00	0.4541
1985	1302.00	1524.00	2826.00	– 222.00	0.5065
1986	1315.00	1520.00	2835.00	– 205.00	0.4645
1987	1345.00	1642.00	2987.00	– 297.00	0.4315
1988	2062.00	2276.00	4338.00	– 214.00	0.5127
1989	1734.00	2752.00	4486.00	– 1018.00	0.5270
1990	2706.00	3245.00	5951.00	– 539.00	0.5830
1991	2011.00	2508.00	4519.00	– 497.00	0.4071
1992	2079.00	4325.00	6404.00	– 2246.00	0.3428

---

①　中国物流与采购联合会，http：//www.chinawuliu.com.cn/cflp/newss/content/201101/35_8513.html，2011 年 1 月 20 日。

续表

年份	运输服务出口	运输服务进口	运输服务总额	运输服务净出口	运输服务占服务贸易总额之比重
1993	1930.00	5479.00	7409.00	−3549.00	0.3190
1994	3079.00	7621.00	10700.00	−4542.00	0.3250
1995	3352.09	9526.11	12878.20	−6174.02	0.2904
1996	3070.00	10312.00	13382.00	−7242.00	0.3099
1997	2955.00	9945.00	12900.00	−6990.00	0.2455
1998	2300.00	6763.00	9063.00	−4463.00	0.1792
1999	2420.00	7899.00	10319.00	−5479.00	0.1784
2000	3670.96	10396.10	14067.06	−6725.14	0.2117
2001	4635.00	11325.00	15960.00	−6690.00	0.2198
2002	5720.21	13611.90	19332.11	−7891.69	0.2241
2003	7906.41	18232.80	26139.21	−10326.39	0.2562
2004	12067.50	24543.80	36611.30	−12476.30	0.2721
2005	15426.50	28447.50	43874.00	−13021.00	0.2773
2006	21015.30	34369.00	55384.30	−13353.70	0.2872
2007	31323.80	43270.70	74594.50	−11946.90	0.2956
2008	38417.56	50328.74	88746.29	−11911.18	0.2900
2009	23600.00	46600.00	70200.00	−23000.00	0.2434

资料来源：UNCTAD 数据库 Handbook of Statistics。

运输服务贸易对整个运输服务行业的提供水平具有较强的外溢效应。从收益性角度看，外资运输公司的进入或服务进口本是为分享市场份额或弥补运输服务供给不足，但客观上无形地对国内运输企业的服务生产起到有利作用。首先，可通过内资企业的模仿学习、竞争效应及"干中学"（learning by doing）效应而使中资运输企业的效率得以提高。中国入世后运输服务领域的开放程度加大，从事进出中国港口的班轮运输业务中，境外公司数量占2/3。截至 2008 年底，外商在华设立独资船务公司 38 家，分公司 184 家；外商在华设立外商独资集装箱运输有限公司 7 家，分公司 74 家；外商在华注册登记具有无船承运人（NVOCC）资格的公司近 400 家。① 外资企业的增多为中国企业提供了多种学习机会及模仿范本。其次，中国运输服务贸易通过促进国内运输企业的发展进而带动整个国民经

————————

① 中国商务部：《中国服务贸易发展报告》（2009 年），第 89、90 页。

济运输效率的提高。由于运输服务效率的提高，那些需要运输服务的各类生产制造销售企业的效率也能得到提高。因为运输的时效性能保证物料的及时供应生产，还能加快成品的销售及库存成本的降低。这些生产制造销售企业作业效率的提高对整个国民经济系统的运转产生积极推动效应。从投入产出角度来看，就是服务贸易的连环效应或波动效应。运输服务贸易先影响国内运输型企业和产业，然后由其再作用于需要运输服务的其他行业或产业，或通过运输服务外包商可直接提高效率（第三方物流的情形下），从而最终获得整体国民经济效率的提高。最后，运输作为一项服务，是社会化大生产的大动脉，被马克思称为"第四个物质生产领域"。而运输服务贸易对"动脉"具有重大的疏浚作用。国际贸易理论认为贸易能通过产业竞争强度的加强等机制促进一国生产资源的优化。总的来说，通过运输服务贸易的影响，国内运输企业的经营效率提高进而加快了整个国民经济系统的物流循环，降低了物流成本，产生出巨大的外溢效应。上述思路可从图8-1中得到详解。

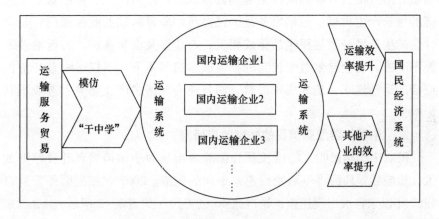

图 8 -1　运输服务贸易行业外溢效应示意图

　　根据前面的论述，运输服务贸易的溢出效应还可以通过投入产出表来分析。由于国家统计局编制的投入产出表将运输仓储邮政与其他三个产业（信息传输及计算机服务和软件）合在一起，很难区分各方的比例，因而要想运用投入产出分析法进行精确的研究还有待统计数据的进一步完善。但在目前投入产出表下研究还是可以进行的。由于现行投入产出表的中间需求部分和最终使用没有区分是来自国内还是国外，因而不能完全反映含进出口部分的产出结构。为此，研究的第一步是根据原表中的比例关系将投入产出表分成国内与进口两部分，然后计算进口部分的里昂惕夫逆矩阵，通过其可计算出进口运输服务的影响力系数和感应度系数。[①] 假定现行投入产出表中的行业数据不包括其他三个产业，只是运输服务（当然只是一种大胆假设）。因此，计算出运输这一项的进口部分的影响力系数为 0.9937，说明该项进口部分的影响力在全行业中基本处于平均水平，而产业感应度则为 1.0007，略大于 1，说明其产业感应度系数还略高于平均水平，从而说明运输业相比其他产业来说对整个经济社会的推动效应较强。从中可以看出中国运输服务贸易巨大的进出口额对其他行业的产业拉动效应是巨大的。根据产业经济学上的波动理论，产业的变化可通过三条路线波及其他产业，一是顺向波及。运输服务贸易的进出口发展可波及一些运输业的基础建设，带动了其发展。二是逆向波及。运输服务的进出口对所需各种中间投入的催生，如相关教育人才的培养，也得到一定的刺激。三是间接波及。这有点类似投入产出表中的完全消耗系数原理，运输服务的进出口直接和间接影响到其他联系较远的产业，从而对整个经济的增长产生贡献。运输服务是国民经济中非常基础的服务部门，与全社会的生产经济及居民生活休戚相关，产业涉及面非常广。若运输效率提不上去，将会导致整个社会的物流成本居高不下，不仅影响着经济供应链的运转速率，造成资源浪费，而且还会对诸多产业竞争力造成不利影响。

二 中国旅游服务贸易的外溢效应研究

随着中国居民收入的增长及外国旅游市场对中国消费者开放幅度加大，旅游顺差局面将不断受到逆差走向的挑战。2009 年旅游服务贸易自1982 年以来首次出现逆差，缺口达 40 亿美元（如表 8 - 2 所示）。总体来看，中国旅游服务贸易占服务贸易总额的比重也比较大，仅次于运输服务。然而，中国旅游服务贸易进出口结构与运输服务贸易的情况正好相反，长期以来保持顺差态势。原因如下：首先，政策层面的基本原因有两个，一方面，中国对居民的旅游服务境外消费全面开放较早；另一方面，

---

① 具体思路参见李开捷《我国运输服务贸易对经济增长的贡献度研究》，硕士学位论文，大连海事大学，2009 年。

表 8 - 2　　　　　　　　　中国旅游服务贸易情况

单位：百万美元

年份	旅游服务出口	旅游服务进口	旅游服务总额	旅游服务净出口	旅游服务占服务贸易总额之比重
1982	703	66	769	637	0.1695
1983	767	53	820	714	0.1833
1984	922	150	1072	772	0.1891
1985	979	314	1293	665	0.2318
1986	1227	308	1535	919	0.2515
1987	1693	387	2080	1306	0.3005
1988	1797	633	2430	1164	0.2872
1989	1488	429	1917	1059	0.2252
1990	1738	470	2208	1268	0.2163
1991	2346	511	2857	1835	0.2574
1992	3530	2512	6042	1018	0.3234
1993	4683	2797	7480	1886	0.3220
1994	7323	3036	10359	4287	0.3147
1995	8730	3687.63	12417.63	5042.37	0.2800
1996	10200	4474	14674	5726	0.3398
1997	12074	8130	20204	3944	0.3846
1998	12602	9205	21807	3397	0.4312
1999	14098	10864	24962	3234	0.4316
2000	16231	13113.7	29344.7	3117.3	0.4415
2001	17792	13909	31701	3883	0.4366
2002	20385	15398	35783	4987	0.4148
2003	17406	15187.3	32593.3	2218.7	0.3194
2004	25739	19149.3	44888.3	6589.7	0.3336
2005	29296	21759.1	51055.1	7536.9	0.3227
2006	33949	24321.7	58270.7	9627.3	0.3022
2007	37233	29786	67019	7447	0.2656
2008	40843	36157	77000	4686	0.2516
2009	39700	43700	83400	-4000	0.2892

资料来源：UNCTAD 数据库 Handbook of Statistics。

国外居民对中国的跨境消费因中国融入世界经济脚步的加快而得到较快发展。其次，从旅游资源禀赋来看，中国独特的历史及文化背景以及众多优秀的自然风景对国外居民具有强大吸引力。最后，从经济条件来看，国内外居民收入水平差距也是导致旅游服务贸易长期顺差的重要原因。外国居民的绝对与相对收入较中国居民都高。而旅游是正常商品，收入效应大于替代效应，是一种只有当收入提高后才会考虑的消费需求。而随着中国本国居民收入水平的提高，顺差局面趋于缩窄，直到出现逆差。

前面相关章节提到过旅游服务贸易所具有的外溢效应，指出旅游服务贸易可能具有一定的人力资本或制度效应。除此之外，旅游服务贸易还可能具有诸多经济外溢方面。第一，旅游服务贸易的发展得以让中国与世界上其他国家之间彼此增进了解，接触机会的增多将更有利于双方寻找共同的价值取向，共同的利益目标，从而更加有利于两国经贸及社会活动的加强。第二，旅游服务贸易可以使一国居民接触到其他国家的某些精神文化。在批判吸收优秀文化品质的过程中，个人的思想维度得到拓展，这一点有点类似对人力资本的促进。第三，中国旅游服务贸易的发展带动了国内一大批与旅游业相关的产业的发展，具有产业外溢出效应。影响最直接的可能要数交通、住宿和餐饮以及零售业。2009 年旅游外汇收入构成中交通占比 29.6%；其次是零售，达 23.1%；再者是住宿与餐饮，两项加在一起占到 20.3%（见表 8-3）。旅游服务贸易的进出口对国内这些产业营业额的提升及就业的拉动是较大的。由于全国性住宿与餐饮的数据最早才到 2001 年，因此旅游服务贸易与其的相关性只能做短期分析，旅游服务贸易与住宿餐饮保持着大致的发展趋势，2004 年各变量都显示出较大幅度增长，其余年份增长幅度相似。除了居住与饮食基本需求外，国外旅游消费者还会购买其他生活用品，对中国零售业的贡献也是较大的。2009 年旅游外汇收入构成中零售达 91 亿美元，占全国零售营业额的1.44%。第四，中国旅游服务贸易的发展促进了国内从事旅游相关行业的服务型企业的发展。截至 2008 年底，正式开展旅游业务的外商投资旅行社有 30 家，占国际社总数的 1.5%。其中，外商独资的有 15 家，外商控股合资有 8 家，另外 7 家为中方控股合资。外资在中国旅游业的发展通过企业间竞争与模仿效应也能在一定程度上促进国内旅游服务公司的提供水平。从而消费者能从旅游中获得更优的旅游产品。

另外，除了经济外溢效应之外，中国旅游服务贸易还具有一定的社会文化效应。一方面，有些历史、文化景区因境外旅游的支持而得到更充足的保养经费，从而对该旅游资源的保护起到很大作用，缓解了地方财政压力。当然，中国国内的旅游消费可能更大一部分来自境内，但在某些旅游区，境外消费额也是一个非常大的数目，如韩国游客对张家界的需求。另一方面，境外消费者可能对中国一些传统特色的游区传统产品产生支付行为，如此境外旅游者的消费可帮助某些传统手工技艺保存下来，因而具有很大的社会文化作用。

表8－3　　　　　　　　　国际旅游外汇收入构成

单位：百万美元，%

指　标	2004 年		2005 年		2006 年		2007 年		2008 年		2009 年	
	数额	比重	数额	比重	数额	比重	数额	比重	数额	比重	数额	比重
总计	25739	100.0	29296	100.0	33949	100.0	41919	100.0	40843	100.0	39675	100.0
长途交通	6688	26.0	8294	20.9	7376	21.7	11143	26.6	12487	30.6	11741	29.6
民航	4952	19.2	5928	14.9	6663	19.6	8791	21.0	9047	22.2	8584	21.6
铁路	463	1.8	904	2.3	279	0.8	771	1.8	1346	3.3	1277	3.2
汽车	810	3.1	718	1.8	310	0.9	694	1.7	1047	2.6	958	2.4
轮船	463	1.8	744	1.9	124	0.4	887	2.1	1047	2.6	922	2.3
游览	1307	5.1	1227	3.1	986	2.9	1800	4.3	2202	5.4	2080	5.2
住宿	3124	12.1	3775	9.5	4897	14.4	5938	14.2	4860	11.9	4434	11.2
餐饮	1942	7.5	2748	6.9	3512	10.3	3748	8.9	3873	9.5	3614	9.1
商品销售	5798	22.5	6378	16.1	11207	33.0	10494	25.0	8534	20.9	9149	23.1
娱乐	1825	7.1	1702	4.3	1253	3.7	2110	5.0	2970	7.3	2882	7.3
邮电通信	881	3.4	844	2.1	511	1.5	761	1.8	1002	2.5	955	2.4
市内交通	1087	4.2	1030	2.6	1201	3.5	1242	3.0	1355	3.3	1329	3.4
其他服务	3086	12.0	3299	8.3	3006	8.9	4683	11.2	3560	8.7	3491	8.8

资料来源：根据各年中国统计年鉴整理所得。

以上讨论的是旅游服务贸易跨境消费模式下的境内情况，近些年中国旅游服务贸易的境外跨境消费发展迅速。2009年即使受次贷危机及甲型HIN1流感的严重负面影响，增长幅度远低于2008年的11.94%，国内居民的出境人数仍达4765万人次，比2008年增长了3.95%。中国旅游服务贸易"走出去"规模的扩大同样具有一定的经济社会外溢效应。中国居民境外旅游服务的消费一方面对其他国家经济产生拉动作用，另一方面也起到一定的传播作用，使更多的外国居民对中国产生兴趣，从而可能对中国旅游服务贸易的境外消费规模的扩大有所贡献。

三　中国传统服务贸易外溢效应的说明

关于传统型服务贸易外溢效应的研究可谓众说纷纭，研究视角不尽相同，得出的结论也各持一端。尹忠明（2009）将运输与旅游看作传统服务贸易，其出口对经济增长具有显著的促进作用和较长的持续性，而传统服务贸易进口却呈抑制特性。也有的研究（唐保庆，2009）将运输与旅游分别视为资本密集型和劳动密集型服务贸易，实证分析它们对物质资本、人力资本、技术进步、开放度及市场化程度的影响。董有德等（2009）也进行过类似研究。相关硕士论文也出现不少。传统服务贸易究竟具有怎样的外溢效应，仍将是一个不断探索的过程。运输与旅游对经济发展有直接及间接推动作用。无论怎样，这两项服务仍将在未来的服务贸易中担当重要角色，其所产生的外溢效应能量不容忽视。经济发展与社会进步对这两项服务的需求也在加大，将来世界经济一体化进程还将加速。因此运输与旅游服务贸易发展仍将持续增长。根据新国际贸易理论，许多单项因素都促使国际贸易的进行，未来运输服务贸易的发展空间还将很大。经济的发展提高了居民对优质生活的需求，其中重要一项就是旅游，收入增长为旅游服务提供了必要的经济条件。尤其是以"金砖国家"（BRICS）为代表的发展中国家表现出强大发展势头，对世界旅游市场的需求逐渐加大，将会有更多的自然人流动及旅游市场的扩大。因此，运输与旅游服务贸易的外溢效应随着两者的规模扩大还有可能进一步发挥。

目前，关于传统型服务贸易外溢效应的研究对其似乎形成一种偏见，觉得传统型行业对经济增长的作用有限，以此作为调整服务贸易结构的理由。诚然，在竞争力方面，中国服务贸易的结构情况与发达国家还有不少差距，这是由众多原因综合导致的结果。的确，中国传统服务贸易占比过重，技术型知识型服务贸易份额较低，服务贸易结构还存在不少提升空间。虽然承认运输服务在生产者服务中的地位比不了某些关键性生产者服务项目，旅游服务大多数情况下也是消费性质的。但运输与旅游服务也是经济运行及社会生活中两项不可缺少的服务内容，其经济及社会影响也是相当大的。而且传统服务贸易完全可以通过新的组织方式或技术得到改善，其所能发挥的溢出效应也能得到层次上的提高。除了其巨大的直接经济效应之外，两者的社会外溢效应也很强大且深远。

第二节 中国其他商业服务贸易外溢效应研究

一 中国其他商业服务贸易外溢效应的分析

联合国贸发会（UNCTAD）数据库的分类将其他服务贸易定义为除运输与旅游之外的服务贸易。由于其包括众多的商业服务内容，因此不妨在本节称为其他商业服务。中国国际收支平衡表中，关于其他商业服务的统计分类与WTO贸发会惯例存在区别，不过，只是个别项目，因此无论采用哪个数据库，不妨碍整体分析。在中国的国际收支平衡表中其他商业服务中多了咨询、广告与宣传服务项目，而UNCTAD的分类将这两项包含在其他商务服务中。就目前中国情况来看，传统服务贸易规模固然较大，但其他商业服务日益增加。根据中国国际收支平衡表，2009年其他商业服务贸易额达1348亿美元，接近传统服务贸易的1536亿美元，占服务贸易总额的比重为历史最高点，达46.74%，比传统服务贸易只低6.52个百分点。中国其他商业服务总体符号为逆差，局部项目有顺差，各项目的净出口情况可参见表8-5。具体来看，建筑服务从2002年以来转为顺差且一直保持；计算机与信息服务自2003年完成转变且保持；其他商务服务，据所掌握的数据来看，自1997年就一直是顺差状态；个人、文化及娱乐服务有过短暂几年的顺差，但基本为逆差情况。

由于传统服务贸易与其他商业服务贸易的构成不同，所包含的服务项目不同，因此导致外溢效应的不同，传统服务贸易外溢效应的作用似乎较外围化，而其他服务贸易聚集了众多知识型生产者服务，因而其外溢效应比较内生化。当然，传统服务贸易的外溢效应也具有一定的内生性质，但不如其他服务贸易中某些项目对生产的重要性那么直接，如其他服务贸易中的金融、咨询、广告及专利等对内生经济增长因素影响明显较大。表8-4及表8-5都是UNCTAD的分类标准。其中，其他商务服务占比一直很大。在中国国际收支平衡表中，也有其他商务服务这一项，规模也很大。但不管怎么分类，这些服务项目都具有较强的生产辅助功能，它们是供应链中的直接参与者，对生产有直接的促进作用。另外，根据投入产出分析思路，类似于运输服务贸易，其他商业服务通过出口与进口流量对本行业必定具有一定的产业波动效应，也会从顺向及逆向影响到相关行业，从而对局部经济或相关产业产生重要的促进影响。

表 8 - 4　　　　　　　中国其他商业服务占比结构情况

单位:%

类别 年份	通信	建筑	保险	金融	计算机 与信息	许可与 专利	其他商 务服务	个人文 化娱乐
1997	0.0289	0.0926	0.0627	0.0181	0.0162	0.0308	0.7320	0.0028
1998	0.0521	0.0870	0.1087	0.0096	0.0237	0.0245	0.6803	0.0027
1999	0.0347	0.1119	0.0942	0.0123	0.0217	0.0384	0.6536	0.0018
2000	0.0689	0.0693	0.1119	0.0076	0.0269	0.0591	0.6344	0.0021
2001	0.0239	0.0672	0.1178	0.0071	0.0323	0.0821	0.6396	0.0031
2002	0.0328	0.0709	0.1109	0.0045	0.0568	0.1042	0.5898	0.0040
2003	0.0246	0.0571	0.1126	0.0089	0.0494	0.0844	0.6419	0.0024
2004	0.0172	0.0529	0.1226	0.0044	0.0545	0.0892	0.6381	0.0041
2005	0.0172	0.0666	0.1225	0.0048	0.0547	0.0866	0.6254	0.0045
2006	0.0190	0.0607	0.1185	0.0131	0.0593	0.0864	0.6262	0.0033
2007	0.0204	0.0749	0.1045	0.0071	0.0592	0.0771	0.6399	0.0042
2008	0.0220	0.1047	0.1007	0.0063	0.0671	0.0776	0.6055	0.0048
2009	0.0178	0.1142	0.0957	0.0082	0.0720	0.0853	0.5920	0.0030

资料来源：UNCTAD 数据库 Handbook of Statistics。

表 8 - 5　　　　　　　中国其他商业服务净出口分行业情况

单位：百万美元

年份	通信	建筑	保险	金融	计算机 与信息	许可与 专利	其他商务 服务	个人文 化娱乐
1997	−18	−619	−871	−298	−147	−488	2301	−34
1998	612	−526	−1374	−136	−199	−357	482	−24
1999	397	−555	−1717	−56	41	−717	77	−27
2000	1103.48	−392.13	−2363.62	−19.64	90.94	−1200.62	703.66	−26.12
2001	−55	−17	−2484	22	116	−1828	944	−22
2002	79.69	282.59	−3036.8	−38.83	−494.68	−2981.18	2461.95	−66.35
2003	211.03	106.41	−4251.44	−80.56	66.37	−3441.15	7055.7	−36.1
2004	−31.74	128.66	−5742.79	−44.15	384.4	−4260.24	6041.1	−134.84
2005	−118.17	973.57	−6650.14	−14.25	217.67	−5163.85	6996.1	−20.09
2006	−26.2	702.92	−8282.91	−746.04	1218.86	−6429.58	8367.2	15.95
2007	92.88	2467.28	−9760.4	−326.43	2136.68	−7849.44	9976.3	162.57
2008	59.585	5965.493	−11360.1	−250.884	3086.931	−9748.93	7752.042	163.322
2009	0	3600	−9700	−300	3300	−10600	11500	−200

资料来源：UNCTAD 数据库 Handbook of Statistics。

二 中国其他商业服务贸易外溢效应的实证分析

到目前为止，已有一些文献将视角专注于探讨某一类服务的国际贸易与经济增长的关系。董有德和马力的研究（2009）首先认为产出是通过物质资本、人力资本及制度因素实现的，因而讨论了服务贸易的三大部分，即运输、旅游与其他商业服务，对这几个因素的影响。本书在前面章节已就服务贸易总额或进出口额对物资、人力资本及制度因素的影响关系，此处主要就其他商业服务对三个资本的外溢效应展开实证分析。由于其他服务贸易的外溢效应具有内生化特点，选取物质资本、人力资本及制度因素作为因变量，自变量一律为其他商业服务贸易发展情况。

简单地对数据作个说明，①物质资本由统计年鉴中的固定资产根据永续盘存法计算所得，并且对当年数据用相关价格指数进行了调整；②人力资本由学历加权法所得，即社会平均教育年限来代表；③制度因素由私营企业及外商工业总值占 GDP 的比重来表示。具体数据见附录表6。经过单位根检验，各变量数据均处于同阶单整，因而可防止伪回归现象的产生。运用 Eviews5.0 对其他服务贸易与物质资本、人力资本及制度因素进行了回归实证检验。结果如表 8-6 所示。从方程（a）可以发现其他服务贸易对物质资本影响为负，为 -0.03，且该系数得到 t 统计量的支持，说明这一负值统计意义上比较显著。然而在之前的实证检验中，得到服务贸易总额对物质资本具有正向效应。可能是因为运输、旅游服务贸易是整个服务贸易中对物质资本促进比较有效的类别，而缺少了运输服务的其他服务贸易对物质资本的促进效应迅速降低。方程（b）说明其他商业服务贸易与人力资本总量呈正相关。具体系数情况表明其他商业服务贸易每增长一个百分点，人力资本就提高约 0.04 个百分点，其 t 统计值大于 1.5，表明系数显著，而且该方程的其他指标良好，说明方程（b）基本模拟了两者的线性关系。方程（c）显示了其他商业服务贸易与市场制度因素或社会资本也呈正相关，而且 t 统计值为 2.01，说明系数值充分显著，为 0.36。说明其他商业服务对市场制度的发展具有较大的促进作用，其他商业服务贸易每增加一个百分点，制度或社会资本发展就能增长 0.36 个百分点。此方程的其他指标均显示良好，说明两者的模型关系通过实证检验。总的来看，表 8-6 的实证结果验证了一个判断，即由于其他商业服务贸易聚集了大量的知识型服务贸易，其对人力资本与社会资本的促进比较明显，证明了其他商业服务贸易的发展对经济增长的软件方面提高能力较大。反过来看，人力资本与市场制度或社会资本的不断提升对其他商业服务贸易的发展也是关键的。美国服务贸易持续顺差的格局说明其服务贸易出口能力强大，而这正是因为美国国内人力资本及或制度因素社会资本强大的结果。因而它们之间是一种相互促进的关系，再一次证明了作者之前所做的关于服务贸易与国内基础条件之间决定关系的论断。

表 8-6　　　　　　　　其他商业服务贸易外溢效应实证分析

	(a) K	因变量 (b) HR	(c) S
K (-1)	0.78 (3.47)		
HR (-1)		0.85 (7.25)	
S (-1)		0.91 (19.12)	
C	0.04 (1.17)	1.16 (1.16)	0.038 (1.04)
SERVoth	-0.03 (-2.30)	0.038 (1.66)	0.36 (2.01)
AR (1)	0.71 (1.89)	0.59 (2.16)	-1.12 (-1.66)
AR (2)	-0.26 (-0.93)	-0.12 (-0.50)	-0.92 (-1.03)
AR (3)	-0.13 (-0.83)		-0.52 (-0.79)
Adj - R^2	0.79	0.994	0.84
F - statistics	14.57	825.96	8.15
D.W.	1.60	1.84	2.26

注：K 代表物质资本，HR 代表人力资本，S 代表制度因素，都是因变量。SERVoth 为其他服务贸易，为自变量。

三　中国其他商业服务贸易外溢效应的单项简析

前面研究将其他商业服务贸易作为一个整体，实证检验了其与物质资本、人力资本及制度因素之间可能存在的外溢效应。注意到其他服务贸易的内部结构直接影响着其整体外溢效应的发挥。由于其中各服务行业的性质与特点不同，外溢效应发挥的途径和机制也不尽相同，如金融与保险服务的国际贸易过程中可能是对东道国金融公司的组织结构方面产生影响，而建筑服务和其他商务服务的国际贸易则可能更多地从技术与服务对国内相关行业具有刺激作用。因此，针对不同的生产者服务贸易对其外溢效应进行逐项分析显得很有必要。考虑到金融、保险的研究已有相当多文献可供参阅，又本书已在技术溢出效应中讨论过专利服务贸易效应，故在此为避免赘述将这三项省略。

1. 通信服务贸易的外溢效应。随着科技的进步和经济的发展，通信服务在我国国民经济的发展中发挥着越来越重要的作用。服务贸易谈判小组所指的通信服务业主要包括：速递服务、电信服务以及视听服务。在中国加入 WTO 承诺表中，速递业务不包括由中国法律规定的中国邮政部门专营的服务；电信服务分为增值电信服务和基础电信服务；视听服务再分为录像服务、录音制品分销服务和电影服务。从数据来看，无论是与运输和旅游等传统服务相比，还是与金融或保险等现代服务相比，通信服务的数额都显得相对较小。但由于通信服务的开放不仅是一国国际化的标志，同时也促进了其他服务贸易的发展，所以产业对外开放水平的提高，不仅促进了经济增长（李艳燕，2007），也影响着该产业的国际竞争力。

2008 年中国通信服务进出口额分别为 1510.08 百万美元和 1569.66 百万美元，总额为 3079.74 百万美元，均达到历史新高水平。受国际金融危机的影响，2009 年通信服务的出口、进口及总额均有所下降。入世以来，通信服务进出口值呈增长态势，但相较于服务业的快速发展来说，通信服务贸易的发展步伐仍比较缓慢。2011 年进出口额分别为 11.91 亿美元和 17.26 亿美元，虽然基数有了很大的增长，但仅占当年服务业进出口的百分之一不到。通信服务进出口增长幅度不仅非常小，并且没有一个明显的上升趋势。反而处在不断上升、下降的变动之中。在电信业商业存在方面，外资公司通过对获得经营许可证的企业进行并购、合资及参股等，进入中国电信增值运营市场。与通信服务贸易相对应，国内电信通信发展迅速，2009 年移动电话普及率（部/百人）达 56.27%。2008 年全社会互联网使用人数新增 8800 万，总数达 2.98 亿人，普及率达到 22.6%，超过全球平均水平。在与世界联系方面，也取得较大进展。2009 年移动电话漫游国家和地区达 237 个。[①]

通信行业的进入障碍主要有两类，一是规模经济，二是政府限制。通信服务的前期投资非常巨大，而且高昂的通信行业技术是决定服务质量的关键因素，规模经济效应的出现可能需要一定的垄断。而政府政策的限制则人为地导致消费者福利的减少，造成通信成本的上升。通信服务贸易的自由化最大的障碍来源于后者。就目前情况来看，与国外充分竞争的通信服务市场相比，中国居民所享受的通信服务质量差且成本高。国内通信、电信运营商的服务水平虽还有很大提高空间，但与签署服务贸易协定之前相比，已展现出明显进步。通信服务贸易的发展可对国内通信服务水平的

---

① 中国商务部：《中国服务贸易发展报告》（2009 年），第 101—102 页。

提高具有一定的推动效应，通信服务贸易以竞争效应为基本通道产生较强的技术溢出效应。中国通信服务市场的逐渐放开令国内中资通信企业接触到世界先进的通信服务技术与水平，竞争的强度在不断开放的服务贸易格局演变化中不断加大，行业的充分竞争能提高企业的生产效率和产品质量。通信技术的提高及竞争强度的加剧可以降低通信成本，作为一项重要的现代生产者服务，通信成本的降低可导致实际企业信息成本的下降。从实操层面来看，通信技术水平的提高可使国内贸易、物流等及国际贸易协商便利提高的同时降低费用，对最终产品的出口及进口运作效率有较大提升。作为现代居民的必需品，通信的便利也为人们加强相互交流提供了基础性条件，增加了社会资本产生的前提。

通信服务并不是奢侈品，而是对多项决定国家竞争实力的社会服务项目起到重要促进作用的不可缺少的提供者。在通信技术渗透到各行各业的形势下，要实施有把握的、有度的政策性开放，保证我国通信业的稳定持续的发展。一方面通过促进通信服务本身的发展，提高其在国际上的竞争地位；另一方面，也为其他行业的发展营造更为便利的通信平台和信息网络，从而促进其他行业的发展。因而我国可在合理管制通信服务的前提下，适度地加大开放力度，尽量保持政策规定和实际运营中的一致，逐步达到发达国家的通信服务开放水平，提高中国通信服务在国际上的竞争优势。

2. 建筑服务贸易的外溢效应。自 20 世纪 90 年代以来，中国建筑服务贸易发展迅速，在其他服务贸易中占据重要位置。长期以来，建筑服务出口占服务总出口比重大于其进口占服务总进口的比重。自 2002 年以来，建筑服务贸易一直维持顺差，2010 年出口比进口多出 94.2 亿美元。虽然美国次贷危机对中国建筑服务出口造成一定负面影响，导致 2009 年建筑服务贸易出口略有下降，但 2010 年很快扭转局面，出口额比 2008 年增长近 40%。2009 年由于进口保持增幅大于出口降幅，使得贸易总额仍有所上升。建筑服务贸易一直是其他服务贸易中占比较大的一项，2008 年其占比首次突破双位百分数，为 10.47%，2009 年又继续上升达 11.42%。在商业存在方面，2008 年，中国建筑业领域实际使用外资占当年全国实际使用外资金额的 1.0%。截至 2008 年底，建筑业领域累计使用外资合同金额占全国的 1.9%。① 与建筑服务贸易相对应，国内建筑业发展强劲，

---

① 中国商务部：《中国服务贸易发展报告》（2009 年），第 106 页。

2009 年中国建筑业从业人员达 3672.56 万人，占全国总就业的 4.7%。利润总额达 2653.69 亿元，比上年增加 17.16%。国内建筑业装备率也呈长期增加趋势（见表 8-7）。从数据可看出，建筑服务贸易与国内建筑业都增长较快。两者是否具有深层的联系呢？

表 8-7　　　　　　　　　中国建筑业与建筑服务贸易

单位：百万元

年份	建筑业增加值	建筑服务 贸易总额	建筑服务贸易与 建筑业增加值之比	建筑业技术 装备率（元/人）
1996		1075857.48①		4154.00
1997	25405426.00	1491335.02	0.06	4729.00
1998	27837909.00	1419037.74	0.05	5127.00
1999	30222586.00	2090270.75	0.07	5756.00
2000	33410864.00	1321853.52	0.04	6304.00
2001	40235718.00	1388052.90	0.03	7136.00
2002	38224156.00	1829473.59	0.05	9675.00
2003	46547067.00	2046811.05	0.04	9957.00
2004	56157837.00	2322734.94	0.04	9297.00
2005	68997130.00	3450614.37	0.05	9273.48
2006	81163870.00	3828345.34	0.05	9109.14
2007	99443523.00	6301373.97	0.06	9208.36
2008	124889453.00	10203406.86	0.08	9915.00
2009	156198171.00	10519740.00	0.07	10088.00

资料来源：国家统计局及 UNCTAD 数据库（Handbook of Statistics）。

表 8-8　　　　　　建筑服务贸易实证分析相关变量单位根检验

变量	(C, T, K)	ADF 值	1% 临界值	5% 临界值	10% 临界值	结论
SERVCON	(C, T, 0)	-1.68	-5.12	-3.93	-3.420	不平稳
CONSTR	(C, T, 0)	-0.84	-4.99	-3.87	-3.875	不平稳
ΔSERV *	(C, T, 1)	-6.59	-5.29	-4.01	-3.46	平稳
ΔCONST **	(C, T, 1)	-4.80	-5.12	-3.93	-3.42	平稳

注：C、T 和 K 分别表示常数项、趋势项和滞后项；* 代表在 1% 临界值下有效，** 代表在 5% 临界值下有效，*** 代表在 10% 水平下有效，Δ 代表一阶差分。

---

① 1996 年的国际收支平衡表中没有建筑服务一项，因此以当年表中的"劳务承包收支"来代替。

为了考察两者的关系，选取建筑业增加值代表行业因变量（CON-STR），建筑服务贸易总额（SERV）作为自变量。两者是时间序列，先进行单位根检验，具体见表8-8。在回归前对数据进行对数处理防止多重线性，并且增加了 AR 变量以消除自相关。最终构建了附带滞后项的 AR 模型。结果如表8-9所示。从中可以看出建筑业增加值与服务贸易总额呈正相关性，为0.42，即建筑服务贸易额每增加1%，建筑业增加值就增加0.42个百分点。估计系统的 t 统计变量达1.770，通过统计意义上的检验。方程的其他指标也良好，说明模型有效，从经济意义上说明建筑服务贸易的发展对国内建筑业增加值起到促进作用。

表8-9　　　　　　　　　建筑服务贸易与建筑业实证结果

	CONSTR
CONSTR（-1）	0.37（0.905）
SERVCON	0.42（1.770）
C	4.97（1.248）
AR（1）	-0.19（-0.397）
AR（2）	-0.28（-0.967）
AR（3）	-0.37（1.086）
Adj - R^2	0.968
F - statistic	50.54383
D.W.	1.85

注：CONSTR 为国内建筑业增加值，因变量；SERVCON 是指建筑服务贸易总额。

前面提到，2009年建筑服务贸易占其他服务贸易总额的11.4%，且顺差为36亿美元。为什么建筑服务贸易的表现如此出众呢。可能是因为，首先，就建筑服务出口来说，国外对中国建筑服务的需求增加原因之一可能源自于中国近几年加大的对外投资力度，与一些国家的基础设施投资合作项目逐渐增多，还有与能源国家共同开发的步伐加快，均会引起中国建筑服务的海外需求。建筑服务与金融、保险及专利等其他商业服务还不尽相同，虽然也需要资本与技术支持，但大多数情况下还是偏向于劳动密集型。这也是中国服务贸易的比较优势所在。由于中国目前还需要大量劳动密集型产业以解决严峻的就业难题，因此从就业效应来看建筑服务的出口一定程度上缓解了建筑人员的就业问题。其次，对于中国建筑服务进口，更多地侧重于建筑设计或高端建筑开发等方面的服务进口，如鸟巢、中央电视台新地址等大型工程都进口了大量建筑服务，虽然项目数少，但工程额很大。

3. 计算机与信息服务贸易的外溢效应。作为知识和技术密集型的新型服务贸易，计算机和信息服务的发展能够促进其他产业的发展并且关系到国家安全问题等，因此在世界服务贸易中有着重要地位。计算机和信息服务是生产性、知识型、高附加值的现代新兴服务贸易，对一国产业结构升级和经济持续增长具有基础性、战略性的地位。信息服务贸易有利于提高竞争力已被 Yehia Soubra（1993）和 James R. Lee（1993）给予理论分析与数据论证。获得低成本优势和寻求产品差异性是信息服务贸易提高厂商乃至国家经济竞争力的基础。在此基础上，信息服务贸易给予厂商或国家竞争优势的基本要素：信息技术（和高技术）要素，信息资源要素，信息管理要素，服务要素，信息资本（投资）要素，信息产品要素（谢康，1998）。

虽然中国服务贸易整体处于逆差状态，但计算机与信息服务贸易自2003 年起连续保持顺差状态，并发展为中国服务出口增速最快的部门。2001 年至 2010 年计算机与信息服务贸易出口额从 461 百万美元增长到9256. 34 百万美元，10 年间增长达 20 倍。即使面对国际经济危机仍保持增长，2009 年的中国计算机与信息服务贸易额为 9700 万美元，比上年增长约 3%。在商业存在方面，截至 2008 年底，中国软件与相关服务行业中，共有外商投资企业 2094 家。这些企业有的收入指标比重达到全行业的 40%，具体见表 8 – 10。中国推动该领域的对外开放进程，已完全履行中国加入 WTO 的承诺。在新经济时代，计算机与信息服务业已成为不可或缺的重要生产与消费资源。从产业应用层面看，信息化和工业化深度融合越来越依赖工业软件和行业解决方案的提供能力；从社会应用层面看，社会管理方式创新要求不断提高软件服务系统的综合集成支撑能力；从居民消费层面看，数字化生活的广泛普及不断拓展软件和信息技术服务的市场空间。

计算机与信息服务贸易通过竞争、人员流动与传导效应具有较强的技术扩散效应。信息服务贸易内含有的信息技术、信息资源、信息管理、信息服务和信息投资诸要素的有形或无形跨国流动，必然促进信息产品的生产和销售。信息产品的生产和销售，将促进国家产业升级（产业信息化）

和信息业的规模发展（信息产业化），这将提高本国厂商的效益和管理效率，从而提高国家整体竞争力。邱庆慧（1997）对日本中小辅助产业信息化研究，有力说明产业信息化对改善企业经营管理效率的提升作用。不仅如此，基于软件技术的服务让新的商业模式不断兴起。各式各样的网上购物已成为社会消费的重要途径，B2B、B2C、C2C 及团购等消费规模日益庞大，这些商业模式之所以能得到迅速发展的一个基础原因就是相关软件技术服务的支持，如支付宝、网上银行等新兴工具。而这些技术首先是在发达国家得到使用及检验，然后中国企业（如阿里巴巴）通过模仿与学习创立了自己的公司，采取相似的技术，使整个商业环境得到很大改善。

表 8 - 10　　　　2008 年中国软件与信息服务业外资企业收入情况①

单位：亿元，%

	软件业务收入	软件产品收入	系统集成收入	软件技术服务收入	嵌入式系统软件收入	IC 设计收入
全行业	7573	3166	1616	1456	1118	217
外资企业	2603	738	354	786	592	133
外资企业占比	0.34	0.23	0.22	0.54	0.53	0.61
外商独资企业	1232	169	152	405	398	108
外商独资占比	0.16	0.05	0.09	0.28	0.36	0.50

资料来源：《中国服务贸易发展报告》（2009 年），经计算整理。

但不少研究（聂红等，2008；赵书华等，2009）指出，目前中国计算机与信息服务贸易的竞争力主要体现在规模上，在国际市场占有率、贸易竞争指数和显示性比较优势指数等竞争力定量指标的国际比较上，还处于世界排名前 20 的国家中的中等水平，所表现出的竞争优势不明显。与爱尔兰、印度及美国等计算机与信息服务贸易强国相比，中国的全球市场份额还有相当大的距离。这些差距有人才、企业和产业环境等各个方面（聂红，2008）。当然，中国的计算机与信息服务业的起步相对较晚，加上国内知识产权意识的淡薄以及政策支持的力度上还有待加强客观原因，导致服务贸易的竞争力优势不够明显。但在大多数国家的竞争力指数表现

① 商务部：《中国服务贸易发展报告》（2009 年），第 124 页。

出下滑趋势的同时，中国的各项竞争力指标基本保持着上升的态势，也表明中国的计算机与信息服务经济发展前景还比较乐观，空间释放潜能还有进一步挖掘的可能。

面对21世纪的计算机与信息产业服务贸易国际外包与转移的利好机会，以及信息产业的重要历史地位，中国要优化服务贸易结构，扩大出口，加大开发计算机与信息服务贸易的人力资源，制定更为有效的财税金融政策，激励计算机与信息服务企业的自主创新与研发潜力，这些基础性发展因素的不断完善才是真正能提高中国计算机与信息服务贸易的国际竞争力的着眼点。

4. 其他商务服务的外溢性效应。联合国贸发会（UNCTAD）的分类未明确其他商务服务包括哪些方面，根据中国国际收支平衡表的分类可知至少包括法律、会计、广告、营销及咨询等商务服务（business services）。这些服务产品具有相似特征，即生产性功能，在社会生产过程中能不同程度地起到"润滑剂"的作用。其生产性还体现于它们能帮助企业顺利地完成并提升产品的附加值。生产性是它们比较直接的一种价值链效应。但还具有产业波及效应，使用这些生产性服务的下游组织在管理及整合资源方面可能会表现出较高效率。

由于篇幅所限，具体来看商务服务中的两个行业。第一个行业是法律服务贸易。根据《中国服务贸易报告》，中国加入WTO时在法律领域的承诺已完全履行。外国律师事务所以代表处的形式提供法律服务，可从事营利性活动，但业务范围有所限制。2008年外国律师事务所代表处业务收入为45.15亿元，比2007年增长了23.4%。其中，来自美国的律师事务所占总收入的51.2%，欧盟国家占到44.5%，两家合起来共95.7%。另外，法律服务境内商业存在规模逐渐增大，截至2008年底，来自美国、欧盟、日本和法国等国的律师事务所代表处共计209家。外资律师事务所或代表处在中国提供法律服务时，除了直接效应外，还对中国法律与法制建设具有间接影响。中国法律的完备性及法制环境建设与发达国家仍有很大差距。服务贸易的逐步开放对中国法律及法制的国际化要求逐渐提高，与国际游戏规模相抵触的法律条规因对外开放的加深而逐渐修改。西方欧美国家的法律经过多年发展与经验积累在对市场经济服务方面做得很好，市场经济离不开法治，中国的法律国际化也促使国内的法律更具有市场经济辅助功能。中国的法律在寻求符合国际市场游戏规则的同时加强了其服务社会的能力。因此，法律与法制建设的国际化影响对中国经济发展与社会进步的整体影响是巨大的。外国律师事务所或代表处在中国活动时不可避免地与中国律师事务所或律师及其他相关法律从业人员进行接触，欧美先进的法治理念也会无形地影响到中国法律从业人员，从而有可能从专业素质及从业方式等方面对中方法律工作者产生积极影响。中国的法律界也得以获得向国外学习更多的专业知识（如国际投融资法律服务）的机会。从数据可以看出，中国法律服务境内商业存在主要来自欧美国家，而这些国家的法理及法制建设较先进，通过与其不断的接触对中国法律方面会产生一定的感化作用。外国法律服务的境内提供对中国律师业产生一定的压力，不断促使国内律师职业不断完善其自身业务素质，提高法律服务质量。但由于法律服务的文化属性，以及其受到政治考量及现实体制的限制非常大，法律服务的可选择性注定因存在非常严重的垄断而比较小。但对一些不涉及政治及敏感话题的法律服务业可考虑加大开放力度，增加国内法律消费者的福利。但不管怎样，法律服务贸易的开展最终结果有利于国内经济社会的发展可以使用更加优质及高效的法律服务。一般来讲，法律服务贸易的这种外溢作用将随着外国法律服务提供规模的增加而逐渐增加。

第二个行业是会计服务贸易。一般情况下，会计服务贸易主要以商业存在模式进行提供。中国加入 WTO 承诺的实施，加大了会计服务贸易的开放程度。中国允许成立中外合作会计师事务所。据《报告》[1]，截至 2008 年底，已有 4 家国际会计公司与国内事务所成立了 4 家中外合作所，并下设 25 个分所。允许国际会计公司发展中国成员所。境外人员参加中国注册会计师资格考试，通过者可申请成为中国注册会计师协会会员，已有 470 人通过了注册会计师考试，成为该协会会员。这些以商业存在形式在中国提供会计服务的事务所会雇用一定比例的中方专业员工，他们在中外合作公司会参加一些外资公司提供的专业培训，近距离获知一些与国际化运作比较相近的会计财务知识。这些人员将来可能会被挖去中资公司发展，有助于提升中资公司的业务水平。也可能自立门户或组建合伙公司为国内企事业单位提供会计服务。另外，入世后中国企业加大了海外上市的力度，其中包括一批重大国有企业以及发展迅速的民企，海外上市似乎成

---

[1] 《中国服务贸易发展报告》（2009 年）。

为一种品牌象征。在上市前期财务顾问是必不可少的角色，境内外资会计服务的商业存在为中国谋求海外上市的企业提供了一个很好的途径。外资对国际资本市场运作比较熟悉，中方人员在参与过程中也会接触到不少国际游戏规则。

5. 文化服务贸易的外溢效应。文化贸易作为一国文化产业国际竞争力的主要表现形式，从国际视角来说相当于就是一国文化产业的发展水平的表现。文化贸易进出口直接影响一个国家文化产业市场的供给与需求状况，而文化产业市场的供给需求存量及变量不仅影响着文化产业本身，还影响着其他产业，如工业制造业、服务业等。从产品概念外延发掘，文化的发展有助于延长产品生命周期、增强产品多样化、提升产品价值，增强产业融合、产业升级等，从而促进经济增长和产业结构变迁，并改进经济增长的质量（朱文静等，2012）。21 世纪将是创意性文化内容的时代，世界各国先后将文化产业作为重要战略性产业，未来国际文化服务贸易甚至整个国际竞争中，文化内容是最重要的竞争力。在现代科技及通信技术的推动下，文化产业在经济结构及产业结构升级中的作用逐渐加强。[①] 视听产品在美国已成为仅次于航空航天的主要换汇产品，居于出口贸易的第二位。英国 2002 年文化产业出口达到 175 亿美元，2003 年成为仅次于金融业的全国第二大产业。除了文化产业的发展所具有的直接经济效应之外，文化产业还能带动大量相关产业的发展，如美国好莱坞影片的制作与营销拉动了整个电影业产业链的发展。不仅如此，有研究表明美国电影在全世界的传播对于美国其他产业的品牌塑造和传播发挥重要作用（Kerry，1997）。

加入 WTO 以后，中国文化服务贸易获得了很大发展。2006 年突破了逆差困局，首次出现顺差，达 1600 万美元。此后，至 2008 年顺差实现逐年增长。在境内外服务贸易商业存在方面，多家外国影视公司已在中国设立代表处；中外合资、合作的印刷、发行、出版企业达 2500 多家，期刊版权合作 50 家。中国一些大型影视公司也在外设立代表处，从事相关活动；加入 WTO 以来，整个书报刊分销市场都已向世界开放，中国出版公司在"走出去"方面也取得重大进展，采取了产品输出、版权输出及境

① 商务部：《中国服务贸易发展报告》（2007 年），http：//tradeinservices. mofcom. gov. cn/index. do？ method = noCacheView&id = 18333，2007 年 12 月 29 日。

外投资兴办等实体方式。由联合国贸发会、开发署等国际机构共同编写的《2008 创意产业报告》中认为中国是文化产品出口大国。虽然如此，但核心文化产品和服务的国际市场占有率与文化贸易强国相比还有很大差距。根据方英（2012）的研究，中国在手工艺品、设计、视觉艺术品等方面具有极强优势，而在音乐媒介、影视媒介、版权贸易、文化休闲娱乐等核心文化产品与服务方面具有极大劣势。而只有核心文化产品和服务才真正具有成本递减优势、环境保护优势、边际收益递增优势，最能体现一国文化产业的竞争力。

当然，文化产业的发展受经济增长水平、产业结构调整及要素收入变迁等宏观经济因素的影响，随着中国居民收入的提高，需求结构中的文化产品因素比重逐渐增加。文化服务贸易的发展不仅满足了国内居民对不同文化产品和服务的需要，而且为中国文化产业人才的培养提供了一个发展方式。文化强国在文化产业上具有较强的技术及人力资本禀赋的比较优势，而中国在加大文化服务贸易开放的过程中与外方合作的空间不断拓展，中国文化服务贸易的合作方大多为发达国家的公司，比如出版方向的外国合作方也主要集中于世界知名期刊出版集团。这些中外合作公司雇用中国本土员工，通过中外方员工工作正式或非正式的交流，中方人员创造文化产品的业务水平能得到提高。并且中外合作公司为本土优秀员工提供了就业机会，对相关教育及培训产业是一种鼓励。另外，通过文化"走出去"战略，中国企业不断接触到新式文化制作理念或商业模式，通过内部传递机制影响到国内部门，也能提高其国内文化产品的生产率及质量。

四 中国其他商业服务贸易外溢效应的说明

在服务贸易的其他服务中有一些服务部门如金融、电信等一直被发展中国家视为事关国计民生、国家安全而保持着谨慎开放的态度。当然，政策的制定总是收益与成本不断权衡的结果（tradeoff），因而也就涉及本书所谈的外溢效应，即服务贸易开放的收益问题。有关金融及电信服务两个部门的研究文献已相当多，主要讨论了金融和电信自由化与经济增长的关系。大多数来自发达国家的研究一再表明包括金融等服务在内的服务贸易的开放有利于发展中国家的经济增长。从中国改革开放实践来看，无论产业竞争的胜利者是中方企业还是外方资本，最终受惠的是中国的产业效率及消费者福利。目前，除了银行、电信、寿险和证券等极少数行业外，入世后过渡期间已允许大多数行业部门可以外商独资。与多数发展中国家相比，中国的这些开放承诺已处于较高水平。总体来看，服务贸易的开放取得了较大经济收益。中国服务业现行开放格局将继续加深，未来其他服务规模也将不断加大，其外溢效应也将更加突出。

另外要说明的是，关于其他服务的商业存在模式，立论视角主要偏于服务贸易 FDI 流入，即中国境内的外资服务商业存在的外溢效应。据《中国服务贸易发展报告》（2009 年），中国境外商业存在也取得很大发展，如金融服务方面，截至 2008 年底，5 家大型商业银行共有 78 家一级境外营业性机构，共收购或参股 5 家境外机构。中小商业银行海外布局开始起步，2008 年 10 月，招商银行纽约分行正式营业。同年 1 月，首家非银行金融机构境外子公司获准成立。会计服务方面，据 2007 年的数据，共有 13 家事务所已经或即将在境外设立分支机构。① 共有 40 家会计事务所开始承接境外业务，涉及中国企业海外上市投融资审计、跨国公司中国区的审计分包及境外工程承包相关鉴证和咨询等重要领域。这些在境外发展业务的中资公司对外国市场掌握了第一手资料，且对相关国际规则的熟悉程度得到加强，他们在海外所锻炼的能力及积累的知识通过内部分享的形式可传递给国内总部或分支机构，也能对中国服务产业的整体效率提升产生积极影响。

第三节 中国服务贸易四种模式下的外溢效应研究

根据西方学者的总结，按服务的提供者与服务的消费者是否需要跨国移动，服务贸易可划分为四种模式，即跨境交付（Cross – border Supply）、境外消费（Comsumption Abroad）、商业存在（Commercial Present）及自然人流动（Movement of Personnel）。这也是"乌拉圭回合"所达成的《服务贸易总协定》（General Agreement on Trade in Services，GATS）中确定的四类服务贸易模式。这四种模式相互影响，存在一定的联动性。当一种模式发生变化时，可能会直接影响到另一种模式的服务提供情况。例

---

① 中国商务部：《中国服务贸易发展报告》（2009 年），第 119、148 页。

如，跨境交付与商业存在之间就存在贸易与投资框架下普遍存在的替代关系。由于这四种模式下服务贸易的性质呈现出很大区别，因而导致各模式下外溢效应的内涵也必定是不同的。由于现行统计还未能精确到提供四种模式的具体数据，商业存在的数据虽然可用服务业 FDI 来代替，但还是不理想，因此目前研究主要局限于定性推断，可能很难做全面的实证检验。由于模式区别大，有必要就各个模式的经济效应作个说明。

蒙英华和黄建忠（2008）以美国服务贸易出口为研究对象对四种模式之间的互动因果关系进行了实证研究，发现跨境交付与商业存在两者之间存在双向强因果关系。美国跨境交付模式提供的出口增长并没有导致商业存在模式规模的减小，反而是后者的增速高于前者，而且是当前美国服务贸易的最主要模式。不难发现，服务商业存在对自然人流动也有一定的刺激作用，国际化管理过程中人员的国际流动普遍加强。本书认为，在四种模式因果关系下，剔除某些情形下的替代，它们之间的总量随着相互促进而扩大，因此由于基数的扩大服务贸易的外溢效应得到加强。因而服务贸易的四种模式的外溢效应也存在于相互之间的联动中，跨境交付与境外消费主要从进出口角度产生外溢效应，商业存在与自然人流动则侧重于以实质交流进行影响。

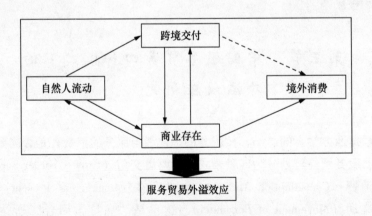

图 8 - 2　服务贸易四种模式的因果关系①

---

① 黄宁、豪英华：《跨境交付与商业存在的互补性研究》，《国际贸易问题》2010 年第 10 期。

一　中国服务贸易跨境交付模式下的外溢效应

跨境交付是指一成员在境内向任何其他成员境内提供服务，这种模式不引起固定设备及人员的国际移动，而是通过现代发达的信息与通信方式实现交易的完成。与其他三种模式相比，跨境交付在费用和成本上具有一定的经济性，提供者与消费者不需要跨国流动，就能实现交易，实际上为双方都节省了大量时间和成本，其实效应或收益并不一定输于其他三种模式。由于其提供方式的特殊性，它的效应有点类似于正常货物贸易出口。服务商品的"非贸易品"特征在跨境交付模式下其实并不存在，只要是部门间的服务贸易，没有理由指责其动因与实物贸易不一致，因而，可以认为比较成本理论对跨境交付模式下服务贸易的动因解释及效应分析是有效的。因而服务贸易的跨境交付具有提高服务出口部门的生产率及福利的效应。

相对于发展中国家来说，发达国家在服务贸易上具有比较优势，后者的跨境提供对前者来说就是服务进口。随着中国经济国际化的加深，对产自发达国家的高端服务需求也加强。如近几年中国企业加大了海外投资力度，包括直接投资和股权投资，在投资前期的准备及中后期经营过程中需要咨询、法律、会计及信息等各项服务。因此在其他服务贸易方面中国处于持续逆差局面就不足为奇。而其他服务中很多生产性服务就是通过跨境交付来实现的。这些进口服务大量地被用作中间要素投入到生产性环节，参与售前售中售后各阶段，提高了国内企业的产供销价值链的运转速率，一定程度上增强了其提升产品附加值的能力。根据产品价值微笑曲线原则，附加值更多地体现于曲线两端，即前端包括以知识产权为核心内容的研发及后端包括以品牌与服务为关键内容的营销。相比跨国公司而言，正是由于中国本土企业在这微笑两端的"肌肉"不发达，导致现在的进出口商品在全球价值链结构中处于严重不利格局。因此，对于中国本土企业来说，在与国际企业竞争时最应该效仿并加强微笑曲线两端的实力。根据H－O－S原理，在自由贸易条件下，国际商品流动在一定程度上可以替代国际要素的流动，从而抵消了各国生产要素的流动，商品贸易会促进要素的使用效率的提高。因此可以得出，随着两国贸易的增强，生产可贸易商品的要素效率得到提高，从而带动相对弱势的那个要素的劳动生产率。而又由于其他商业服务当中有很多是处于"微笑曲线"两端的内容，正是发展中国家普遍薄弱环节，因此其他商业服务贸易的增加必然导致本国生产其他商业服务的要素效率的大幅提高。

　　另外，跨境交付式服务贸易可通过多种途径发挥着技术外溢效应。其一，直接通过包含技术内容的服务贸易对东道国产生作用。这些技术贸易能直接提高服务进口国相关行业的技术水平及产品技术含量，使其更有利于参与国际竞争；通过引进技术服务、专利或特许权使用，可以提高产品中的附加值及竞争力。生产性服务的经济效应可通过进口服务的跨境交付得以获得。其二，有些服务本身具有较强的知识性特征，其贸易能产生较强的知识外溢性，知识型服务通过跨境交付也能促进服务进口国相关知识产业技术水平的提高。知识型产品本身具有极强的外溢本能，扩散效应比较明显。因此，知识型服务贸易通过产品媒介将知识在国际传递从而产生非常可观的经济效应。其三，跨境交付也对进口国相关人力资本的培养产生有利作用。接触进口服务贸易中的生产性服务或知识型服务的国内人员具有吸引先进技术的机会，并增加其创新的可能性。

　　二　中国服务贸易境外消费模式下的外溢效应

　　境外消费是指一成员在境内向任何其他国家的消费者提供服务，服务的提供者在一国境内，而消费者来自于境外，如旅游服务、留学教育属于这种模式。本书曾在前面相关章节讨论过旅游服务及留学教育的溢出效应，但没有以境外消费模式的视角来观察。对其他有关服务资源比较丰富的国家来说，来自中国的强劲的境外消费发展迅速，是一个利好消息。在旅游服务行业许多 WTO 成员方纷纷采取入境优惠措施争相吸引来自中国的旅行支出，当然还有与旅行密不可分的购物消费。对于教育资源禀赋占优的国家来说，情况也如此，他们逐渐意识来自中国的教育境外消费的巨大潜力，从而制定各种奖学优惠政策吸引中国学生的海外流学。据权威数据表明，中国出国留学人数持续增长，加入 WTO 以来，每年新增人数在10 万以上，每年带动近千亿元教育消费流向国际市场，对流入国经济发展做出重大贡献。①

　　境外消费的对象是典型的服务产品，即服务不能被运输，因而只能通过境外消费者的跨国移动才能完成交易。境外消费的主要领域是境外教育（高等教育及培训等）及境外旅游两大类，其中旅游是境外消费的典型形式。其他常见的境外消费服务还包括境外金融与保险消费、医疗消费、法

---

　　①　中国商务部：《中国服务贸易发展报告》（2009 年），第 134 页。

律会计及艺术消费。目前，中国服务贸易表现出强大的教育与旅游境外消费趋势，出口留学人数及外国来华留学生人数增长迅速。国际教育交流对本国教育环境及人力资本水平的提升产生积极影响。中国教育境外消费前五位目的地为美国、英国、澳大利亚、韩国和日本①，都是教育发达国家。教育一直被各界认为是提升人力资本的最有效途径。高教育水平海外国家留学是一国人力资本提高及知识获取的一种重要方式。截至 2009 年底，自改革开放以来，各类留学回国人员达 44 万人。② 但反过来看，中国海外留学的迅猛增加从侧面反映出中国的本土教育水平或结构远不能满足经济发展所带来的教育多样化的需求，只有通过大量跨境消费方式得以释放。从长远来看，一国教育的发展还应以建设国内学校体系、提高教育质量为主，只有本国教育及人才培养环境提高了，本国的人力资本才会大面积提高，留学可能更多地扮演一种辅助方式。教育水平的提高还能带动外国留学生数量上的增长，对于增强国际交流及促进本地经济都有很大裨益。虽然从规模上看，中国近几年来华留学教育保持良好发展势头，2008年首次突破 20 万人，人数排在前三位的是韩国、美国和日本。但来中国的留学生所学内容以语言学习为主，与中国留学生赴国外"提高身价"还不一样。之所以有如此多人来中国学习汉语，可能是由于国外与中国之间的国际贸易及跨国公司在中国的投资发展导致对汉语人才的需求激增，从而引起近几年来赴华留学生迅速增多的情况。

　　根据中国入世承诺，中国教育服务贸易对境外消费，包括出国留学和来华留学，采取完全许可态度。作为 WTO 成员方，中国应积极参与教育服务贸易谈判，推动教育服务市场开放。最近，中国与有关成员不断开展双边或多边自由贸易区（FTA）谈判，而几乎每项 FTA 的谈判或签署都涉及教育服务，甚至是双方谈判的重点领域，中国应加大教育开放力度，使国内外教育交流更加顺畅，享受教育国际趋势所带来的福利。因此，单从教育服务的跨境消费来看，未来中国与成员国的教育交流将更加频繁。而国际教育交流的加深，会天然地产生一种示范及反思效应，为本国教育的改善提供了范本。

　　三　中国服务贸易商业存在模式下的外溢效应

　　商业存在，通俗地来讲，就是服务业外国直接投资，是指一成员的服

①　中国商务部：前引书，第 138 页。
②　根据国家统计局数据计算所得。

务提供者在其他成员国境内通过具体的商业存在实体向这一成员国境内的消费者提供服务。从投资流向上来分，包括境内商业存在和境外商业存在两部分。商业存在与境外消费的供需流动方式恰好相反，前者是服务生产要素在成员国之间的服务，而消费者在本国不动，属于要素流动型模式。服务贸易 FDI 直接反映着一国服务贸易领域的开放程度，是一国履行服务贸易领域开放承诺的最直接体现。2008 年，中国金融服务境内商业存在增幅较大，实际使用外资金额 5.7 亿美元，同比增长 122.5%；房地产业实际使用外资规模较大，占服务业吸收外商直接投资的 48.8%（如表 8 – 11 所示）。

表 8 – 11　　　　　2008 年中国服务贸易境内商业存在发展情况

行业	新批设立企业（家）	占总量比重（%）	实际使用外资（亿美元）	占总量比重（%）
建筑业	262	2.0	10.9	2.9
娱乐文体业	157	1.1 *	2.3	0.6 *
金融服务业	25	0.2	5.7	1.5
房地产业	452	3.4	185.9	48.8

* 娱乐文体业是指娱乐文化体育业；总量指服务业吸引外商直接投资的总量。

资料来源：《中国服务贸易发展报告》（2009 年）。

服务贸易商业存在具有多种外溢效应渠道，其一，通过产业前后向关联效应。许多基于国别的研究也证实了这种关联效应的存在，Arnold、Javorick 和 Mattoo（2006）以捷克为研究对象，对企业层面的数据进行实证研究，表明服务业直接投资与国内下游制造业企业的经营绩效呈较显著的正相关。[1] Markusen（1989）的研究也发现了服务市场开放能改变商品贸易的格局，可以发生"要素密集逆转"，于是原来需要进口的商品可能由于要素变丰裕而对外出口。[2] 其二，通过压力、竞争及示范途径产生外溢效应。从事服务贸易商业存在的跨国公司对产品与服务需要一定的技术水

① Arnold, Jens Matthias, Beata Javorcik and Aaditya Mattoo, 2006. "The Productivity Effects of Services Liberalization: Evidence from the Czech Republic", *World Bank*, *Mimeo*.

② Markusen, James. 1989. "Trade in Producer Services and in Other Specialized Intermediate Inputs", in *American Economic Review*, 79, pp. 85 – 95.

平，这就逼迫着国内供应商想方设法地去提高自身供应能力；服务业跨国公司对东道国同行业企业技术与管理水平具有显著影响。Findly（1978）指出跨国公司在技术、管理及营销方面对东道国企业会有一种"传染效应"（contagious effect）。事实上，引入服务商业存在可以带来产业内竞争，从而降低发展中国家高昂的服务价格并提高了质量。其三，通过人的流动效应可以产生外溢效应。商业存在引起双向的人员流动，一是从跨国公司向本土企业流动，可称为顺向流动；二是从东道国企业流向跨国公司，谓之逆向流动。之前的研究普遍认为顺向流动能产生技术外溢效应，但现实情况是逆向流动在发展中国家大量存在。逆向流动也可以存在一定的技术外溢效应，原因如下：首先，逆向流动的人员一般都具有较高学历和技能，因而到外资企业可能会得到更大发挥空间。而且工作空间及使用资源也主要由国内提供，对关联企业仍可能会产生积极的技术影响。其次，逆向流动的本土人员生活圈子主要在国内，通过非正式组织所能传递的示范效应也同样存在。最后，逆向流动也会产生代际传递效应。在跨国服务公司的中国工作人员日渐领悟到的理念与方法可通过家庭教育传递给子女，而且跨国公司工资收入普遍较高，因而从物质与精神上保证了代际人力资本投资的可选择范围的增大。

　　服务贸易商业存在不同于通常意义上所说的外商直接投资，后者主要是指生产制造方面的FDI。由于服务业偏向于在城市发展，跨国服务商业存在往往首选发达城市，因此服务贸易FDI比制造业FDI更具有城市经济聚集效应。北京、上海及深圳等服务经济较发达城市吸引了大量的服务贸易商业存在。北京服务业外商直接投资占实际利用外溢的比重高达72.4%。[①] 北京等这些大城市外商直接投资结构逐渐发生变化，服务业外国直接投资的聚集增强了城市中高端服务的供应能力，对城市产业结构的升级具有较强推动作用，以及有利于提升城市综合竞争力。随着中国服务业FDI规模的增长，有关服务业FDI的经济效应的研究层出不穷。有些研究认为服务业FDI的技术进步效应不及制造业FDI，如赵玉娟等（2012）运用中国17个省市的面板数据检验了两种FDI对TFP增长率的作用，实证结果显示制造业FDI促进了中国TFP增长率的提高，而服务业FDI却对中国服务业没有产生技术外溢，而且认为服务业FDI对中国经济增长的

---

① 根据北京市统计局提供的数据计算所得。

综合技术进步效应是阻碍性的。但钟晓君（2009）的研究结果却认为服务业 FDI 促进了中国服务业总体增长，且两者存在长期稳定的均衡关系。刘艳（2011）认为生产者服务业 FDI 的存量与流量均是技术进步的格兰杰原因，而且生产者服务业 FDI 的短期波动对中国技术进步的影响非常显著。有关服务业 FDI 的国内争论似乎还在进行，或许正如钟晓君（2009）所指出，不同服务行业利用 FDI 对行业增长效应存在很大差异性。可能有些与生活密切相关的服务业 FDI 所引起的经济效应比较直观，而有些包含核心技术的服务业 FDI 可能并未产生较强的外溢效应。但总的来说，服务业 FDI 的发展是世界经济服务化趋势的直接反映，对增强东道国市场资源配置效率、增加消费者选择、促进整体服务业的发展等方面，肯定还是发挥了不少正向刺激作用。有关服务业 FDI 的经济效应的研究也将随着客观实践的发展及统计技术的完善而不断加深。

四　中国服务贸易自然人流动模式下的外溢效应

自然人流动的自由化，是国际服务贸易和全球经济一体化发展的必然要求。为此，《服务贸易总协定》（GATS）将自然人流动纳入多边服务贸易法律框架中予以规范，以期逐步提高自然人流动的自由化水平。我国是一个拥有 13 多亿人口的大国，在提供劳动密集型服务上具有比较优势。因此，加速我国自然人在世界范围内的流动，对推动我国的整个对外开放和服务贸易的发展、促进国民素质和技术水平的提高，具有重大而深远的意义。

自然人流动是指一成员国的服务提供者在任何其他成员境内通过自然人形式向其居住人口，包括本国居民、移民及短期居住者，提供服务，如一成员国医生、教授或艺术家到另一国从事个体性质的服务。目前有关自然人流动的含义还存在许多待明确的空间，如根据《关于 GATS 下提供服务的自然人流动的附录》，自然人流动应限于短期流动，以寻求永久居留或获得公民身份的不属于该规定。但对于短期的具体期限，各成员方在具体承诺表中的各个情况又做出几个月甚至几年不等的规定。又如自然人流动是否包括受雇于东道国境内的公司的外国自然人提供服务的情况。现实中已有不少成员国将这部分纳入自然人的具体承诺中。但仍需要 WTO 的法律解释部门——部长级会议予以明确通过。对于服务贸易的自然人流动模式，遇到最多的一个问题就是进入壁垒。OECD 的研究报告指出，自然人流动发展水平低是由全球范围内对自然人流动的限制和各国间的壁垒造成的，并未反映出自然人流动的真实发展潜力和在世界服务贸易中的需求，自然人流动自由化将加快世界服务贸易的发展。随着全球经济一体化及服务贸易谈判的不断深入，自然人流动也更多地得到实现。到目前为止，虽然自然人流动下的服务贸易比重，相对于其他三种模式还比较低，仅占全球服务贸易额的1%。但全球经贸一体化发展和货物贸易及跨国公司投资的扩大，自然人流动的范围也将更广且规模更大。最早探讨关于人口流动的经济效应方面的研究，如 Gould 研究了美国与 47 个贸易伙伴国的数据，发现移民在双边贸易中发挥着重大作用，并且两国的移民与进出口贸易呈正相关，即移民的增加能拉动美国对其国的进出口规模。其他一些学者（Head and Ries，1998；Girma and Yu，2002）也得出类似结论。世界银行曾指出，尤其对发展中国家来说，自然人移动的收益要大于商品贸易。国内学者何智慧（2006）比较详细地论述了自然人流动自由化所能带来的经济效应，其中，自然人流动对东道国产生的经济效应主要包括：以较低成本适应并提高竞争的途径；有助于暂时缓解劳动力短缺的压力；是刺激东道国经济增长的重要方式。

根据徐桂民（2009）的分析[1]，国际劳务输出是中国运用自然人流动模式向国外提供服务的重要方式，具体来看有四种形式：对外承包工程、对外劳务合作、对外设计咨询和境外就业。这些形式特点与中国自然人流动服务提供主要在于基础服务领域有关，如医疗卫生、建筑、基础设施及教育等行业。2010 年通过对外经济合作的在外自然人达 1000 多万人，其中对外承包工程年末在外人数为 376510 人，对外劳务合作派出劳动人数为 186800 人，对外劳务合作年末在外人数为 470095 人。2008 年建筑业和制造业在外劳务人员占中国在外劳务总人数的 40.3% 和 28.4%，农林牧渔业占到 10.5%，交通运输业为 6.7%，设计咨询监理业及科文卫体业各为 0.4%，计算机技术服务业占 0.1%。[2] 由此看来，中国自然人流出的行业结构偏初级化，而且各类劳动人员主要目的地为亚洲，2006 年亚洲在外人员占全年派出劳动人员的 69.2%。但由于国内相关服务行业的发展水平有限，新兴服务行业如金融、IT 服务等向外流出提供产品的能力有限。在自然人移动流出方面，近年来中国与不少国家合作成立了孔子学

---

① 徐桂民：《自然人流动与经济发展》，博士学位论文，北京交通大学，2009 年。
② 中国商务部：《中国服务贸易发展报告》（2009 年），第 15 页。

院，共同传播汉语文化，引起中国话学习热潮，国外对汉语教学师资的需求引起自然人流出也增多。从自然人流动进入中国国内角度看，中国对自然人流入境内也进行了较为严格的限制，从世界经济一体化角度看，这种人为限制在一定程度上不利于贸易与投资的整体效应的发挥。作为与世界经济日益密切相关联的发展中大国，贸易与投资的规模逐渐扩大，一定规模的自然人流动似乎是一种必然，如果自然人流动的限制被放宽，则更有利于国内外国际经贸活动的开展，从而对于国内企业实行全球战略也会有帮助。

自然人流动可能产生于国际投资，包括工厂投资和服务贸易商业存在。发展中国家吸引国际投资有时需要聘请有在发达国家工作经验的专业人士进行管理，或技术支持员工。这些专业人员所具有的本领可能正是东道国所严重缺乏的，通过在东道国工作会影响到其同事或其他企业。GATS 在自然人流动承诺方面，大多对高级管理人员、经理和专家不设限制。因此，这些自然人的到来对东道国管理与技术的提高会有一定帮助，溢出路径主要还是带动与模仿。近年来，随着中国经济的持续高速发展，外商在中国的投资也在不断增加，许多外商纷纷在中国设立商业机构，伴随着商业存在的不断增加，由发达国家移动到中国提供服务的高级管理人员、技术专家等也在逐年增加。众所周知，管理与技术是重要的生产要素，两者分别通过对人的组织与工具的提升带来生产效率的提高，有时改进管理是更有效的方式。另外，自然人流动的国际输出可对本国经济产生附带的益处。就中国来说，自然人流出可以通过以下"三大效应"影响到国内生产及两国贸易，即偏好效应，流出自然人偏好母国生产的商品，可以带动中国生产供应市场的繁荣；信息效应，在外自然人可掌握当地第一手信息，有利于开展中外国际贸易；交易成本效应，流出自然人对当地法律习俗的了解可降低交易成本，增加了中外民间企业经贸合作机会。

第九章　中国服务贸易对全要素生产率的外溢效应实证研究

第一节　中国服务贸易与全要素生产率

目前关于全要素生产率内涵的界定还未形成统一，有观点认为全要素生产率（Total Factor Productivity, TFP）是包括资本、劳动、技术与管理在内影响一国经济增长的一切因素的生产率。又有人认为全要素生产率是指各要素（如资本和劳动等）投入之外的技术进步及能力实现导致的产出增加，是剔除要素投入贡献后所得到的残差。由于索洛对技术进步的讨论开创了全要素生产率研究的先河，所以此意义下的全要素生产率又称"索洛余值"，是剔除要素投入贡献之外能导致经济增长的其他各种要素，主要包括技术进步、制度等。[①] 在资本与劳动数量及质量一定的情况下，TFP 的提高可获得更多的产出和经济效率的提高。在未特别说明的情况下，本书的全要素生产率含义为"索洛余值"。前文已对服务贸易所能产生的各种外溢效应类型进行了罗列，这几种外溢效应的作用面（技术、人力资本和社会资本等）其实就是全要素生产率所包括的可知内容中的某一部分。全要素生产率所包含的内容较多较杂，因为除了资本和劳动之外，还有很多要素投入之外的其他因素对经济增长具有促进作用，如文化。

在一定意义上，TFP 是比资本与劳动等资源性投入更为重要的财富增长源泉，因为在一定期限内各国都面临资本与劳动要素边际报酬递减规律

[①] 郭庆旺、贾俊雪：《中国全要素生产率的估算：1979—2004》，《经济研究》2005 年第 6 期。

的约束，并且资源禀赋单方面数量增加经济发展的促进效应存在"天花板效应"，更何况资源总是有限的。因此在资本报酬率递减及人口红利逐渐减小的客观前提下，TFP 拓宽了经济增长的内在源头，也是世界各国经济增长差异的关键原因。当然，也可以通过测算全要素生产率的贡献度来判断一个经济体是投入型增长还是效率型增长。其实，中国目前正大力提倡转变经济增长方式，实质上就是要增加全要素生产率对经济增长的贡献度，将投资依赖型增长或资源耗竭式增长转化为依靠技术型增长。因此，在世界经济服务化趋势逐渐加强的今天，服务经济的发展具有低能耗、绿色环保等特点，而且就业贡献能量大，也是扩大内需的主攻方面。正是在这个前提下，研究服务贸易与全要素生产率的关系对中国经济具有重大现实意义。从发展阶段来看，服务业和 TFP 战略是将来一段时期之内我国必须完成好的两个重大课题。

第二节　服务贸易与全要素生产率的实证研究

一　全要素生产率模型的推导

假定生产函数中只有资本与劳动两种投入要素。根据前面定义，除去资本与劳动两种要素的贡献份额之外，其余增长部分被认为是全要素生产率所贡献。可以用 C – D 函数进行模型推导。

$$Y_t = AK_t^\alpha L_t^\beta \qquad\qquad (9-1)$$

其中，Y 为产出，K、L 分别为资本和劳动，α、β 分别代表资本和劳动的产出弹性，或贡献率，理论上讲 $\alpha + \beta = 1$。上述条件暗含要素规模收益不变，这样就能保证，除全要素生产率增长之外，是要素投入数量的变化，而不是要素质量的提高，导致了经济增长，即假定各年里资本与劳动对 GDP 增长率贡献只是由于数量的增加所引起。

对式（9 – 1）两边取对数，得：

$$LnY_t = LnA + \alpha LnK_t + \beta LnL_t \qquad\qquad (9-2)$$

然后对式（9 – 2）进行以时间为变量的求导，并整理和移项，得：

$$\frac{\Delta A}{A} = \frac{\Delta Y}{Y} - \partial \frac{\Delta K}{K} - \beta \frac{\Delta L}{L} \qquad\qquad (9-3)$$

其中，A 为全要素生产率，$\frac{\Delta A}{A}$ 即其年增率。$\frac{\Delta Y}{Y}$、$\frac{\Delta K}{K}$ 和 $\frac{\Delta L}{L}$ 在实际运算

当中，可以用 GDP 增长率、固定资本增长率和就业人口增长率来代替。通过这种方法计算出来的 TFP 即为经济学上所讲的"索洛余值"。

二　全要素生产率的分解模型

全要素生产率的具体数值被估算出来以后，接下来就要探讨全要素生产率与服务贸易发展的实证关系。为了后文论述方便，本书将全要素生产率简称为"A"。国内外经济学界普遍认为，"A"所包含的内容比较复杂而且较多，其中，技术进步是重要一项。随着理论与实践的深入，一些经济学家发现，制度、人力资本、信任等因素对经济增长的贡献在某发展阶段可能会超过技术进步。比如，中国改革开放三十多年来所取得经济发展和社会进步的巨大成就，很大一部分是由打破传统计划经济体制，以市场经济为导向及转变观念等一系列政策和制度的突破所推动。有时，当制度、经济环境等根本问题解决之后，技术进步才逐渐具有了发挥其巨大作用的前提。也就是说，组成"A"的各成分在特定时期所起的作用是不平衡的，在某时期其中一项可能起主导作用，其他内容则只起辅助作用。因此，本书认为全要素生产率至少包括技术、人力资本与制度因素。

根据前面的理论分析，试图给出全要素生产率的一个函数表达式，$A = f(t, i_1, i_2, h, s)$，其中 t 代表技术进步，i_1 代表制度变革，i_2 为观念转变，h 为人力资本，s 为其他一些未尽社会因素。进行这样一个细分，是为把全要素生产率与服务贸易联系起来服务的。一般认为，服务贸易当中的金融、保险、通信、专利、计算机与信息和物流等服务具有跨行业知识外溢效应，这些服务贸易部门可能对"A"中的具体内容产生作用，进而影响到整个全要素生产率。为了将全要素生产率与服务贸易进出口之间关系进行展开，对"A"进一步分解，先令：

$$e^A = S_m^\tau S_x^\omega S^\eta (P_f S)^\mu (P_I S)^\sigma (P_T S)^\chi \tag{9-4}$$

其中，P_f、P_I 和 P_T 分别代表第一产业、工业和第三产业的增加值，S_m、S_x 和 $S = S_m + S_x$ 指服务贸易进口额、出口额和进出口总额。为了体现国民经济结构因素，在式（9-4）中加入三个交叉项，即第一产业、工业和第三产业的增加值与服务贸易进出口总额的乘积 $P_f S$、$P_I S$ 和 $P_T S$。基于这一判断，即人类发展历史是由以农业为主导产业的社会过渡到工业社会，再向服务经济社会迈进，此进程中 TFP 必定是渐趋增大的。因此从实际情况来看，全要素生产率的发展受到一国经济结构的影响。

然后对式（9-4）两边求对数，就得到全要素生产率的分解方程：

$$A = \tau \mathrm{Ln}S_m + \omega \mathrm{Ln}S_x + \eta \mathrm{Ln}S + \mu \mathrm{Ln}\ (P_f S)\ \sigma \mathrm{Ln}\ (P_I S)\ + \chi \mathrm{Ln}\ (P_T S)$$

$$(9-5)$$

其中，因变量为全要素生产率，自变量为服务贸易的相关项。

三 计量结果与解释

在这一小节中本书将分三个小部分介绍计量过程。首先，关于数据整理。实际 GDP 是以 1985 年为基年并经过价格调整而得。资本 K 值是采用永续盘存法计算所得，具体公式为 $K_t = I_t/P_t + (1-\delta) K_{t-1}$，其中 P_t 是指固定资产投资指数，由于年鉴中固定资产投资指数只有 1991 年之后的数据，所以用工业品出厂价格指数代替。劳动 L 是统计年鉴中的全社会就业人数。工业及第三产业增加值均来自 CCER 数据库，而服务贸易进出口数据则来自 UNCTAD 数据库。具体原始数据参见附录表 7。

其次，关于全要素生产率的估计。由于数据本身及相互之间存在较大的自相关，所以必须得进行相关补救，否则回归结果虽然是线性的和无偏的，但不一定是有效的。通过回归先求得资本与劳动的贡献份额为 $\alpha = 0.62$，$\beta = 0.36$，或叫资本与劳动的产出弹性，两者之和接近于 1，大致满足规模报酬不变假设。然后将它们代入式（9-3），即可得出 TFP（详见附录表 7）。之前也有人对我国的全要素生产率进行过估计，如李斌和赵新华（2009）利用超生产函数的方法，得出中国 TFP 在经济增长的贡献率在 1979—2006 年间均值达 35.2%。这一说法显然有过大之嫌。而郭庆旺和贾雪（2005）的估计似乎更接近于事实。另外，本书对此次回归结果的残差进行了 ADF 检验，表明各变量之间存在协整关系（见表 9-1）。

表 9-1　　　　　全要素生产率估算回归中的残差 ADF 检验

变量	(C, T, P)	ADF 值	临界值 (1%)	临界值 (5%)	临界值 (10%)	DW 值	平稳否
Resid	(C, O, O)	-5.490	-3.887*	-3.052	-2.666	1.73	平稳

注：其中，C 为截距项，T 为趋势项，P 为滞后阶数；* 为通过临界值。

本书通过严格计量所估算出的 TFP 表现出有增有跌的态势，从 1986 年至 2008 年大致可分为四个明显阶段：1986—1990 年，TFP 表现为负增长，可能因为这段时间我国改革开放正经历一个曲折过程；1991—1993 年，TFP 一举扭转了态势，出现增长局面，这可能是因为全要素生产率因改革开放政策的坚定执行而表现出的生长力；1994—1999 年，我国面对严重的通货膨胀及亚洲金融危机的冲击，全要素生产率贡献不明显；2000—2008 年，TFP 一直处于正增长态势下，但有升有降，可能是由于随着社会稳步发展，市场经济逐渐渗透到各领域，因而 TFP 的作用或效应也在扩大（具体结果见附录表 7）。总体来说，我国的经济增长率当中 TFP 的贡献是有限的，这也与我国多年来投资拉动型发展模式相吻合，其中房地产行业成为拉动经济的支柱产业，而它对全要素生产率的使用需求是有限的。

最后，在完成前面工作之后，衡量中国全要素生产率与服务贸易进出口的辩证关系。虽然从绝对数额来看，服务贸易只占 GDP 很小一部分，但正如前面所分析过的，服务贸易的发展有可能会产生知识外溢效应，进而对一国全要素生产率产生积极的促进影响，因而间接作用可能是巨大的。具体结果见表 9 - 2。

表 9 - 2　　全要素生产率及其与服务贸易进出口及交叉项的回归结果

LnGDP		TFP			
			①	②	③
C	−1.75(−0.504)	C	−0.0013(−0.22)	−0.0031(−0.175)	0.0138(0.6709)
LnK	0.62(2.172)	Sx	0.0661(2.32)		
LnL	0.36(1.389)	Sm	−0.0318(−2.96)		
		S	0.0232(0.554)		
(−LnGDP)	0.12(0.315)	S × Pf		−0.5013(−1.9034)	
AR(1)	1.43(5.075)	S × PI		0.4970(1.6830)	
AR(2)	−1.12(−3.16)	S × PT		−0.1177(−1.0104)	
AR(3)	0.39(2.462)	(−TFP)	−0.4883(11.50)		
		Ar(1)	0.6184(3.77)	0.4842(10.273)	0.5723(2.1635)
		Ar(2)	−0.5324(−5.01)		0.0673(0.4925)
Adj − R²		0.9989	0.8924	0.8365	0.8242
F − statistic		2976.695	32.542	54.7241	19.7563
D.W.		1.64	2.43	1.56	1.82

由于仍为时间序列，因此采用了前述针对自相关偏差的补救办法。在本轮实证中，笔者共进行了三次回归运算，每一次的自变量都不同。方程

①主要是为了分解服务贸易进出口两者对全要素生产率的影响，发现服务贸易的出口对 TFP 有正的促进作用，为 0.0661，且 t 统计量明显；而服务贸易进口则表现出负面作用，t 统计变量也比较显著。进出口一负一正相抵后仍为正，这与方程②的结果不谋而合。方程②主要是观测服务贸易进出口两项加在一起对 TFP 的影响，结果显示为正，但 t 统计量不显著，然而根据方程①的结果所示，本书还是认为服务贸易总额对 TFP 有正面影响作用。方程③主要是考察全要素生产率分解模型中交叉项对 TFP 的影响，从回归结果可以看出，工业增加值与服务贸易的交叉项与 TFP 之间呈正相关，而其他两项即第一产业和第三产业增加值与服务贸易的交叉项与 TFP 之间是呈负相关的，且 t 统计量都大于 1，基本显著。说明第二产业的发展有利于服务贸易对全要素生产率的外溢影响，而第一产业及第三产业则呈现相反作用。同样，本书也对三个方程的残差进行了 ADF 检验（见表 9-3），三个方程的相关指标基本呈现出显著特征，并通过加入 AR（·）项，使方程的 DW 值都大于 1.5，摆脱了自相关的一些缺陷，从而保证了回归结果的说服力，结果表明三个方程中的变量具有协整关系。

表 9-3　　　　　　　　　　交叉方程回归的残差 ADF 检验

模型	变量 （C，T，P）	ADF 值	临界值 （1%）	临界值 （5%）	临界值 （10%）	DW 值	平稳否
方程①	Resid（C，0，1）	-9.392	-3.857*	-3.040	-2.660	1.98	平稳
方程②	Resid（C，0，1）	-5.398	-3.887*	-3.052	-2.666	1.91	平稳
方程③	Resid（C，0，2）	-4.043	-4.004	-3.099*	-2.690	1.73	平稳

注：其中，C 为截距项，T 为趋势项，P 为滞后阶数；* 为所通过临界值。

总的来看，服务贸易的出口对 TFP 增长率有正效应。首先，可能是随着运输部门出口的增加并不断与国外先进运输同行交流，其自身效率得到不断提高并外溢至国内运输系统，进而对整个国民经济的传输效率大大促进。其次，旅游一直是我国重要的传统服务贸易项目，旅游的出口通过增加该地区的国民收入间接对其资本积累产生积极影响，进而有利于技术进步。最后，从中国服务贸易出口结构来看，传统服务部门比重有所下降，而代表新趋势的其他商业服务部门份额不断增加。据 2009 年国际收支平衡表数据，其他商业服务出口占51%，比传统服务部门多两个百分点。这说明中国其他商业服务的出口能力和生产效率在增加，因而，以知识资本和技术密集型为特征的其他商业服务可以对全要素生产率产生积极促进作用。另外，实证结构证明服务贸易对 TFP 产生影响是要受到国内产业结构的影响的，国内第三产业的规模与结构现状对服务贸易作用于全要素生产率的助推作用较小。因此，大力发展国内现代服务业又具有了一层新含义。

第三节　服务贸易结构对全要素生产率的影响

服务贸易的结构可根据角度的不同有多种划分方式。此处主要是区分传统服务贸易与现代服务贸易（在 BOP 统计报告中以其他商业服务的名目出现）这两种不同服务贸易，考虑这种服务贸易结构特征对全要素生产率的影响。传统服务贸易和现代服务贸易对全要素生产率的影响力度肯定是有差别的。为此，需运用实证研究进行探讨。

实证思路与前节有所相连，此处仍用上节所估算出的全要素生产率作为因变量，而自变量换成传统服务贸易的进出口额和现代服务贸易的进出口额。即因变量是全要素生产率，自变量为服务贸易。具体公式及说明如下：

$$TFP = \beta_0 + \beta_1 TFP(-1) + \beta_2 x_{tradition} + \beta_3 m_{tradition} + \beta_4 x_{other} + \beta_5 m_{other} \quad (9-6)$$

$$TFP = \beta_0 + \beta_1 TFP(-1) + \beta_2 nx_{transport} + \beta_3 nx_{travel} + \beta_4 nx_{other} \quad (9-7)$$

其中，式（9-6）中，变量 x 和 m 分别指出口和进口，式（9-7）中的 nx 是指净出口。各项下标代表含义如下，式（9-6）中的 $tradition$ 是指传统服务贸易，包括运输与旅游贸易；$other$ 是指其他商业服务。式（9-7）中的 $transport$、$travel$ 和 $other$ 分别指运输、旅游和其他商业服务贸易。由于全要素生产率的增长源泉或机制除了服务贸易之外，还有众多其他渠道，为了体现这些其他机制的作用，本书在这两个方程式中都加一个自身滞后项。由于通过余值方法计算出来的全要素生产率是年增长率，因此式（9-6）和式（9-7）中的各自变量也采用的是年增长率。

从回归方程的结果（见表9-4）可以看出，方程（1）的结果衡量了全要素生产率与传统服务贸易及现代服务贸易即其他商业服务贸易之间的关系。而（2）的结果是全要素生产率与运输、旅游及其他商业服务贸易净出口的回归关系。从回归结果（1）和（2）来判断，当年的全要素生产率与上年相关性很强，上年的影响因子很大，而且 t 统计值也较大，说明作为自变量的上一年全要素生产率对当年的影响较明显。这也证实了一个基本现实，就是全要素生产率积累步伐是缓慢的，需要时间的长期作用才能得到较大提高。

如前所述，服务贸易从大的方面可分为传统服务贸易与现代服务贸易，传统服务贸易由运输与旅游构成，而现代服务贸易在国际收支平衡表中则归类于其他商业服务贸易。从回归方程（1）可以看出，传统服务贸易的出口对 TFP 都有正向促进作用，而且 t 统计值大于 1.5，比较显著。而传统服务贸易的进口对 TFP 的影响在本次回归中呈现负的特征，且该项 t 统计量只有 1.05，因此对于传统服务贸易进口对全要素的影响还需作进一步讨论。一般来说，运输服务进口有利于企业的资金周转和市场的开拓，对出口企业生产效率的提高是有益的，而且通过旅游服务的进口国内居民可能会受到国外先进理念或思维方式的影响，或模仿国外一些产业形态投资于国内，因而可以判断服务进口也可能对内在生产率的提高有积极正面影响。现代服务贸易即其他商业服务贸易的出口对全要素生产率的影响为正且比较显著，而其进口却呈现负状态，且统计量不显著，对此也应作更深的研究。可能是由于现代服务贸易的进口效应涉及国内门槛效应问题，发生作用机制不能完全体现，因此对 TFP 的影响不明显。

从服务贸易净出口角度来分析服务贸易结构与全要素生产率的关系，可以从结果（2）看到，运输、旅游和其他服务商业服务贸易的净出口都对 TFP 有正效应，但系数都很小，均未超过 1%。运输净出口的系数最小，其他商业服务贸易次之，旅游净出口前面的系数最大。并且只有其他商业服务贸易的 t 统计量达到 1.5 以上，说明其他商业服务贸易前面的系数可靠程度比较大。中国一直是其他商业服务逆差国，每年尤其在保险与专利及特许服务进口上花了大量资金，这些生产性服务由于具有知识密集型特点，而知识天然具有外溢性，必定对国内供应商或制造商产生某种潜在的效率引导。另外两项的 t 统计量均不大，从计量理论上来看它们的系数不具有明显价值，还要作进一步探讨，但旅游服务长期保持顺差，这种状况对内生增长率也有间接作用，因为旅游服务贸易的效应是资本积累、基础设施的改善及居民收入的增加，但要转化为生产率还有一个过程。所以，本书认为旅游对 GDP 是有拉动效应的，但它直接作用于生产率的程度较小。

表 9 - 4　　　　　　　　　服务贸易结构与 TFP 回归结果

	TFP			
	(1)			(2)
TFP（-1）	0.50 (11.30)	TFP（-1）		0.53 (10.84)
$X_{tradition}$	0.047 (2.25)	$NX_{transport}$		0.000318 (0.08)
$M_{tradition}$	-0.16 (-1.05)	NX_{travel}		0.004985 (0.95)
X_{other}	0.032 (2.08)	NX_{other}		0.002301 (1.69)
M_{other}	-0.012 (-1.17)	C		0.003053
C	0.002959	Ar (1)		0.374546
AR (1)	0.568063	Ar (2)		-0.600482
AR (2)	-0.485036			
$Adj-R^2$	0.871131			0.873902
F-statistic	20.31369			24.10108
D.W.	2.491311			2.424461

第四节　基于全要素生产率视角的服务贸易门槛因素研究

以服务贸易的技术溢出效应为例，门槛因素是指影响服务贸易的技术溢出效应发挥的一些本国独特经济社会因素，如经济发展水平、人力资本。只有当经济发展，如人均 GDP 达到一定水平，这种来自国外的技术溢出效应才能显现，如果经济发展低于"门限水平"，则溢出效应不能完全发挥出来，此即为门槛效应的含义，这种因素也叫门槛因素。我们试图找到哪些经济特征可能成为服务贸易外溢效应发挥的门槛因素，通过提高这些因素的水平，从而使服务贸易的全要素生产率外溢效应得到更好的发挥。

从制造业 FDI 的相关研究中得到启发，认为服务贸易外溢效应的发挥也可能受到东道国经济发展结构、人力资本状况及制度因素等基本经济条件的影响。具体来看，经济发展结构可能会影响服务贸易进出口的项目侧重点区别，进而影响其外溢效应的发挥效果及大小；而人力资本则是基于人口素质角度可能对外溢效应的发挥产生间接影响；制度是从体制安排（如市场配置作用）对整体进行深度影响。根据 Borensztein（1998）的思路，通过在模型中加入服务贸易与各门槛因素的乘积来对各门槛因素的影响情况进行测算，具体模型如下：

$$\mathrm{Ln}y = a + \beta_1 \mathrm{Ln}k + \beta_2 \mathrm{Ln}s + \beta_3 \mathrm{Ln}(s \times stru) + \beta_4 \mathrm{Ln}(s \times hr) +$$
$$\beta_5 \mathrm{Ln}(s \times instit) + u \qquad\qquad (9-8)$$

其中，y 是指人均产出，k 是人力资本状况，s 是指服务贸易总额，后面接着连续三个交叉项，里面的 $stru$、hr 及 $instit$ 分别指经济结构、人力资本和制度，用以衡量影响服务贸易外溢效应发挥的三个门槛因素。各数据的选取与整理如下：

y 和 k 为单位劳动产出和单位劳动资本，分别由实际 GDP 与资本除以全国就业人口总数获得。其中，GDP 经过价格调整为实际 GDP；而 k 先经过永续盘存法之后再进行指数平整为实际 k。s，即为服务贸易进出口总值，可从国际收支平衡表中累加所得。$stru$，是经济结构因素，由于本书研究的是服务贸易的外溢效应，因此，以第三产业或服务业在国民经济中的比重来代表。本书是想通过这一项来验证一个推论，即国内服务经济的发展程度对服务贸易的外溢效应发挥有多大影响。hr，通常采用 Barro 和 Lee（1993）的劳动力平均受教育年限来表示。具体计算方法为，把小学、初中、高中和大专以上受教育的年数分别定为 6 年、9 年、12 年、16 年，则人力资本存量（hr）就等于小学比重×6 + 初中比重×9 + 高中比重×12 + 大专及以上×16。另外，就业基数应为全社会就业人口，以当年毕业生数量作分子，算出比重，最终得到当年人力资本水平。因为制度方面数据的可得性问题，本书的研究时段是 1990—2008 年。$instit$，是制度因素，由于这个指标比较复杂且不好衡量，而且一个好的制度必然是人口自由流动及私人财富增加的制度，再考虑到数据的可得性，本书就用统计年鉴中的旅客周转量来表示人口流动，用私人汽车拥有量来表示私人财富的程度，然后取两者的平均值。另外，对于像制度这样的因素，所选取的代表项目的增量大致也能说明整个因素的增长情况，所以制度的数据为增量。其中，因为没有 1989 年的数据，1990 年的数据是根据后面数据的平均值（0.16），再依当年实际经济情况，估算出的。

未经说明，所有数据均来自中国国家统计局，详见附录表8。

为考察三个门槛因素各自对经济增长的影响程度，计量过程采取逐步推进的形式，先是三大门限因素的各自回归，最后是各因素综合在一起，总共得到四个方程，如表9-5所示。从各方程中发现一个共性，产出增长与人均资本之间存在极强的正相关，四个方程中的人均资本前的估计系数均为正，且四个估计系数的 t 统计量足够大，充分说明中国 GDP 的增长很大程度上是建立在大量资本投资基础上的，也验证了中国经济增长的投资拉动型特征。

表9-5　　　　　　　　　　　　计量结果

	Lny			
	方程（1）	方程（2）	方程（3）	方程（4）
Lnk	0.43 (9.32)	0.32 (11.6)	0.45 (10.085)	0.34 (8.76)
Lns	0.23 (2.01)	0.02 (0.36)	0.265 (3.86)	0.03 (0.48)
Ln$s \times stru$	0.05 (0.44)			-0.13 (1.33)
Ln$s \times hr$		0.31 (4.53)		0.39 (3.95)
Ln$s \times instit$			0.00715 (0.26)	0.015 (0.67)
c	2.70 (10.1)	3.58 (15.77)	2.60 (28.01)	3.59 (15.169)
AR (1)		-0.60 (2.9)		-0.59 (2.57)
Adj - R^2	0.998	0.998	0.998	0.998
F - statistic	3827.2	4167.364	3793.315	2763.059
D.W.	1.94	1.946	1.86	1.998

方程（1）衡量的是经济结构因素的交叉影响情况，$s \times stru$ 变量前的系数虽然为正，但由于它的 t 统计量过小，因而不好判断前面的系数是否显著。方程（2）针对的是人力资本因素的门限回归，$s \times hr$ 变量的 t 统计量较大，说明其前面的系数 0.31（大于零）比较显著，从而可以得出人力资本发展在服务贸易的经济增长效应发挥过程中起正面促进作用。方程（3）中 $s \times instit$ 前估计系数的 t 太小，也不足以说明问题。方程（4）将各变量包含在一起，$s \times stru$ 前的系数为负，且 t 统计变量接近1.5，似乎说明我国的经济结构呈现不利于服务贸易经济增长效应的发挥。可能是由

于中国第三产业所占比重有限，目前仍未超过 50%，从而导致在服务贸易外溢效应的发挥中起不到正向作用。方程（4）中 $s \times hr$ 前系数的 t 统计变量也是较大的，跟方程（2）相类似，进一步证明了人力资本这一门槛因素因子为正，说明中国近几年教育事业的发展对国际服务贸易的经济增长效应起到推动作用；方程（4）中 $s \times instit$ 的 t 统计变量仍不大，所以，仍不能判断制度效应的门槛因素究竟是起正作用还是负。但方程（4）与方程（3）中的 $s \times instit$ 前系数均为正，又似乎说明制度作为一个门槛因素，对服务贸易外溢效应的产生起到积极作用，但系数偏小，意味着即使有，其作用也会很小。为进一步确定门槛因素的影响关系，需要在下面的 VAR 模型分析中进行再实证。

由于在上面的标准回归实证分析中未能得出经济结构与制度两个门槛因素的确定情况，因此继续就这两个因素运用不同实证方法进行深入研究。又由于各变量与增长之间的关系是双向的，有可能是相互影响，因而本书采用了 VAR 模型，该模型通常被用来分析变量之间的互动关系，而且由于模型采用滞后期作变量，因此不存在自相关和多重性问题，但变量必须为同阶单整性质。因此，首先需要对这三种数据进行单位根检验（见表 9 - 6），所有变量水平项都是非平衡的，但它们的一阶差分都是平整的，因而可以进行 VAR 模型实证分析。

表 9 - 6　　　　　　　　　　VAR 模型各变量单位根检验

变量	(C, T, K)	ADF 值	1% 临界值	10% 临界值	结论
Lny	(C, T, 0)	-3.192	-4.728	-3.325	不平稳
Lns × stru	(C, T, 0)	-4.323	-4.728	-3.325	不平稳
Lns × instit	(C, T, 0)	-2.883	-4.572	-3.287	不平稳
ΔLny **	(C, T, 1)	-3.577	-4.80	-3.342	平稳
ΔLns × stru *	(C, T, 1)	-4.811	-4.80	-3.342	平稳
ΔLns × instit *	(C, T, 1)	-6.059	-4.80	-3.342	平稳

注：C、T 和 K 分别表示常数项、趋势项和滞后项；* 代表在 1% 临界值下有效，** 代表在 10% 临界值下有效；Δ 代表一阶差分。

在前面 ADF 单位根一阶检验通过的基础上，作者以 y、$s \times stru$ 和 $s \times instit$ 建立 VAR 自回归模型。确定滞后期是关键，经过多次实际试验，最后确定滞后阶数为 2，即得到 VAR（2）模型。调整后的 R 值显示整体拟合度较好，且残差通过 ADF 检验。具体结果见表 9 - 7，从中可以看出当期 y 与上期 $s \times stru$ 呈正相关，但与上一期 $s \times instit$ 呈负相关，再向前推一期，与两个因素都呈负相关。因而说明前一期经济结构变量对服务贸易的当期外溢效应影响是积极的，而前一期制度变量的门槛影响是不明显的。结构方面之所以有正影响，可能是由于第三产业在国民经济中比重的不断增加，从而导致经济结构更有利于服务贸易的外溢效应的发挥。而制度方面，可能由于 20 世纪 90 年代之后进步程度一直有限，因而导致其对服务贸易的外溢效应为负，反而起到阻碍作用。另外，也可以同时观察到结构与制度门槛因素与（t - 1）期 y 关系系数较大，但与 t - 2 期 y 关系却为负。由此引发了一个疑问，以往的经济增长有没有对结构与制度这两个因素产生提升作用呢？这是需要仔细分析研究的一个问题，但不属于此处研究内容范围之内了。

表 9 - 7　　　　　　　　　服务贸易门槛因素 VAR 模型

$$
\begin{pmatrix} Lny \\ Lns*stru \\ Lns*instit \end{pmatrix} = \begin{pmatrix} -0.327 \\ -9.572 \\ -9.454 \end{pmatrix} + \begin{pmatrix} 1.804 & 0.089 & -0.0403 \\ 5.863 & -0.286 & -0.0445 \\ 17.17 & -0.60 & -0.273 \end{pmatrix} \begin{pmatrix} Lny-1 \\ Lns*stru-1 \\ Lns*instit-1 \end{pmatrix}
$$

$$
\begin{pmatrix} -0.732 & -0.097 & -0.0006 \\ -3.476 & -0.458 & 0.0935 \\ -12.89 & -0.005 & 0.064 \end{pmatrix} \begin{pmatrix} Lny-2 \\ Lns*stru-2 \\ Lns*instit-2 \end{pmatrix} + \begin{pmatrix} u_1 \\ u_2 \\ u_3 \end{pmatrix}
$$

模型指标：$Adj - R^2$：0.998　F - statistic：2520.195　AIC：- 2.799　SC：- 1.783

在 VAR 模型的稳定性得到验证的基础上，可以用脉冲响应分析方法再一次对经济结构和制度因素的门槛效应进行实证研究与判断。脉冲响应函数分析法是当自变量受到外部冲击时，因变量的变化情况。结果如图 9 - 1 所示，图左半部分表示当经济结构受到外部冲击时，经济结构因素经过短暂的正面影响之后接下来从第三期开始陷入长期负面影响；图的右半部分表明当制度受到一外界冲击时，从第一期就处于负面影响，而且一直持续。综合来看，在长期内中国的经济结构与制度与服务贸易的交叉项仍起到一定的制约作用。

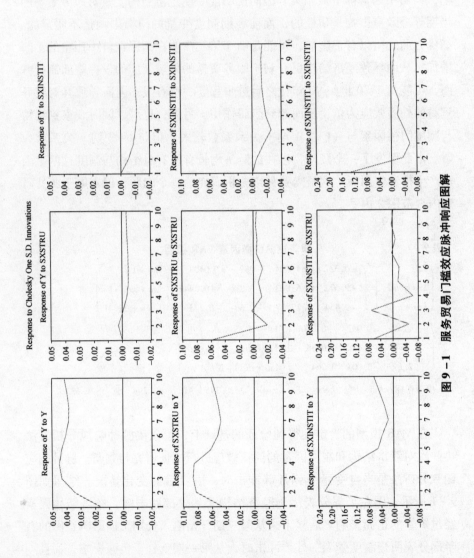

图 9 - 1 服务贸易门槛效应脉冲响应图解

第十章　中国服务贸易对货物贸易的外溢效应实证研究

第一节　服务贸易与货物贸易的关系研究

改革开放以来，在全球化及改革红利下，中国经济得以持续高速发展，GDP 总量与货物贸易进出口总额均跃居世界第二（2011）。与此同时，服务贸易也获得迅速增长，2011 年服务贸易进出口总额达 4209 亿美元，约占到 GDP 的 5.75%。中国作为发展中大国在承接上一轮国际产业转移时充分享受到对外贸易所带来的国民福利。但在国际经贸新形势下，产品竞争日益加剧，服务外包方兴未艾，技术更新日新月异，中国若想再次获得国际贸易带来的福利，货物贸易与服务贸易必须形成一种相互渐进盘旋共生模式。

根据 Melvin（1989）的观点，出口服务的国家必然将在货物贸易上存在逆差。因此，服务出口国在服务生产投入要素上具有比较优势。也就是说，货物顺差往往与服务逆差相对应。这一判断可从中美两国对外贸易发展历程中货物贸易与服务贸易的数字表现得到印证。但在经济全球化背景及资本逐利本性促使下，美国的出口相当一部分通过跨国公司本地化方式转化为东道国当地生产，如果将这一部分也计算在美国的全球出口内，则上述判断就并不一定成立。因此，实质上美国具有货物与服务双顺差的能力。但在一国资源条件限制下，货物贸易可通过外商直接投资进行生产来替代，利润较高的服务因与本土特质密不可分则仍留在本国生产并出口。世界各国间不同的生产禀赋也为这种全球化产业结构的自然形成提供了条件。

庄丽娟和陈翠兰（2009）总结国内外研究成果，概括了服务贸易与货物贸易的三种关系：（1）两者呈互补关系；（2）货物贸易带动服务贸易；（3）两者相互促进。他们通过实证分析得出现阶段服务贸易对货物贸易的促进微小且具有一定的时滞性，且服务贸易结构特征是影响促进效应的关键因素。夏晴（2004）指出了中国货物贸易与服务贸易协同发展的必要性、可行性，以探索一条我国外贸发展的新路。曲凤杰（2006）认为服务贸易可以促进货物贸易的升级与转型，而货物贸易的发展可以创造出对服务贸易的需求。李秉强和逯宇铎（2009）的研究得出，无论发达国家还是发展中国家，服务贸易与货物贸易在短期内都存在互补性，在长期内总量之间都存在替代性而差额之间都存在互补性，发达国家长期内的替代性强于发展中国家而互补性弱于发展中国家。王英（2010）利用中国和22个OECD成员国家和地区2002—2006年双边服务贸易与货物贸易的面板数据，通过构建引力模型，发现货物贸易对服务贸易的促进主要表现在服务进口方面。

贸易的产生是私有经济发展的必然结果，经济社会的高度发达导致分工更加精密，从而引起交易的高度发展。近代工业革命以来，科技发展导致信息传输及交通运输两大流程的成本大幅降低及效率提高，而且国家之间的比较优势在细节上具有加大趋势，各国生产者都可能具有一定的垄断优势。出口导向型贸易政策曾使亚洲"四小龙"迅速崛起，"金砖国家"严重依赖进出口贸易等事实证明国际贸易对一国经济具有重大深远影响。贸易对世界经济起到重要战略作用，因而不难理解为什么会有贸易是经济的"发动机"这一提法。而且不难发现一国出口经济部门的效率往往大于非出口部门。最新贸发会数据表明，2008年世界贸易占全世界GDP的65%，比例之高说明贸易在当今世界经济社会中的全球化程度日益加深。当然也提示着世界各国贸易自由化是发展趋势，新贸易保护主义是一种逆势而为的做法。

就目前世界贸易形势来看，货物贸易仍居主导地位，虽然服务贸易的相对份额不断提高。2008年，服务贸易的进出口值与货物贸易的进出口之比仍分别仅为22%和24%。很大一部分原因是货物贸易自由化经过多年国际谈判已充分发展，而服务贸易虽在自由化方向做出了很多成绩，但与货物贸易相比仍充满各种障碍。服务贸易的复杂性使得谈判不容易进行，而且有些问题不在服务贸易之内而是超出之外，更增加了服务贸易谈判的难度。从运行趋势来看，货物贸易与服务贸易表现出相同的经济周期规律，如图 10 - 1 所示，各自曲线走势基本吻合。从绝对量来看，应该是货物贸易极大地影响服务贸易，从图中也可以看出货物贸易的波动幅度大于服务贸易。

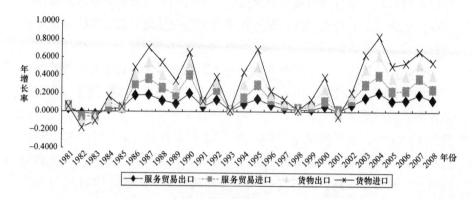

图 10 - 1　世界货物贸易与服务贸易的发展趋势

　　货物贸易与服务贸易之间是具有内在联系的。国际贸易运输需要用到运输、通信、金融与保险及许可证与专利等相关服务，而且可能会带动其他一些商务活动如广告等。而服务贸易也对货物产生辅助作用，服务贸易当中的一些项目可以为货物贸易的发展提供直接或间接的便利。因此，货物贸易与服务贸易之间是相互依存的关系，两者具有内在联系。

第二节　服务贸易对货物贸易外溢效应途径分析

　　货物贸易的发展不仅可以通过投入产出表中的错综复杂的关系影响其他产业，对像中国这样的发展中国家来说，解决农民工就业的社会效应可能不比其经济效应要小。成熟的对外贸易理论已经对货物贸易的经济福利效应做出了充分而严谨的正面证明，那么也就可以说，任何能促进货物贸易发展的因素都通过其对整个经济产生影响。因而，如果服务贸易能促进货物贸易的发展，则也就意味着其对贸易国经济福利的提高具有影响。在目前科技信息技术革命大环境下，国际服务贸易的结构不断发生变化，面向生产者及服务于交易过程的这一类知识密集型国际服务贸易的比重逐渐加大，对国际货物贸易的增长具有重要作用。[①]

根据第九章的分析，服务贸易具有技术溢出、人力资本及社会资本溢出效应，这一系列效应是通过内化于各经济主体，其中主要是企业，而发挥出来的。此企业自身内化作用很关键，因为服务贸易如果能真正地作用于以企业为代表的经济主体，则其外溢效应将会是充分而实在的。企业作为外溢效应的接收部门，生产率或管理功能将得到提高。

首先，现代服务贸易中商务服务的比重逐渐增加，其主要是为其他行业提供知识密集型投入，因而是技术扩散的重要渠道，也是其他行业生产率提高的重要来源。不管是来自于 FDI 还是服务贸易，技术外溢效应的对象是国内企业，企业技术水平的增强可以提高中国货物出口的工业附加值，增加了中国出口产品的附加值。从出口货物总体分类来看，工业制成品所占比重稳步升高，2008 年达 95%；初级产品的比重由 1980 年的 50% 下降至当前的 5%。另外，中国出口商品目录中已出现航空器、航天器等中高等制成品，虽然数量有限，但也能大致说明出口商品结构正逐步得到提升。

其次，由于现代服务贸易通过商业存在、教育服务及自然人流动对人力资本的提升具有促进作用，从而也有利于货物贸易的发展。从宏观层面来看，人力资本效应可以间接地使中国商品质量逐渐提高，进而使中国制造的国际形象得到提升。在社会生产活动中，人是生产力中最活跃的因素。先进设备及技术可以大规模地进口，但其效用的发挥还需要相应的人力资本作为支撑。中国工厂里与德国一样的机器设备却生产不出同质量的产品，这就是人力资本因素的问题了。而服务贸易在对外贸易中比重的加大对国内异质性人力资本（即在一定阶段内边际报酬递增的人力资本）的壮大具有促进作用，服务贸易中与知识和技术相关的贸易对人力资本产生巨大积极影响，因而其可以通过提高人力资本水平对货物贸易产生推动作用。

再次，诚信是贸易的基础，货物贸易双方最怕各种风险，其中最常见的是信用风险，如果信用风险能降低，将有利于贸易双方增加合作机会，获得"双赢"效果。前文证明了服务贸易可以促进社会资本的提高。社会资本的提高有助于中国整体贸易环节诚信水平的提高。因而可以有助于

---

① 裴长洪、彭磊：《中国服务业与服务贸易》，社会科学文献出版社 2008 年版，第 221 页。

中国生产制造企业获得更多海外订单。因此，服务贸易可以通过社会资本增加的渠道间接地对货物贸易规模的扩大产生良性循环影响。

最后，服务贸易当中的一些项目对货物贸易有直接的拉动效应，如运输服务的进口为货物出口提供了便利及减少了成本。金融及保险服务贸易为货物贸易过程所提供的各项中介服务，使交易过程中的产品质量风险和结算风险大大降低，前者通过双方认可的检验机构对质量进行检验，后者通过跟单信用证，对国际货物贸易的增长做出巨大贡献。通信服务为货物贸易的各环节提供了高效沟通。

第三节　服务贸易对货物贸易外溢效应实证

在高速经济的带动下，1978 年至 2009 年中国对外贸易发展取得巨大成就，其中货物贸易在 20 世纪 80 年代平均增长 14.9%，90 年代增长 12.7%，21 世纪前 10 年增长达 20.8%。货物贸易的高速增长得益于市场化机制的完善、参与世界经济的程度加深、人力资本的增长等宏观因素。另外，从微观角度看，货物贸易的生产及营销过程中所需要的一些生产者服务对其的促进作用也是相当重要的，而服务贸易中生产者服务的进出口对国内生产者服务的生产与流通起到推动及提升作用，那么服务贸易对货物贸易具有怎样的促进作用呢？

关于服务贸易与货物贸易的研究近年来逐渐增多，如国内学者（郑吉昌、夏晴，2005；曲凤杰，2007）认为服务贸易为货物贸易升级与转型创造了条件，而后者为前者的发展创造需求。李瑞琴（2009）认为我国尤其要大力发展新兴服务贸易，因为其能促进货物贸易的升级，从而更好地推动我国经济长期健康、持续地增长。庄丽娟等（2009）的研究发现服务贸易对制造业贸易的促进作用主要源于生产性服务部门，且又以现代生产性服务贸易对制造业贸易的促进作用较大。但以上研究都以货物贸易的总额为变量，未将出口额与进口额分别当作自变量进行讨论，本书即尝试填补这一空白。回归结果见表 10 - 1。从中可以看出，货物贸易（COMM）、货物贸易出口（COMMX）及货物贸易进口（COMMM）都与服务贸易出口（SERVX）具有较显著的正相关关系。结果显示服务贸易每增长 1%，货物贸易总额、出口及进口相应地增长 0.5%、0.82% 及

0.64%，且所有系数值的 t 统计量都大于 1.5，说明服务贸易出口对货物贸易具有较强的促进作用。但在此处实证研究中找不到货物贸易与服务贸易进口（SERVM）之间存在较强关系的实证证明。

表 10 – 1　　　　　　　服务贸易对货物贸易实证研究结果①

	COMM	COMMX	COMMM
COMM（-1）	0.36（1.85）		
C	2.44（2.39）	2.91（3.38）	4.19（3.14）
SERV			
SERVX	0.50（2.43）	0.82（6.87）	0.64（2.72）
SERVM	0.07（0.66）	0.10（1.27）	0.16（0.93）
AR（1）	0.78（2.94）	1.19（5.60）	0.82（3.55）
AR（2）	-0.06（-0.24）	-0.34（-1.58）	-0.03（-0.13）
Adj - R²	0.994	0.996	0.987
F - statistics	777.65	1706	406.56
D. W.	1.90	2.27	2.00

注：COMM、COMMX 及 COMMM 分别代表货物贸易总额、货物贸易出口及进口；SEV、SEVRX 及 SERVM 分别代表服务贸易总额、服务贸易出口及进口；COMM（-1）为滞后项。

另外，考虑到货物贸易与服务贸易是一种相互促进的关系，为更好地判断两者的内在关系。采用具有动态特征的 VAR 模型显得更合适，该模型是将系统中每一个内生变量作为系数中所有内生变量的滞后值的函数来构造模型。② 一般情况下 VAR 模型至少应有三个变量，考虑到知识型服务贸易的比重逐渐加大，且常识告诉我们知识型与传统型服务贸易对货物贸易的外溢影响肯定不相同，为了区别对待将两者都作为自变量，因此得到三个变量，即货物贸易是因变量，知识型服务贸易和传统服务贸易为自变量，从而可以方便建立 VAR 动态模型。本书采取的是不含外生变量的非限制向量自回归模型（unrestricted VAR），具体公式如下：

① 具体实证数据参见附录表9。
② 高铁梅：《计量经济分析方法与建模》，清华大学出版社 2009 年版，第 267 页。

$$\begin{pmatrix} y_{1t} \\ y_{2t} \\ \vdots \\ y_{kt} \end{pmatrix} = \beta_1 \begin{pmatrix} y_{1t-1} \\ y_{2t-1} \\ \vdots \\ y_{kt-1} \end{pmatrix} + \cdots + \beta_p \begin{pmatrix} y_{1t-p} \\ y_{2t-p} \\ \vdots \\ y_{kt-p} \end{pmatrix} + \begin{pmatrix} \varepsilon_{1t} \\ \varepsilon_{2t} \\ \vdots \\ \varepsilon_{kt} \end{pmatrix} \qquad (10-1)$$

或

$$y_t = \beta_1 y_{t-1} + \beta_2 y_{t-2} + \cdots + \beta_p y_{t-p} + \varepsilon_t \qquad (10-2)$$

其中，β_1 和 β_p 是 $k \times k$ 阶系数矩阵，滞后 p 期，最后一项 ε_t 是一个白噪声向量，如果行列式 det $[\beta]$ 的根都在单位圆外，则上述模型满足平稳性条件。因此，只要各变量之间存在协整关系就可以建立 VAR 模型见表 10-2。

表 10-2   VAR 模型变量 ADF 检验

变量	(C, T, K)	ADF 值	1% 临界值	5% 临界值	10% 临界值	结论
Lncomm	(C, T, 0)	0.086	-3.699	-2.976	-2.627	不平稳
Lntraserv	(C, T, 0)	-0.074	-3.711	-2.981	--2.629	不平稳
Lnothserv	(C, T, 0)	-0.073	-3.699	-2.976	-2.627	不平稳
ΔLncomm**	(C, T, 1)	-3.334	-3.711	-2.981	-2.629	平稳
ΔLntraserv*	(C, T, 1)	-6.518	-3.711	-2.981	-2.629	平稳
ΔLnothserv*	(C, T, 1)	-6.931	-3.711	-2.981	-2.629	平稳

注：C、T 和 K 分别表示常数项、趋势项和滞后项；* 代表在 1% 临界值下有效，* * 代表在 5% 临界值下有效；Δ 代表一阶差分。

从表 10-3 中的 VAR 模型结果可以看出，传统服务贸易与其他商业服务贸易对货物贸易的促进作用是不同的，后者对货物贸易的正面促进效应更大。当期货物贸易与前期传统型服务贸易和其他商业服务贸易都存正相关，系数分别是 0.011 和 0.122。可能是因为其他服务贸易中包含多个生产者服务项目，于是可以从产前、产中及产后的不同方面对货物贸易进行较大影响。从表 10-4 的残差相关系数来看，货物贸易、传统服务贸易及其他服务贸易三者之间存在相当紧密的影响关系，从而佐证了货物贸易与服务贸易之间具有明确的互动机制的论断。其他服务贸易竞争力的提升有利于改善货物贸易的进出口结构；同时，货物贸易的升级对新兴服务贸易的发展产生推动作用。

表 10 - 3　　　　　　　　　货物贸易与服务贸易的 VAR 模型

$$\begin{pmatrix} Lncomm \\ Lntraserv \\ Lnothserv \end{pmatrix} = \begin{pmatrix} 0.303 \\ -1.329 \\ 0.285 \end{pmatrix} + \begin{pmatrix} 1.246 & 0.011 & 0.122 \\ -0.218 & 0.474 & -0.820 \\ 0.295 & 0.288 & 0.326 \end{pmatrix} \begin{pmatrix} Lncomm - 1 \\ Lntraserv - 1 \\ Lnothserv - 1 \end{pmatrix} +$$

$$\begin{pmatrix} -0.402 & -0.141 & -0.172 \\ 0.197 & -0.048 & -0.107 \\ -0.131 & -0.086 & 0.265 \end{pmatrix} \begin{pmatrix} Lncomm_{-2} \\ Lntraserv_{-2} \\ Lnothserv_{-2} \end{pmatrix} + \begin{pmatrix} e_1 \\ e_2 \\ e_3 \end{pmatrix}$$

模型：Adj - R：0.998　F - statistic：2520.195　AIC：- 2.799　SC：- 1.783

表 10 - 4　　　　　　　　　残差的同期相关矩阵

	COMM	OTHSERV	TRASERV
COMM	1.000000	0.421510	0.554497
OTHSERV	0.421510	1.000000	0.453676
TRASERV	0.554497	0.453676	1.000000

第四节　基于 VEC 模型的服务贸易与货物贸易动态研究

之前研究大都从理论层面解释了服务贸易与货物贸易之间内在关系属性，但并未揭示出两者具体的协动关系。而由 Engle 和 Granger（1982）将协整与误差修正模型结合起来而建立的向量误差修正模型（VEC），是含有协整约束的 VAR 模型，多用于具有协整关系的非平稳时间序列建模。在 VEC 模型中，系数矩阵可反映变量之间偏离长期均衡状态时，将其调整至均衡状态的调整速度。在一定经济条件下，服务贸易与货物贸易的协调发展需要以均衡为基础，处于非均衡状态的两者并不一定能产生最大的外贸效应与福利。

一　变量的单位根检验

在进行实证之前，需要对数据进行对数处理及单位根检验。因为数据的平衡性是实证回归的条件。否则可能会出现"伪回归"现象，其结果也可能形成误导。对于非平衡的时间序列，若要使回归模型具有意义，则必须要求非平衡变量之间存在着协整关系，而其前提就是要保证各变量是同阶单整的，因此有必要对变量进行平稳性检验。本书用到的变量，分别用 tig、tis、tigx、tigm、tisx 和 tixm 代指货物贸易总额、服务贸易总额、货物出口额、货物进口额、服务出口额及服务进口额。表 10 - 5 列出了各变量的对数值及其一阶差分的 ADF 值。根据结果，各序列 ADF（除服务出口之外）检验的统计值大于置信度临界水平，即存在单位根，是非平稳的。但至少在 95% 的置信度水平下，各序列的一阶差分序列的 ADF 检验的统计值小于临界值，所以各序列的一阶差分拒绝原假设，呈现平稳性。除服务出口额数据（tisx）之外，其他变量的检验结果均显示，原序列为非平衡序列，而其一阶差分为平稳序列。

表 10 - 5　　　　　　　　　　　ADF 检验结果

变量	(C, T, K)	ADF 值	1% 临界值	10% 临界值	结论
Ln*tis*	(C, T, 0)	-2.49	-4.32	-3.58	不平稳
Ln*tig*	(C, T, 0)	-1, 78	-4.32	-3.58	不平稳
Ln*tigx*	(C, T, 0)	-2.35	-4.32	-3.58	不平稳
Ln*tigm*	(C, T, 0)	-1.81	-4.32	-3.58	不平稳
Ln*tisx*	(C, T, 0)	-3.82	-4.39	-3.61*	平稳
Ln*tism*	(C, T, 0)	-2.53	-4.80	-3.342	不平稳
ΔLn*tis*	(C, T, 1)	-5.54	-4.34*	-3.59	不平稳
ΔLn*tig*	(C, T, 1)	-4.95	-4.34*	-3.59	平稳
ΔLn*tigx*	(C, T, 1)	-5.24	-4.34*	-3.59	平稳
ΔLn*tigm*	(C, T, 1)	-4.61	-4.34*	-3.59	平稳
ΔLn*tisx*	(C, T, 1)	-5.14	-4.34*	-3.59	自动平稳①
ΔLn*tism*	(C, T, 1)	-5.79	-4.34*	-3.59	平稳

注：其中，C 为截距项，T 为趋势项，P 为滞后阶数；* 为通过临界值。

二　服务贸易与货物贸易长期均衡分析

对于像中国这样外贸依存度比较高的发展中国家来说，货物贸易在一定时期内仍是十分重要的经济拉动及福利制造部门。而只有当一国经济发

---

① Ln*tisx*→I (0)，则 ln*tisx*→I (1) 自动成立。

展跨越至某一新阶段后服务贸易才逐渐发挥出巨大能量效应。但不管在哪个时期，服务贸易与货物贸易的发展必须处于一定的规制性运动范围内，两者的失衡必然会影响到一国从对外贸易中的正常获利。因此，先从总体上考察服务贸易与货物贸易分别与经济总量的相关性。若将服务贸易与货物贸易看成是单因子（对外贸易）下的两个水平，则通过方差分析（Anova）可检验两者对经济增长的促进具有明显区别，统计值 F = 141.687，在显著性水平 σ = 0.01 下通过检验。也就是说，由于货物贸易与服务贸易的本质性差异，导致其对经济增长的贡献模式也大不相同。李瑞琴（2009）研究了服务贸易自由化与货物贸易自由化对经济增长影响的差异性问题，指出服务贸易对一国经济增长带来的拉动效应、较强的技术外溢效应、规模经济效应及就业效应，使得服务贸易对经济增长的促进作用强于货物贸易。

从服务贸易与货物贸易的总体趋势来看，不难发现"入世"后中国货物贸易的发展得到强势推进，而相比之下服务贸易逊色颇多。说明较长一段时间以来中国的比较优势仍以劳动密集型的加工制造为主，先进的知识型、技术型服务生产所需要素禀赋还处于相对劣势地位。那么服务贸易与货物贸易在长期内的关系如何？为此进行协整检验，根据数据的特征，选取 Johanson 检验方法。其中，最优滞后期的选择通过是根据 VAR 模型中的 AIC 及 SC 准则，经试验，确实非约束的 VAR 模型最优滞后除数为2。考虑到服务贸易与货物贸易的时间序列的变动趋势，因此判断都存在截距项和趋势项。结果显示：原假设即无协整关系的迹统计量和最大特征值分别为 22.71 和 20.80，分别大于在 95% 置信度下的临界值 15.49 和 14.26，表明拒绝原假设，接受被选假设，即两个变量之间至少存在一个协整关系。而在"至多一个协整关系"的原假设，迹统计量和最大特征值统计量均小于临界值，表明接受原假设。因此，最终确定这两个变量之间只存在一个协整关系。服务贸易与货物贸易的协整检验结果如表 10 - 6 所示，说明两者在长期内保持着一定规律下的均衡。另外，通过协整（JJ）检验，结果表明各变量之间均存在协整关系。

虽然服务贸易的发展相对滞后，但两者仍能实现某种均衡，说明服务贸易并未对货物贸易发展造成非常大的限制。而且两者相关系数达 ρ = 0.996，说明两者存在强正相关性，这也说明服务贸易和货物贸易的发展是相互促进，处于共赢生态下。服务贸易的很多项目直接参与货物贸易及其前后端环节，大量服务进口缓解了国内供不应求的困境局面。

选取中国服务贸易与货物贸易的数据进行实证研究，运用 Eviews 6.0 得出了货物贸易与服务贸易的协整关系及两者的调整方程。首先，运用服务贸易和货物贸易两者之总额数据进行 VEC 模型估计；然后进一步考察一方总额与对方的进出口单项数据的动态调整情况。

协整结果（如表 10 - 7 所示）表明，货物贸易与服务贸易之间的长期协整关系很强，尤其是货物贸易的总量与服务贸易的进出口存在着较强的协整效应，分别为 2.26 和 1.15。而与服务贸易总额之间的协整正负未得到显著证明，β 系数 0.9 与 -24.5 存在冲突。反过来，服务贸易总额与货物贸易总额及其进出口均显示出很强的协整关系，分别为 82.81、35.95 及 47.27，而且统计量通过显著性检验。这也证明了学术界有关中国目前货物贸易对服务贸易具有强大拉动效应的共识性判断。而服务贸易

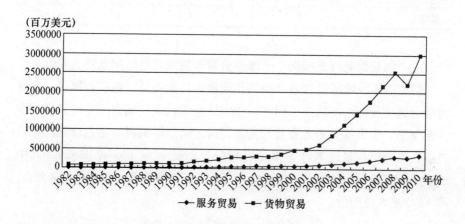

图 10 - 2　中国服务贸易与货物贸易变化趋势

资料来源：UNCTAD Handbook database。

表 10 - 6　　　　　　　　　　　　　　协整检验

H0	特征值	统计量	临界值 0.05	P 值
None *	0.537288	22.71144（迹检验）	15.49471	0.0034
None *	0.537288	20.80759（最大特征值检验）	14.26460	0.0040

注：迹检验、最大特征值检验均显示 0.05 显著水平下存在一个协整关系。* 指在 0.05 水平下拒绝原假设。

总体对货物贸易的促进作用在单变量模型中得到检验，但与货物贸易对服务贸易拉动效应还存在很大差距。由于中国目前服务的原创性、技术性及知识性的深化程度还很不足，因此服务贸易对货物贸易的推动作用，乃至其对行业的带动效应及经济"润滑剂"的作用还远未充分施展。

表 10 - 7   标准化的协整关系

	ECM			ECM		
$Lntig_{t-1}$	1	1	1	1.06(10.65)		82.81(3.63)
$Lntis_{t-1}$	0.9(11.35)		-24.50(7.43)	1	1	1
$Lntigx_{t-1}$					3.20(5.20)	35.95(3.32)
$Lntigm_{t-1}$					2.38(3.44)	47.27(3.84)
$Lntisx_{t-1}$		2.26(17.44)	15.03(8.52)			
$Lntism_{t-1}$		1.15(10.25)	10.54(6.84)			
常数项	2.79	1.74	19.29	2.97	0.56	54.40

三 向量误差修正模型——服务贸易与货物贸易短期变动关系

协整关系反映的是变量之间的长期稳定均衡关系，而在短期内，变量可能会偏离长期均衡状态，但各方受力结果促使短期偏离逐步向长期均衡不断调整。为了探究服务贸易与货物贸易之间短期偏离、随后修正的运行机制，可利用向量误差修正模型进行分析。设 y_t = （lntis，lntig），其中 tis 代表服务贸易（Trade in Service），tig 代表货物贸易（Trade in Goods），则 VEC 基本模型为：

$$\Delta y_t = \alpha\beta' y_{t-1} + \sum_{i=1}^{p-1} \Gamma_i \Delta y_{t-i} + \varepsilon_t, \qquad (10-3)$$

式中，每个方程的误差项都具有平衡性。一个协整体系有多种表示形式，用误差修正项 $ecm_{t-1} = \beta' y_{t-1}$ 代入，则变成：

$$\Delta y_t = \alpha ecm_{t-1} + \sum_{i=1}^{p-1} \Gamma_i \Delta y_{t-i} + \varepsilon_t。 \qquad (10-4)$$

其中，α，β 分别代表调整系数矩阵和协整向量矩阵。

在带有协整约束 ecm 的向量误差修正模型中（如表 10-8 所示），由于是 VEC 的特征，模型决定系数达到 0.6 以上，就可以通过检验。另外，模型的 AIC 及 SC 绝对值偏小，进一步验证了模型的有效性。基本上，回归系数的统计量都通过了显著性检验。第一个模型中，误差修正项的调整

系数为 -0.87，说明存在一种反向修正机制。在短期内，货物贸易的变化量存在偏离两者均衡的趋势，但服务贸易的发展对其进行反向调整，使之以 0.87 的强大修正速度迅速做出调整，从而修正货物贸易的偏离度。第二个模型也显示服务贸易存在着偏离均衡状态的趋势，但货物贸易用相对较小的力 -0.03 速度即可将其修正。说明现阶段货物贸易对服务贸易的影响能量较大，而服务贸易对货物贸易的影响相对较小。但两者都可以通过自身修正对方偏离长期均衡的离差状态，说明处于一种良性发展循环体制内。

表 10 – 8　　　　　　　　　　带协整约束的调整方程

	ecm	$\Delta Lntig_{t-1}$	$\Delta Lntig_{t-2}$	$\Delta Lntis_{t-1}$	$\Delta Lntis_{t-2}$	$\Delta Lntigx_{t-1}$
$\Delta Lntig_t$	0.87(2.28)	0.77(1.68)	0.59(1.36)	9.12(1.28)	0.02(0.00)	
	$\Delta Lntigx_{t-2}$	$\Delta Lntigm_{t-1}$	$\Delta Lntigm_{t-2}$	$\Delta Lntisx_{t-1}$	$\Delta Lntisx_{t-2}$	$\Delta Lntism_{t-1}$
	—	—	—	5.97(1.38)	0.13(0.05)	3.96(1.26)
	$\Delta Lntism_{t-2}$	C	R^2	F	AIC	SC
	0.005(0.00)	0.26(3.86)	0.67	1.07	—2.70	—2.02
	ecm	$\Delta Lntig_{t-1}$	$\Delta Lntig_{t-2}$	$\Delta Lntis_{t-1}$	$\Delta Lntis_{t-2}$	$\Delta Lntigx_{t-1}$
$\Delta Lntis_t$	0.035(0.302)	0.07(0.25)	0.37(1.13)	—		5.88(0.69)
	$\Delta Lntigx_{t-2}$	$\Delta Lntigm_{t-1}$	$\Delta Lntigm_{t-2}$	$\Delta Lntisx_{t-1}$	$\Delta Lntisx_{t-2}$	$\Delta Lntism_{t-1}$
	6.63(0.82)	—		2.98(0.72)	3.26(0.83)	3.07(0.67)
	$\Delta Lntism_{t-2}$	C	R^2	F	AIC	SC
	3.66(0.83)	0.13(0.34)	0.23	0.54	-0.78	-0.30

四　格兰杰（Granger）因果关系检验

判断一个变量的变化是不是另一个变量变化的原因，是经济计量学中的常见问题。根据上述协整关系检验的结果，发现服务贸易与货物贸易之间存在着显著的正向关系，表明它们之间保持着长期稳定的相互依存关系，因此可以运用格兰杰因果关系检验进一步研究它们之间的因素关联。这种格兰杰因果检验通常用于 VAR 及 VEM 模型的检验，主要是考虑现在的因变量能够在多大程度上被过去的自变量所解释，加入自变量的滞后值是否可使解释程度得到提高。

通过检验，发现服务贸易及进出口构成货物贸易的格兰杰原因，即服务贸易前几期的发展能带动当期货物贸易的增长，服务贸易的进出口都有可能引致货物贸易的产生。另外，货物贸易及其进出口均是服务贸易的格兰杰原因，货物贸易所需的一些生产者服务或辅助性服务一部分是由服务贸易来满足，说明货物贸易的发展也较大程度地带动了服务贸易的增长。总之，服务贸易与货物贸易表现出互为因果的特征关系。

表 10 - 9　　　　　　　服务贸易与货物贸易的格兰杰因果关系检验

原假设 H_0	观察数	滞后期	F 统计量	P 值	结论
服务贸易不是货物贸易的格兰杰原因	26	3	8.834 *	0.0007	否
服务出口不是货物贸易的格兰杰原因	26	3	13.749 *	0.0005	否
服务进口不是货物贸易的格兰杰原因	26	3	4.761 * *	0.3352	否
货物贸易不是服务贸易的格兰杰原因	26	3	4.234 * *	0.0188	否
货物出口不是服务贸易的格兰杰原因	26	3	3.690 * *	0.0301	否
货物进口不是服务贸易的格兰杰原因	26	3	5.049 *	0.0096	否

　　注：F 统计量渐近服务 $F(k, T-2k-1)$，其中 T 为样本容量，k 为最大滞后期。*、** 分别指通过置信度 1% 和 5% 的显著性水平。

五　小结

本章在提出问题的基础上，以服务贸易与货物贸易长期与短期动态均衡机制为研究视角，运用协整检验，得出服务贸易与货物贸易具有长期稳定的均衡关系的结论。中国经济的发展离不开对外贸易的推动，其中货物贸易与服务贸易的黏合式运转有助于发挥对外贸易"发动机"的动量优势。但服务贸易与货物贸易在短期内由于受到各种力量的影响而呈现出偏离均衡的趋势，但向量误差修正模型（VEM）的结果表明服务贸易与货物贸易都具有修正对方偏离的功能。也就是说，当一方偏离程度出现时，另一方就会发动自我实现机制，使得两者在长期内能保持在一定规律内。在协整检验通过的基础上，又检验出服务贸易与货物贸易基本上互为格兰杰原因（Granger Cause），说明服务贸易的滞后项对当前货物贸易具有影响；反之亦然。也就意味着服务或货物贸易的长期积累有利于双方的均衡发展。

在非制造业 FDI 有所下滑、产能过剩的情境下，中国可通过进一步促进服务贸易的发展以实现经济结构升级、增长方式转换的后工业化进程。

新一届政府在上海设立自贸区的战略决策正是试图通过放宽大城市政策限制，进一步促进对外贸易的发展，以解决目前困扰中国增长乏力之难题的新举措。而服务贸易与货物贸易的匹配度大大低于世界平均水平的前提下，服务贸易的提升还有很大空间。为此，还需在夯实服务贸易基础设施配套基础上，不断放宽国际服务贸易的市场准入门槛。全球范围内，货物贸易自由化政策是保护全球贸易高速增长的制度保障，而相对来讲，服务贸易的自由化所面临的国际性问题比较复杂，不容易形成较高的自由度。但服务贸易的自由化有利于服务贸易与货物贸易之间协调机制的高效运转。因此，对于跨太平洋伙伴关系协议（Trans - pacific Partnership，TPP）①，也应适度排除政治考虑上的感情障碍加以研究部署，在美国、日本、加拿大及东亚诸国（包括韩国）陆续加入谈判，或表达出加入意愿的趋势下，中国也应该考虑通过 TPP 以推进经济改革。

---

① 据日经中文网，TPP 将成为占世界国内生产总值近 40%，贸易额 1/3 的巨大经济区，http: //cn. nikkei. com/china/ceconomy/5673 - 20130603. html。

第十一章　中国服务贸易对生产者服务业的外溢效应研究

随着经济服务化特征的加强，服务贸易中生产性服务进出口比重逐渐加大。2008 年中国其他服务的进口占服务总进口的 14.5% 之多，2007 年美国其他商业服务的出口占服务总出口的 16.7%。[①] 传统服务项目的进出口总量虽然仍占大头，但生产性服务贸易发展迅速表现出巨大的成长潜力。

据潘菁（2007）的计算，早在 2004 年，知识型服务贸易（即以提供各类知识型服务为主要交易对象的国际服务贸易）就占全球服务贸易的 50% 左右，知识型服务贸易的发展成为国际服务贸易的主要特征。[②] 潘菁和刘辉煌（2008）通过建立模型研究了知识型服务作为中间投入，在贸易自由化及无贸易两种情况下对贸易国经济增长的影响，发现知识型服务贸易的发展及自由化对经济增长有重要影响，能导致贸易国经济高速稳定的增长率。[③] 由于知识型服务贸易中有的服务交易对象属于生产性质的，因此，从一定程度上指出了生产性服务贸易的增长效应。例如，包括专利、咨询在内的大量商务服务贸易对国际生产的辅助作用是巨大的。因此，服务贸易的发展或服务贸易的知识化必将对一国生产者服务产生积极影响。而生产者服务在服务型经济环境下已成为高附加值的中间投入，不仅能促进生产制造活动，而且具有经济增长促进功效。内生经济增长理论所强调的促进经济长期增长的各种源泉因素均与生产者服务贸易存在联系。

由于国际服务贸易中生产者服务项目的比重逐渐提高，因而国际服务

---

① 前者是根据国家统计局国际收支平衡表中的数据计算所得；后者是根据 UNCATD 的数据计算所得。

② 潘菁：《知识型服务贸易与经济增长》，《山西财经大学学报》2007 年第 2 期。

③ 潘菁、刘辉煌：《知识型服务贸易自由化的经济增长效应研究》，《统计与决策》2008 年第 4 期。

贸易对进出口东道国国内生产者服务的生产与消费必然产生影响。根据成熟的国际贸易理论，以服务作为交易对象的最终结果是相对优势的服务贸易得到发展，并能提高该服务的生产率和降低其生产成本。服务贸易的发展促使国内生产者服务提供商直接面对国际竞争和广阔市场，在市场机制的作用下，国内生产商必定从研发、设计、营销等多方面加大投入，努力提高服务的生产创新能力。另外，发达国家对服务产品的需求的严格程度高于国内，需求的多样性也大于国内，且对产品的新颖程度要求也高于国内，为满足国外制造的要求，东道国生产者服务商需注重服务质量。国内服务提供商通过与国外的接触扩展了视野，增强服务产品的理解和认知，还可以引进先进的设计理念。这些都是服务贸易对国内生产者服务业产生积极促进作用的机制。

第一节　服务贸易与生产者服务的关系

生产者服务（Producer Service，PS）在国内习惯称为生产性服务，由于其直接参与生产活动，因而与消费性服务在国民经济运行中发挥的功能不同。学界对生产者服务的专业性、知识性及作为中间投入的特点早就取得一致看法，但具体包括哪些内容还没有达成共识。一般认为，生产者服务包括保险、银行、会计、法律、广告、咨询、教育、通信及经纪等其他商业服务业。生产者服务对制造业和工业的上、中及下游都有所涉及，产业关联性较强，对制造加工业的重要性尤为明显。关于生产者服务对制造业、工业及经济增长的国内外研究数量不少，大多数研究认为生产者服务对经济具有良好的促进作用。因此，如果服务贸易能促进一国生产者服务的提供能力，那么，服务贸易可通过作用于生产者服务业对经济增长具有外溢效应。

第一，生产者服务贸易有助于生产者服务的裂变，促使新的生产者服务的产生。通常认为，生产者服务具有规模报酬递增及边际成本递减的特点，在市场范围逐渐扩大的同时，专业化程度逐渐提高，新的生产者服务项目不断涌现，专业化链条不断延展的结果可提高整个生产者服务的供应水平，从而促进了整个商品市场的制造与贸易。第二，生产者服务的生产往往倾向于经济聚集、人力资本水平高且政府行政效率高的地区，并且服务经济的发达程度往往与该地区的对外经济联系紧密程度相关。从各国及地区的发展情况来看，上述这些有利于生产者服务出现的条件都与对外贸易的促进相关，当然这里的贸易不局限于服务贸易，但服务贸易的发展可以更直接作用于生产者服务业的经济条件。贸易发达的地区通常可以导致经济聚集，如早期的地中海城市。而且对外贸易活动活跃的地区行政效率相对较高，如亚洲的中国香港和新加坡，两城市基本依靠转口贸易发展起来，他们的政府行政效率得到公认。而正是这种优越的条件促使了两城市服务经济的繁荣。如图 11 - 1 所示，服务贸易及对外贸易通过对生产者服务产生的条件或环境进行影响，从而不断刺激服务贸易的发展。第三，服务贸易与生产者服务之间具有联动效应，生产者服务的发展可以带动服务贸易规模的壮大。生产者服务的不断分工为国际服务贸易的开展构建了强大的贸易标的基础，而服务贸易又提高了各国生产者服务的制造效率，两者相互促进、相互影响，最终导致两者规模与效率的提高。

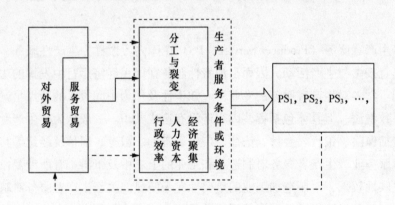

图 11 -1   服务贸易与生产者服务的互动

注：图中 PS 即生产者服务。

第二节   服务贸易对生产者服务内在特点的影响

上一节从有利于生产条件角度对服务贸易促进生产者服务进行了说明，本节主要就服务贸易对生产者服务内在属性方面的影响展开分析。首先，提出假设，服务贸易可能对生产者服务的内在特征的形成产生促进作用。为此，必须明确生产者服务本身所具有的一些内在特性，即知识性、技术性及资本性（见表 11-1）。生产者服务之所以具有这些特点是因为其投入要素具有知识性、技术性及资本性特征。前面既然已实证检验出服务贸易的发展具有资本外溢（包括人力资本外溢）和技术外溢性，那么服务贸易增长的溢出效应自然首先发源于与其密切相连的生产者服务业。服务贸易的发展有利于服务技术、提供方式等国际交流，从而对生产者服务内在属性（知识性、技术性及资本性）的聚集发挥作用。进一步来看，三种不同属性的服务贸易影响可以是交叉性的，即知识性服务贸易对技术性服务部门的技术性特征具有积极影响，技术性部门的服务贸易对知识性服务的生产具有推动效应，以此类推。

由于服务贸易部门众多且种类复杂，具体到部门时，服务贸易的影响过程可能也是有差异的。服务贸易对生产者服务属性的影响效应，除少数全局性项目之外，大都只具有部门属性。比如，法律服务贸易对法律部门或服务，或与之密切相关的行业（如知识产权服务）的内在属性产生的促进效应比较多，但对其他非法律部门，如广告，可能比较难以触及。但并不否认有些行业的服务贸易对其他服务行业或部门的服务属性也起作用。言外之意，A 服务部门的贸易也可以对 B 服务业部门的生产具有影响，如会计服务与法律服务在海外上市过程中是必不可少的两个服务，其中一方服务贸易的开展可能会带动另一方服务贸易的产生。实际情况可能是网状型的，各部门之间的生产与贸易相互影响。

生产者服务的生产与提供需要知识、技术和资本等投入要素的支持，不同类型的生产者服务所需要素的侧重点也不同，有的需要资本（如银行），有的是技术（如专利）。当服务贸易规模小时，贸易对生产的属性影响较小，但当服务贸易规模发展到一定程度，贸易对生产的影响就会增大。

表 11-1　　　　　　　　　　　生产者服务分类

知识性	法律、咨询、会计、广告、设计、教育、研发
技术性	通信、技术、专利
资本性	金融、保险、建筑、运输

第三节　服务贸易对生产者服务的实证研究

由于中国统计年鉴中没有为生产者服务单独立项，因此，生产者服务的数据只能通过估算得出。年鉴中有各年第三产业的数据，但第三产业与生产者服务业差别较大，不能直接采用。又注意到年鉴把第三产业分为运输仓储邮政业、批发零售业、住宿和餐饮业、金融业、房地产业及其他，其中"其他"项内容比较模糊，不知具体行业是哪些，但比重较大，自2001年以来维持在40%左右，这里面应该既包括生产者服务业也有消费者服务业。总的来看，生产者服务的数据不明确。为此，有必要进行数据处理，笔者认为第三产业各行业中的服务都存在两种可能，不是面向生产者就是消费者，如运输如果用于货物运输就是生产者服务，如果用于个人邮寄则属于消费者服务；住宿与餐饮如果是商务上的，就是生产者服务，如果是居家消费就是消费型的；金融业如果为企业服务就是一种生产投入，如果用于个人业务，则就是消费服务，只是两者比例不同而已，为本书规定了各行业生产者服务所占比例①，然后再相加总就得到总的生产者服务数据（具体数据参见附录表10）。但由于批发零售和房地产业的消费者服务特征较强，或者说其生产性比例接近0，因此，暂不算作生产者服务。最后，得出生产者服务在第三产业所占的比重，见附录表10中最后一列。有了生产者服务的相关数据，接下来就可以做实证分析。服务贸易的数据仍来自于 UNCATD 及 WTO 官网数据库。

具体实证结果见表 11 - 2，其中 PS 代表生产者服务（Producer's Service），SERV 代表服务贸易进出口总额，SERVX 代表服务贸易出口，SERVM 代表服务贸易进口，SERVTRAD 代表运输与旅游服务贸易总额，SERVOTH 代表其他商业服务贸易总额。从结果来看，方程（1）表明生产者服务与服务贸易呈正相关，说明服务贸易的发展能刺激生产者服务的增长。方程（2）考察了服务贸易的进出口对生产者服务的影响，实证发现服务贸易出口对生产者服务的增长起正面作用，而服务贸易进口则起负

---

① 比例的确定主要是基于行业特征及正常经济分析。我们已将两大消费型服务业除外，因此，估计其余各项中生产者服务的特性较强，因而比例定得较大。

面作用，可能是因为服务贸易的进口效应还未能很好地发挥出来。方程
（3）试图分清传统服务贸易与现代服务贸易对生产者服务影响上的区别，
结果表明传统与现代服务贸易都对生产者服务起促进作用，且传统服务贸
易的促进效应要大于现代服务贸易，可能是因为生产者服务贸易中现代服
务所占的比重不够大，现代服务贸易对其的拉动效应仍不明显。因此，若
要现代服务贸易充分发挥其效应，则必须转变我国生产者服务的结构特
征，大力发展现代化服务业。

表 11 - 2 服务贸易与生产者服务实证结果

	PS		
	(1)	(2)	(3)
PS（-1）	0.870 (9.68)	0.899 (17.55)	
C	0.32 (0.86)		4.03 (3.55)
SERV	0.127 (1.82)		
SERVX		0.278 (2.899)	
SERVM		-0.147 (-2.65)	
SERVTRAD			0.612 (2.93)
SERVOTH			0.193 (1.18)
AR (1)		-0.804 (-3.67)	0.793 (3.14)
AR (2)		-0.813 (-4.51)	-0.32 (0.99)
AR (3)		-0.550 (-2.64)	-0.412 (-1.52)
Adjusted - R	0.993	0.994	0.976
F - statistics	1571.91	597.82	172.10
D. W.	2.23	1.70	1.91

注：因变量为生产服务业变量，数据由估算所得。

第十二章 中国服务贸易对制造业外溢效应研究

第一节 中国服务贸易对制造业的战略意义

随着国际及国内产业结构调整的逐渐加快，迅速崛起的服务贸易通过对技术进步的推动进而引致经济增长的效应逐渐加强并受到各界重视。其中，世界服务贸易的发展对制造业的转型升级发挥着重要作用。一些关键性的生产者服务充当了制造业的中间投入要素，如信息服务的介入，对提升制造业效率与管理起到促进作用。而且生产者服务所内聚的知识性、技术性及人力资本性可以降低交易成本、细化分工、提高质量及促进销售等渠道提升制造业的效率。对于正处于经济结构调整及环境资源双重压力之下的中国，通过服务贸易拉动提升制造业水平尤为重要。

据蒙英华等的研究（2010），中国制造业增加值率仅约为 26.2%，与发达国家美国、日本及德国还有不少差距，分别要低 22%、23% 和 11.7%。[①] 2009 年全国规模以上工业企业单位数达 434364 个，从数量上来看也比较可观，但具有国际知名度或影响力的企业却十分稀少。在缺少核心技术与品牌管理的制约下，中国制造业仅可能分得全球价值链低端的一小部分，而且这一小部分还面临着东南亚国家的蚕食。由于资源成本及工资水平不断上升，许多跨国公司的制造环节已转移至成本更加低廉的菲律宾、越南和印度等东南亚、南亚国家。同时，国内能源日渐匮乏且生态环境面临巨大挑战，中国制造业其实已经到了必须要转型升级的关键时

---

① 蒙英华、黄宁：《中美服务贸易与制造业效率——基于行业面板数据的考察》，《财贸经济》2010 年第 12 期。

期，否则不仅影响到中国制造业的全球份额，并且直接关系到居民的生存环境。因此，通过发展现代服务业或服务贸易是振兴中国制造业的一条途径。从世界范围来看，以美国、英国、德国及日本为首的主要发达经济体，利用其服务贸易生产要素禀赋优越的国际地位，在全世界形成生产者服务出口的寡头垄断，而且是服务外包的主要发包国。所以，对于由劳动型密集型制造逐渐向知识技术型制造转变的中国来说，为弥补本国生产者服务的落后局面，并缓解因生产者服务投入短缺而引起的制造效率低下的困境，选择从发达国家进口先进的生产者服务就成了短期内一种客观的必要选择。

第二节　服务贸易对制造业效率提升的路径分析

生产者服务贸易进出口可以实现服务贸易对制造业生产效率提高的目标。由于服务贸易自身特点，服务贸易对制造业效率的提升还体现于诸多方面。首先，服务贸易的不断发展可以对生产者服务业的专业化分工起到深化作用，从而使下游产业面临更多的投入品种类选择且中间产品的质量也相应提高。服务生产的专业化分工能形成服务生产的规模经济效应从而推动制造业生产效率的提高。其次，通过服务贸易进口渠道的服务流入与当地生产要素结合从而提升当地资源要素的效率。对有些进口服务而言，需要与本土要素相适应才能发生效应，而有些服务投入可直接被采用。而服务贸易的进口可以促使服务要素更加具有生产便利性特征，本地制造业就有可能获得更多的优质服务作为投入要素。因而服务贸易进口规模及结构的优化促进了本国制造业生产效率的提升。再次，根据产业布局理论，产业空间分布上的联动效应能提高下游产业的劳动生产率。服务贸易的发展促进制造业与服务业的产业集聚效应，比较有效地形成空间布局上的经济联动。在一个制造业与服务业相结合的产业集群里，类似知识与技术的扩散等产业集群效应将更明显。因此，服务贸易的发展通过带动产业间空间分布上的联动效应进而提高制造业的劳动生产率。最后，根据 Francois（1990）的研究，专业分工的深化通过异质性产品的生产控制与协调，促进各种具有异质性特征的最终产品生产率的提升。

当然也要看到问题的另一面，虽然生产者服务的进口对东道国制造业效率的提升具有多重渠道，而且客观上服务进口也是中国制造业效率提升过程中不可逾越的一个步骤。但服务，尤其是具有生产性质的服务，是一项复杂产品。一方面，在进口的过程中，可能会面临与本国资源禀赋、技术条件及人力资本状况是否能顺利磨合的问题。另一方面，一般来说，服务创造相比有形产品更难以进行国际学习与转移。因此，服务贸易的进口并不一定意味着东道国能从发达的服务出口国学习或模仿到其核心技术或竞争力，有可能反而会形成对发达国服务进口的技术依赖，从长远角度来看不利于服务进口国或地区制造业生产效率的提高。因此，通过服务进口不断优化本国服务生产，进而发展适合于本国制造的生产者服务业才是正确之路。

第三节　中国服务贸易对制造业生产效率提高的实证研究

目前有关制造业的行业范围仍是一个有争议的问题。我们认为在研究服务贸易发展对制造业效率提升效应时，可将对制造这一概念扩大化。因此，只要与"制造"一词有所涉及的行业都包括在内，未明确区分行业。又由于假设两国是基于充分竞争环境下服务贸易对制造业生产效率的提高。基于这两个理论依据，并通过观察统计年鉴考虑数据的可得性，可选择私营工业企业作为对象，以其工业总产值与其全部从业人数的比值作为制造业的生产效率的代表指标，为因变量。而服务贸易为自变量，分别选取服务贸易总额，及按部门分成传统与其他商业服务贸易分别进行实证。具体原始数据参见附录表11。服务贸易的数据来自联合国贸发会数据库（UNCTAD），运用年度平均汇率转换成人民币计值。具体实证结果如表12-1所示。其中，EFF代表制造业生产效率，SERV、SERVTRAD和SERVOTH分别代表服务贸易总额、传统服务贸易额和其他商业服务贸易额。为尽量避免多重线性及自相关而引起伪回归现象，各方程在实证时均采取了对数化处理及增加了AR项。

从方程（1）可以看出，服务贸易总额前面的估计值为0.83，且其t统计变量为11.44，两者合并说明了中国服务贸易的整体发展对制造业效率的提高具有明显的促进效应。服务贸易总额每增长1个百分点，制造业

效率就能提高 0.83 个百分点,起到比较大的推动作用。说明制造业的转
型升级还需要服务贸易的大力发展。另外,从方程(2)可以发现,传统
服务贸易(SERVTRAD)和其他商业服务贸易均对制造业效率的提高具
有促进效应,分别为 0.61 和 0.24。传统服务贸易的 t 统计值比较大,说
明所估计的系数值比较显著。而其他商业服务贸易的 t 统计量比较小,说
明系数的显著性还有待考察。从中也可以发现传统服务贸易对制造业效率
的促进效应远远大于其他商业服务贸易,高出两倍之多,可能是由于其他
商业服务贸易规模有限,没能形成规模经济效应进而影响了其效应的发
挥。方程(3)单独就其他商业服务进行实证分析。发现其中估计系数值
与方程(2)相接近,进一步证实了其他商业服务贸易的效应存在性。另
外,从方程(3)中可以发现其他商业服务贸易系数的 t 统计变量足够大,
说明显著性得到保证,方程(2)中该项面临的 t 统计量偏小的困难在此
得到解决。总之,从三个方程的综合结果来看,中国服务贸易的发展对制
造业生产效率的提高具有促进效应。因此,要大力发展服务贸易,尤其是
包含众多知识技术服务的其他商业服务贸易,使其功能充分发挥,推动制
造业的整体发展。

表 12-1　　　　　　　　　　中国服务贸易与制造业

	EFF		
	(1)	(2)	(3)
EFF (-1)			0.64 (5.38)
C	5.99 (6.12)	6.14 (1.24)	2.53 (2.39)
SERV	0.83 (11.44)		
SERVTRAD		0.61 (1.86)	
SERVOTH		0.24 (0.98)	0.28 (3.63)
AR (1)	0.39 (1.03)	0.46 (1.23)	-0.33 (-0.77)
Adj - R^2	0.985	0.983	0.995
F - statistics	339.62	204.08	642.35
D. W.	1.86	1.98	2.10

第十三章　结论与建议

第一节　全书结论

国际服务贸易是当今国际经济发展领域的重要组成部分，是世界及各国经济发展到一定阶段后服务经济地位逐渐凸显的结果，对经济转型及经济增长方式转变具有深远影响。本书专注于研究中国服务贸易发展的外溢效应，探析了中国条件下服务贸易的增长对经济增长效应的作用机理。为此本书首先对外溢效应的概念作了解释。受制造业 FDI 相关研究成果的启发，我们决定选取从内生增长角度对服务贸易外溢效应进行阐述。选取了影响内生经济增长的三个关键因素，技术、资本与制度。从而分别论述了服务贸易的技术外溢效应、资本外溢效应及制度外溢效应。其中，在讨论服务贸易的资本外溢效应时，因资本形式不同将资本分为物质资本、人力资本与社会资本，因为它们都对经济增长发挥着各自分内的任务，而且都是解释经济增长差异的重要源泉，从而进行了分别论述。通过数据整理及实证验证，发现中国服务贸易的发展对各内生增长源泉因素都具有不同程度的促进作用。但一些经济条件可能会对服务贸易的溢出效应产生门限作用。但总体来看，服务贸易的发展对经济增长的贡献逐渐加大，而且其作用往往是深层次的，从而为今后大力发展服务贸易提供了理论基础。

基于研究的完备性，以及考虑到服务贸易外溢效应因行业及模式不同而有所区别，因此，本书分别讨论了不同行业及不同模式下的服务贸易的外溢效应。发现不同行业的外溢效应的侧重点有所不同。当然，要做好服务贸易外溢效应的行业研究需要大量数据的支持，而且工程浩大，我们的研究还有很大的讨论空间。另外，服务贸易模式的不同也会导致外溢效应的发挥不同，从而外溢效应的过程及结果都有差别。从研究中发现，服务贸易模式不同导致其外溢效应对内生增长系列因素的影响面也不同。商业存在与自然人流动相对来说比较直接且力度较大，而另外两种模式则偏向于间接且需要一个过程。因此，基于模式的外溢效应研究也是必不可少的内容，还需要数据的不断完善和发掘。

由于服务贸易的外溢效应还是需要客观经济世界的发展来证明的，服务贸易的外溢效应是否客观存在还需要有一定实际经济效应结果的支撑。为此，还研究了服务贸易外溢效应的具体情况。第一，服务贸易与全要素生产率的研究具有一定的创新性，是对前面理论内容的实证检验。通过考察实证结果，发现服务贸易的外溢效应现实表现之一就是其促进了中国全要素生产率的提高。第二，中国将来仍有一段时间还将依赖出口经济，因此，服务贸易可以从内生角度影响货物贸易，从而促进货物贸易的发展。本书比较详细地从整体上论证了服务贸易对货物贸易具有促进作用。第三，由于服务贸易与生产者服务密不可分，服务贸易对生产者服务的促进将直接影响到经济增长的内生力。许多研究已充分证明生产者服务具有促进经济增长的功能。国际服务贸易从技术、资本及制度三方面影响了生产者服务，进而影响到经济的内生增长。实证研究发现中国服务贸易对生产者服务具有较大的推动效应。第四，由于服务贸易与制造业密不可分，服务贸易的发展对制造业效率提高具有重大政策含义。从实证研究来看，中国服务贸易整体上对制造业具有显著促进作用。

理论研究总是在结束时有新发现。本书从一个比较崭新的角度开始，讨论了服务贸易的外溢效应。建立了比较完整的构架，今后的研究是对各个方面的不断夯实。随着服务贸易理论的发展，相关统计制度的建立，未来研究可利用的资源逐渐增多，不同角度也会出现，但从内生增长这条线进行研究将是一个不断探讨的过程。

第二节　政策建议

第一，从加入世界贸易组织及服务贸易总协定以来，中国服务贸易开放程度大大加强。总体上，服务贸易的开放并未对中国经济安全造成所谓的"外来威胁"，而且从实际效果来看，促进了相关服务行业的发展。因此，服务贸易的开放还应在稳步推进的原则下继续实施开放政策。中国服务贸易的发展截至目前还没有形成一个优势产业，而与中国同为"金砖国家"的印度软件服务业已在世界软件业占据重要位置，成为发展国家软件业外包的首选地。印度能取得如此重大成绩，一个重要原因就是其与世界软件业的接触较早且开放较彻底，当然印度软件业的发展是与其独特的经济政治环境分不开的。目前，印度软件业已形成一定的竞争力和品牌，软件企业逐渐强大，正是不断开放与竞争的结果。反观国内，一些服务业竞争力还较差，国际竞争力更是遥不可及的目标。因此，我们建议中国应选取具有相对优势的服务业实行更彻底的开放，其中应有主次之分。利用未来五至十年的时间将其发展成具有世界品牌的优势服务业。另外，根据规划，"十二五"时期中国服务贸易将坚持均衡协调发展的原则，一是要逐步提高服务贸易的比重，实现货物贸易与服务贸易的良性发展互动；二是要坚持服务进口与出口的平衡发展。这就从整体上要求服务贸易的开放与发展需要更加迅速，对国内服务出口商提出了更高要求。据商务部消息，未来几年，中国还将加快发展与新一代信息技术、生物、高端装备制造、新能源、新材料等战略性产业相配套的服务贸易。并且在物流运输、金融保险、研发设计、信息咨询、专业服务等生产者服务业的领域上加大力度，并积极开拓服务贸易的新领域。当然，开放的另一层面是服务贸易的"走出去"战略，应争取在相对比较优势的服务部门争取向外拓展，不断扩大运输、分销、金融、教育、文化、广播影视和旅游等服务领域。

第二，当前中国服务贸易的竞争力还有较大的提高空间，服务贸易结构仍处于比较低端环节。其中一个关键原因就是中国服务创新能力不强。而服务贸易竞争力及结构升级面对同样的问题，两者都以国内服务业发展为前提和支撑。只有服务贸易规模发展到一定的量度，才能产生质变。但如何发展国内服务业又是比较复杂的问题，但可以从两个方面着手。一是工业化与服务化的有效结合。具体来说，是工业升级与服务提升融合发展。中国很长一段时间还将处于工业化时期。2008 年，除去建筑业，中国工业化率仅为 35.5%。[①] 但工业化后期与前期明显不同。工业化后期需要转变经济发展方式，不能再依靠资源与能源的过度消耗。这同时也给服

---

① 此处工业化率是指工业增加值与国内生产总值之比，非严格定义。根据国家统计年鉴数据计算而得。

务产业升级提供了契机。于是第二个方面自然就是重点发展现代服务业，尤其是现代生产者服务业。总的思路是运用现代化信息技术与经营管理方法发展现代化生产者服务业。通过这两方面不仅可以加快传统服务生产者服务业的改造，而且有利于技术与知识密集型服务业的生产。传统生产者服务业还大有发展空间，运输可以向现代化物流业发展。在生产者服务业中，应重点发展中国竞争优势相对比较欠缺的领域，比如金融、电信、技术、设计等。服务业的升级不仅为服务贸易结构升级提供了现实产业基础，也为中国工业结构的成功"软化"奠定了坚实辅助基础。

第三，服务贸易外溢效应的产生及显现程度以基本经济社会条件为基础。服务贸易的发展及竞争力的提升需要得到国内基本面的支持，服务贸易外溢效应的发挥也需要以国内条件为前提。本书研究发现许多因素影响着服务贸易外溢效应能否充分展现，服务贸易外溢效应的大小直接受到它们的制约。当国内基本面达到一种很便利的程度时，服务贸易外溢效应就很大；反之，则有可能产生阻碍作用。为此，应加强国内基本面的建设。至少可以从以下几个方面加强改善。一是要进一步加强知识产权保护法律的制定，使之更加完备，但更关键的是执行力度，建立起良好的鼓励创新的社会环境。自主创新能力的提高可以加快服务贸易过程中技术外溢的吸收与改进，还可以吸引到更高的服务技术交流，因而更有利于自身技术水平的进步。二是要进一步加强人力资本的培养，制定人力资本发展战略，注重从质量上提高整个民族的教育知识水平。将科教兴国战略真正落实到实际上，确保教育经费占到 GDP 的合理比重。人力资本是一个社会的基础性资源，是影响服务贸易外溢效应的关键因素。因为服务贸易外溢效应的发挥需要以高素质的技术员工及管理人员为基础，而我国目前比较稀缺此类人员，因此需要通过大力发展人力资本进行填补。三是要进一步加强经济制度市场化的改革力度，在 WTO 框架协议下，使中国市场经济走向法治经济的步伐进一步加快。

第四，大力发展知识型服务贸易。在实证过程中，我们发现由于某项服务部门规模偏小或不大，所能制造的外溢效应是有限的。为此，应做大服务贸易的整体规模。而知识型服务贸易在中国服务贸易总额中所占比例还很小。当前知识经济时代逐渐显现，作为人类智力发展成果载体的各种专利非专利技术知识、管理知识及包括法律会计等在内的专业性服务逐渐成为服务贸易的主要交易对象。因此，基于现实及未来发展方向都应大力发展知识型服务贸易。具体运作思路为，由于中国地区差异性大，首先，应选取具有一定工业基础并且服务发展水平较高的一些地区如上海、北京和深圳，作为知识型服务的生产及出口基地。率先实施知识创新工程，坚持自主知识研发与吸引外资优势服务生产的入驻两条腿走路的原则。鼓励国内外企业在某一地区聚集以形成园区，并在其内拓展种类知识服务项目。其次，选取几项关键知识型服务作为地区发展的动力。知识服务贸易众多，主要有研发、产权、信息、金融及文化等。地区特征的不同要求各地在发展知识型服务时要有所侧重，如北京可着重文化类知识型服务贸易的发展，上海则应利用自身区位优势发展金融类知识服务贸易的生产与创新，而深圳可在产权方向有所作为。最后，鼓励国内知识型服务贸易企业不断扩大规模，提高产品质量与层级。知识型服务贸易的发展主体应具体到企业，因此企业尤其要注重知识的研发及不断更新换代，保证知识开发投入力度。当然，政府对企业负有引导义务，可通过商务部门的服务不断为知识型企业发展提供良好环境。为此，政府相关部门应转变思路，切实为企业提供优质的政府服务。

第五，不断加大生产者服务贸易的拓展力度。正如前面所说，中国未来面临着工业化战略的实施问题，工业化需要得到生产者服务的支撑。一方面，从目前现状来看，中国生产者服务业整体发展还相对滞后，表现为规模较小，服务质量较差。从而成为制约中国制造工业发展的"瓶颈"因素。另一方面，就目前发展阶段来看，中国生产者服务还将继续保持进口规模持续增长态势，从美国、英国等发达国家进口生产者服务的局面不变。但由于目前大多数生产者服务市场准入限制仍较严，从而严重阻碍了进口生产者服务的整体效应的发挥。为实现中国经济结构及产业结构的优化升级，应逐步降低生产者服务的进口壁垒，进一步打破相关行业的市场准入限制。

附　录

表1　　　　　　　　　中国服务贸易技术外溢效应数据

单位：百万美元

年份	高新技术	服务贸易进出口总额	服务出口	服务进口
1991	12315	11100	6979	4121
1992	14708	18683	9249	9434
1993	20585	23229	11193	12036
1994	26937	32919	16620	16299
1995	31918	44353.1	19130.3	25222.8
1996	35132	43186	20601	22585
1997	40203	52536	24569	27967
1998	49452	50567	23895	26672
1999	62302	57837	26248	31589
2000	89550	66461.1	30430.5	36030.6
2001	110573	72601	33334	39267
2002	150690	86272.5	39744.5	46528
2003	229620	102039.9	46733.6	55306.3
2004	326972	134566.8	62434.1	72132.7
2005	415956	158199.6	74404.1	83795.5
2006	528750	192832.2	91999.2	100833
2007	634803	252317	122206	130111
2008	757425	306035.5	147111.9	158923.6
2009	686784	288400	129500	158900

资料来源：历年中国统计年鉴。

表2 中国资本融资数据 单位：亿元,%

项目 年份	直接融资	间接融资	GDP	资本效率
1991	5	21337.80	21662.5	1.01
1992	94.09	26322.90	26651.9	1.01
1993	375.47	32943.10	34560.5	1.04
1994	326.78	39976.00	46670	1.16
1995	150.32	50544.10	57494.9	1.13
1996	425.08	61156.60	66850.5	1.09
1997	1293.82	74914.10	73142.7	0.96
1998	841.52	86524.10	76967.2	0.88
1999	944.56	93734.30	80579.4	0.85
2000	2103.24	1151088.59	88254	0.08
2001	1252.34	1274419.38	95727.9	0.08
2002	961.75	1458378.04	103935.3	0.07
2003	1357.75	1776883.33	116741.2	0.07
2004	1510.94	2043604.20	136584.3	0.07
2005	1882.51	2251762.32	183956.1	0.08
2006	5594.29	2569854.93	212131.7	0.08
2007	8680.17	2998101.40	259258.9	0.09
2008	3852.21	3442292.76	300670	0.09
2009	4967.7	4440468.21	343464.7	0.08

资料来源：国家统计局及中国社会科院金融所金融统计数据库。

表3 中国人力资本数据 单位：万人,%

年份	研究生	普通高 等学校	普通中学		职业 中学	普通 小学	全国 就业	人力 资本	人力资本 增长率
			高中	初中					
1978	0.0	16.5	2375.3	682.7	1692.6		2287.9			
1980	0.0	14.7	1581.0	616.2	964.7	7.9	2053.3			
1985	1.7	31.6	1194.9	196.6	998.3	41.3	1999.9	49873	0.49	
1986	1.7	39.3	1281.0	224.0	1057.0	57.9	2016.1	51282	0.50	0.02
1987	2.8	53.2	1364.1	246.8	1117.3	75.0	2043.0	52783	0.51	0.03
1988	4.1	55.3	1407.8	250.6	1157.2	81.0	1930.3	54334	0.50	-0.03

续表

年　份	研究生	普通高等学校	普通中学		职业中学	普通小学	全国就业	人力资本	人力资本增长率
			高中	初中					
1989	3.7	57.6	1377.5	243.2	1134.3	86.3	1857.1	55329	0.48	−0.04
1990	3.5	61.4	1342.1	233.0	1109.1	89.3	1863.1	64749	0.40	−0.15
1991	3.3	61.4	1308.5	222.9	1085.5	94.5	1896.7	65491	0.40	−0.01
1992	2.6	60.4	1328.4	226.1	1102.3	96.7	1872.4	66152	0.39	−0.01
1993	2.8	57.1	1365.9	231.7	1134.2	102.5	1841.5	66808	0.39	0.00
1994	2.8	63.7	1361.9	209.3	1152.6	107.6	1899.6	67455	0.40	0.01
1995	3.2	80.5	1429.0	201.6	1227.4	124.0	1961.5	68065	0.41	0.04
1996	4.0	83.9	1484.0	204.9	1279.0	139.6	1934.1	68950	0.42	0.01
1997	4.7	82.9	1664.0	221.7	1442.4	150.1	1960.1	69820	0.44	0.05
1998	4.7	83.0	1832.0	251.8	1580.2	162.8	2117.4	70637	0.47	0.08
1999	5.5	84.8	1852.7	262.9	1589.8	167.8	2313.7	71394	0.49	0.03
2000	5.9	95.0	1908.6	301.5	1607.1	176.3	2419.2	72085	0.50	0.03
2001	6.8	103.6	2047.4	340.5	1707.0	166.5	2396.9	73025	0.52	0.02
2002	8.1	133.7	2263.6	383.8	1879.9	145.4	2351.9	73740	0.54	0.04
2003	11.1	187.7	2453.7	458.1	1995.6	135.5	2267.9	74432	0.56	0.05
2004	15.1	239.1	2617.4	546.9	2070.4	142.5	2135.2	75200	0.58	0.04
2005	19.0	306.8	2768.1	661.6	2106.5	170.0	2019.5	75825	0.61	0.05
2006	25.6	377.5	2789.5	727.1	2062.4	179.5	1928.5	76400	0.62	0.02
2007	31.2	447.8	2745.2	788.3	1956.8	197.7	1870.2	76990	0.63	0.01
2008	34.5	511.9	2699.0	836.1	1862.9	216.7	1865.0	77480	0.64	0.01
2009	37.1	531.1	2618.4	823.7	1794.7	232.1	1805.2	77995	0.63	−0.02

资料来源:《中国统计年鉴》(2010 年),经整理。

表4　　　　　　　　中国捐赠情况（代表社会资本变量）

年　份	社会捐赠款物合计（亿元）	接收社会捐赠衣被数量（亿件）
1997	14.0	0.9
1998	63.0	2.9
1999	12.8	0.6
2000	10.9	0.8

续表

年　份	社会捐赠 款物合计 （亿元）	接收社会 捐赠衣被数量 （亿件）
2001	12.4	1.3
2002	9.7	2.3
2003	14.2	2.0
2004	18.1	0.9
2005	30.6	1.0
2006	46.5	0.7
2007	97.5	0.9
2008	284.7	11.6
2009	442.9	1.2

资料来源：《中国统计年鉴》（2010 年），经整理。

表5　　　　　　　　　中国市场经济发展与服务贸易情况

单位：万人，%

年份	私营企业从业人员	总就业	私营占比	服务贸易的 GDP 贡献率
1995	956.0	68065	0.0140	0.0644
1996	1171.1	68950	0.0170	0.0537
1997	1349.3	69820	0.0193	0.0595
1998	1709.1	70637	0.0242	0.0544
1999	2021.5	71394	0.0283	0.0594
2000	2406.5	72085	0.0334	0.0623
2001	2713.9	73025	0.0372	0.0628
2002	3409.3	73740	0.0462	0.0687
2003	4299.1	74432	0.0578	0.0723
2004	5017.3	75200	0.0667	0.0815
2005	5824.1	75825	0.0768	0.0704
2006	6586.3	76400	0.0862	0.0725
2007	7253.1	76990	0.0942	0.0740
2008	7904.0	77480	0.1020	0.0707
2009	8607.0	77995	0.1104	0.0574

资料来源：UNCATD，《中国统计年鉴》，经整理。

表6　　　中国物质资本、人力资本与制度因素与其他商业服务贸易情况

年份	物质资本	人力资本	制度因素	其他商业服务贸易	其他商业服务贸易增长率
1982		1207			
1983		959	−0.20547		
1984		2022	1.108446		
1985		1460	−0.27794		
1986	24381.91	1733	0.186986		
1987	0.551045	25658.49	1855	0.070398	
1988	0.372466	27087.23	1693	−0.08733	
1989	0.190792	26950.44	2110	0.246308	
1990	0.148943	26308.81	2048	−0.02938	
1991	0.151937	26088.47	3724	0.818359	
1992	0.187067	26012.48	6237	0.674812	
1993	0.210561	26051.62	8340	0.337181	
1994	0.184815	26242.87	11860	0.422062	
1995	0.15262	26654.70	19057.31	0.606856	
1996	0.145534	28080.93	15130	−0.20608	
1997	0.136356	28679.23	19432	0.284336	
1998	0.144764	30632.59	0.24479	19697	0.013637
1999	0.133207	33332.97	0.27549	22556	0.145149
2000	0.123403	34835.95	0.325027	23049.3	0.02187
2001	0.126797	36361.34	0.375876	24940	0.082029
2002	0.137533	37635.00	0.436908	31157.4	0.249294
2003	0.155856	39698.16	0.559683	43307.4	0.389956
2004	0.162903	41938.60	0.740469	53067.2	0.225361
2005	0.169415	43874.91	0.693853	63270.5	0.192271
2006	0.176147	46380.47	0.788738	79177.4	0.251411
2007	0.182826	47614.78	0.854947	110703.8	0.398174
2008	0.181741	48516.04	0.951656	140289.2	0.267249
2009	0.202347	49538.59	0.916289	134800	−0.03913

资料来源：《中国统计年鉴》及 UNCTAD 数据库（Handbook of Statistics）。

表7   中国全要素率、服务进出口结构与经济结构影响的数据

年份	实际GDP（亿元）	资本K（亿元）	劳动L（亿元）	TFP	服务进口Sm（增率）	服务出口Sx（增率）	第一产业增加值Pf（增率）	工业增加值PI（增率）	第三产业增加值PT（增率）
1985	9040.7366	2339.6504	49873.0000						
1986	9647.3044	2445.3414	51300.0000	-0.65	-0.10	0.25	0.09	0.09	0.15
1987	10545.3230	2999.9074	52783.0000	-0.27	0.09	0.16	0.16	0.13	0.16
1988	11076.1880	3642.1302	54334.0000	-0.20	0.45	0.09	0.20	0.22	0.26
1989	10612.6691	4553.4863	55329.0000	-0.17	0.09	-0.05	0.10	0.01	0.12
1990	11339.9818	4233.7173	63909.0000	-0.08	0.11	0.27	0.19	0.20	0.06
1991	12785.5887	4343.7200	64799.0000	0.03	-0.05	0.19	0.05	0.09	0.18
1992	14831.9065	5384.8539	65554.0000	0.04	1.29	0.33	0.10	0.68	0.27
1993	16926.3612	7779.4011	66373.0000	0.01	0.28	0.21	0.19	0.24	0.38
1994	18604.7747	12573.0266	67199.0000	-0.02	0.35	0.48	0.37	0.42	0.37
1995	19756.0100	16379.0401	67947.0000	-0.04	0.55	0.15	0.27	0.35	0.26
1996	21390.2783	19238.6869	68850.0000	-0.01	-0.10	0.08	0.16	-0.03	0.19
1997	23158.5777	22013.0884	69600.0000	-0.01	0.24	0.19	0.01	0.22	0.09
1998	24827.7442	23978.7382	69957.0000	-0.02	-0.05	-0.03	0.05	-0.04	0.05
1999	26838.5405	27285.6025	70586.0000	-0.01	0.18	0.10	-0.01	0.14	0.05
2000	29603.3630	28687.5107	71150.0000	0.02	0.14	0.16	-0.02	0.15	0.13
2001	32420.4662	31642.5187	73025.0000	0.01	0.09	0.10	0.03	0.09	0.08
2002	36017.1738	35786.8701	73740.0000	0.02	0.18	0.19	0.10	0.19	0.09
2003	40395.0496	41868.6469	74432.0000	0.19	0.19	0.18	0.08	0.18	0.18
2004	45901.3222	53455.8095	75200.0000	0.03	0.30	0.34	0.19	0.32	0.14
2005	52012.9644	67825.8485	75852.0000	0.02	0.16	0.19	0.09	0.18	0.21
2006	59323.9190	85257.5177	76400.0000	0.03	0.20	0.24	0.06	0.22	0.20
2007	66793.8618	105820.0298	76990.0000	0.01	0.22	0.27	0.19	0.25	0.21
2008	75408.7389	132044.7788	77480.0000	0.01	0.29	0.26	0.19	0.27	0.17

资料来源：《中国统计年鉴》及 UNCTAD 数据库。

表8　　　　　　　　　　　中国服务贸易门槛因素计量数据

Year	y	k	s	stru	s × stru	hr	s × hr	instit	s × instit
1990	11339.98	15091.73	6183.63	0.32	1951.13	0.40	2484.04	0.15	927.54
1991	12785.59	17384.72	6502.28	0.34	2190.29	0.40	2575.54	0.14	892.03
1992	14831.91	20636.84	10287.03	0.35	3575.30	0.39	4042.39	0.18	1828.75
1993	16926.36	24982.15	11150.94	0.34	3760.45	0.39	4369.84	0.22	2501.13
1994	18604.77	29599.24	12730.62	0.34	4273.60	0.39	5018.83	0.21	2622.96
1995	19756.01	34116.66	14650.27	0.33	4814.47	0.41	6029.03	0.13	1938.26
1996	21390.28	39081.80	13169.77	0.33	4316.04	0.41	5461.21	0.09	1165.27
1997	23158.58	44410.84	15586.04	0.34	5326.35	0.44	6815.31	0.17	2605.35
1998	24827.74	50839.92	15121.66	0.36	5478.85	0.47	7113.60	0.12	1814.53
1999	26838.54	57612.15	17543.80	0.38	6609.22	0.49	8530.76	0.16	2829.14
2000	29603.36	64721.65	20076.15	0.39	7833.80	0.50	10090.87	0.13	2573.51
2001	32420.47	72928.16	21780.30	0.40	8811.34	0.51	11180.45	0.15	3327.02
2002	36017.17	82958.19	26090.71	0.41	10819.15	0.54	13983.09	0.17	4316.96
2003	40395.05	95887.74	30493.35	0.41	12573.53	0.56	17081.30	0.12	3597.49
2004	45901.32	111508.10	38704.93	0.40	15629.64	0.58	22411.39	0.20	7666.78
2005	52012.96	130399.19	44698.21	0.40	17923.98	0.61	27094.85	0.16	7113.16
2006	59323.92	153368.68	53673.68	0.40	21469.47	0.62	33055.54	0.18	9705.39
2007	66793.86	181408.51	63852.55	0.40	25778.60	0.62	39668.36	0.18	11412.04
2008	75408.74	214377.82	76754.42	0.40	30757.58	0.63	48323.16	0.15	11192.76

资料来源：国家统计局及 UNCTAD 数据库。

表9　　　　　　　　　　　中国货物贸易与服务贸易

单位：百万美元

年份	货物贸易总额	货物出口	货物进口	服务贸易总额	服务出口	服务进口
1978	21085.76	9954.86	11130.9			
1979	29234.7	13614.1	15620.6			
1980	38040	18099	19941			
1981	44021	22007	22014			
1982	41606	22321	19285	4536	2512	2024

年份	货物贸易总额	货物出口	货物进口	服务贸易总额	服务出口	服务进口
1983	43616	22226	21390	4473	2479	1994
1984	53549	26139	27410	5668	2811	2857
1985	69602	27350	42252	5579	3055	2524
1986	73846	30942	42904	6103	3827	2276
1987	82653	39437	43216	6922	4437	2485
1988	102784	47516	55268	8461	4858	3603
1989	111680	52538	59142	8513	4603	3910
1990	115440	62090	53350	10207	5855	4352
1991	135700	71910	63790	11100	6979	4121
1992	165530	84940	80590	18683	9249	9434
1993	195700	91740	103960	23229	11193	12036
1994	236620	121010	115610	32919	16620	16299
1995	280860	148780	132080	44353.1	19130.3	25222.8
1996	289880	151050	138830	43186	20601	22585
1997	325160	182790	142370	52536	24569	27967
1998	323950	183710	140240	50567	23895	26672
1999	360630	194930	165700	57837	26248	31589
2000	474290	249200	225090	66461.1	30430.5	36030.6
2001	509650	266100	243550	72601	33334	39267
2002	620770	325600	295170	86272.5	39744.5	46528
2003	850988	438228	412760	102039.9	46733.6	55306.3
2004	1154550	593320	561230	134566.8	62434.1	72132.7
2005	1421910	761950	659950	158199.6	74404.1	83795.5
2006	1760396	968935.6	791460.9	192832.2	91999.2	100833
2007	2173726	1217776	955950.3	252317	122206	130111
2008	2563255	1430693	1132562	306035.5	147111.9	158923.6
2009	2207535	1201612	1005923	288400	129500	158900

资料来源：WTO 官网及中国统计局官网，经整理。

表 10　　　　　　　　　中国生产者服务的估算

| 年份 | 交通运输、仓储和邮政业 | | 住宿和餐饮业 | | 金融业 | | 其他 | | 生产者服务总数（亿元） | 生产者服务占第三产业的比重 |
	金额（亿元）	比重	金额（亿元）	比重	金额（亿元）	比重	金额（亿元）	比重		
1978	182.0	0.9	44.6	0.5	68.2	0.8	255.6	0.8	445.06	0.51
1979	193.7	0.9	44.0	0.5	66.9	0.8	287.1	0.8	479.52	0.55
1980	213.4	0.9	47.4	0.5	75.0	0.8	356.0	0.8	560.59	0.57
1981	220.7	0.9	54.1	0.5	79.8	0.8	390.9	0.8	602.28	0.56
1982	246.9	0.9	62.3	0.5	114.8	0.8	456.8	0.8	710.61	0.61
1983	274.9	0.9	72.5	0.5	149.0	0.8	521.2	0.8	819.82	0.61
1984	338.5	0.9	96.8	0.5	203.9	0.8	621.2	0.8	1013.20	0.57
1985	421.7	0.9	138.3	0.5	259.9	0.8	747.5	0.8	1254.61	0.49
1986	498.8	0.9	163.2	0.5	356.4	0.8	824.6	0.8	1475.41	0.49
1987	568.3	0.9	187.1	0.5	450.0	0.8	926.3	0.8	1706.11	0.48
1988	685.7	0.9	241.4	0.5	585.4	0.8	1120.6	0.8	2102.61	0.46
1989	812.7	0.9	277.4	0.5	964.3	0.8	1291.6	0.8	2674.86	0.49
1990	1167.0	0.9	301.9	0.5	1017.5	0.8	1470.9	0.8	3191.95	0.54
1991	1420.3	0.9	442.3	0.5	1056.3	0.8	1819.9	0.8	3800.41	0.52
1992	1689.0	0.9	584.6	0.5	1306.2	0.8	2271.3	0.8	4674.39	0.50
1993	2174.0	0.9	712.1	0.5	1669.7	0.8	3163.7	0.8	6179.40	0.52
1994	2787.9	0.9	1008.5	0.5	2234.8	0.8	4465.8	0.8	8373.88	0.52
1995	3244.3	0.9	1200.1	0.5	2798.5	0.8	5602.9	0.8	10241.07	0.51
1996	3782.2	0.9	1336.8	0.5	3211.7	0.8	6778.3	0.8	12064.39	0.52
1997	4148.6	0.9	1561.3	0.5	3606.8	0.8	8423.0	0.8	14138.19	0.52
1998	4660.9	0.9	1786.4	0.5	3697.7	0.8	10087.3	0.8	16116.23	0.53
1999	5175.2	0.9	1941.2	0.5	3816.5	0.8	11767.7	0.8	18095.59	0.53
2000	6161.0	0.9	2146.3	0.5	4086.7	0.8	14012.4	0.8	21097.26	0.54
2001	6870.3	0.9	2400.1	0.5	4353.5	0.8	16903.3	0.8	24388.69	0.55
2002	7492.9	0.9	2724.8	0.5	4612.8	0.8	19726.7	0.8	27577.63	0.55
2003	7913.2	0.9	3126.1	0.5	4989.4	0.8	22633.9	0.8	30783.57	0.55
2004	9304.4	0.9	3664.8	0.5	5393.0	0.8	26571.2	0.8	35777.69	0.55
2005	10666.2	0.9	4195.7	0.5	6086.8	0.8	31488.0	0.8	41757.24	0.56
2006	12183.0	0.9	4792.6	0.5	8099.1	0.8	36579.1	0.8	49103.49	0.55
2007	14601.0	0.9	5548.1	0.5	12337.5	0.8	44117.7	0.8	61079.16	0.55
2008	16362.5	0.9	6616.1	0.5	14863.3	0.8	52577.1	0.8	71986.59	0.55
2009	17057.7	0.9	7118.2	0.5	17727.6	0.8	58099.5	0.8	79572.66	0.54

资料来源:《中国统计局年鉴》(2010 年), 经整理。

表 11　　　　　　　　　　　中国服务贸易与制造效率

年份	总产值（亿元）	全部从业人员（万人）	制造效率（百万元/人）	服务进口总额（百万元）	传统服务进口（百万元）	其他商业服务进口（百万元）
1997	2082.87	160.80	12953171.64	220820.16	132200.67	88619.49
1998	3244.56	229.06	14164673.01	261528.49	155340.75	106187.74
1999	5220.36	346.42	15069453.26	298300.94	194639.99	103660.96
2000	8760.89	541.52	16178331.36	325095.42	208914.81	116180.61
2001	12950.86	732.90	17670705.42	385209.96	240175.86	145034.10
2002	20980.23	1027.61	20416529.62	457886.39	276688.35	181198.04
2003	35141.25	1515.43	23188962.87	597193.84	361739.54	235454.29
2004	47778.20	1692.06	28236705.55	693751.32	415665.46	278085.86
2005	67239.81	1971.01	34114393.13	834806.49	485906.17	348901.14
2006	94023.28	2252.91	41734148.28	1077201.98	604843.72	472358.26
2007	136340.33	2871.89	47474078.05	1315744.26	716024.05	599720.21
2008	162026.18	2973.84	54483825.63	1315548.99	747602.73	567946.26

参考文献

［1］［英］阿瑟·刘易斯：《经济增长理论》，商务印书馆 2002 年版。

［2］［美］埃瑞克·G. 菲吕博顿、鲁道夫·瑞切特：《新制度经济学》，上海财经大学出版社 1998 年版。

［3］［美］巴泽尔：《产权的经济分析》，上海人民出版社 1997 年版。

［4］［美］保罗·克鲁格曼：《国际贸易新理论》，中国社会科学出版社 2001 年版。

［5］包群、赖明勇、阳小晓：《外商直接投资、吸收能力与经济增长》，上海三联出版社 2006 年版。

［6］陈宪、程大中：《中国服务经济报告 2005》，经济管理出版社 2006 年版。

［7］陈宪、韦金鸾、应诚敏：《国际贸易——理论·政策·实务》，立信会计出版社 2002 年版。

［8］陈胥、潘卫华：《服务贸易对我国宏观经济影响的实证分析》，《北方经贸》2004 年第 10 期。

［9］程大中：《中国服务业的增长与技术进步》，《世界经济》2003 年第 7 期。

［10］程大中、梁丹丹：《我国服务贸易增长率和经济增长率的实证研究》，《经济师》2005 年第 10 期。

［11］龚锋：《国际服务贸易：我国经济持续高速增长的重要支撑》，《改革与战略》2003 年第 2 期。

［12］顾经仪、侯放：《WTO 法律规则与中国服务贸易》，上海财经大学出版社 2000 年版。

［13］巩真：《教育服务业国际化的经济影响与启示》，《国际经济评论》2004 年第 4 期。

［14］胡日东、苏桔芳：《中国服务贸易与 GDP 关系的实证分析》，《经贸

论坛》2005 年第 12 期。

[15] 黄胜强:《国际服务贸易多边规则利弊分析》,中国社会科学出版社 2000 年版。

[16] 黄少军:《服务贸易与经济增长》,经济科学出版社 2000 年版。

[17] [美] 克鲁格曼、奥伯斯法尔德:《国际经济学》(第四版)(中译本),中国人民大学出版社 1998 年版。

[18] 廖春良、冯宗宪:《全球化条件下国际服务贸易发展比较研究》,《财贸研究》2003 年第 8 期。

[19] 罗余才:《知识经济和国际服务贸易》,《财经问题研究》1999 年第 3 期。

[20] 苗秀杰:《服务贸易自由化对我国的正负效应分析》,《理论前沿》2005 年第 11 期。

[21] 潘爱民:《中国服务贸易开放与经济增长的长期均衡和短期波动研究》,《国际贸易问题》2006 年第 2 期。

[22] 潘爱民、王洪卫:《我国金融发展影响经济增长的路径分析》,《上海财经大学学报》2006 年第 4 期。

[23] 裴长洪主编:《中国国际商务理论前沿》,社会科学文献出版社 2008 年版。

[24] 裴长洪、彭磊:《中国服务业和服务贸易》,社会科学文献出版社 2008 年版。

[25] 潘菁:《国际服务贸易促进我国经济增长的实证分析及对策研究》,《当代财经》2005 年第 4 期。

[26] 曲凤杰:《优化结构与协调发展——发展服务贸易与转变我国外贸增长方式的战略措施》,《国际贸易》2006 年第 1 期。

[27] 申朴:《服务贸易中的动态比较优势研究》,复旦大学出版社 2005 年版。

[28] 沈坤荣、李剑:《中国贸易发展与经济增长机制的经验研究》,《经济研究》2003 年第 5 期。

[29] 沈明其:《服务贸易开放的经济效应及相关指标的构建》,《湖北经济学院学报》2004 年第 3 期。

[30] 孙茂辉:《服务贸易对澳门经济增长贡献的实证分析》,《世界经济研究 》2005 年第 1 期。

［31］孙云奋、张军：《我国对外服务贸易与经济增长的实证分析》，《全国商情》（经济理论研究）2007 年第 4 期。

［32］陶纪明：《服务业的内涵及其经济学特征分析》，《中国社会科学》2007 年第 1 期。

［33］王晓林、索塞洛：《服务贸易与我国经济增长关系的实证分析》，《云南财贸大学学报》2007 年第 5 期。

［34］王子先：《服务业跨国转移的趋势、影响及我国对策》，《国际贸易问题》2007 年第 1 期。

［35］［美］维克多·R. 富克斯：《服务经济学》，商务印书馆 1987 年版。

［36］危旭芳、郑志国：《服务贸易对我国 GDP 增长贡献的实证研究》，《财贸经济》2004 年第 4 期。

［37］吴宗杰：《我国服务贸易发展的现状与对策研究》，《经济问题》2002 年第 7 期。

［38］熊春兰：《服务贸易自由化对发展中国家经济的影响》，《河南师范大学学报》（哲学社会科学版）2000 年。

［39］杨圣明：《服务贸易：中国与世界》，民主与建设出版社 1999 年版。

［40］杨晓辉：《中国对外服务贸易与经济增长关系的实证分析》，《价格月刊》2006 年第 2 期。

［41］姚战琪：《中国服务进出口贸易与经济增长的协整关系》，《山西财经大学学报》2009 年第 10 期第 31 卷。

［42］尹忠明：《中国服务贸易结构与经济增长的交互影响研究》，博士学位论文，西南财经大学，2008 年。

［43］于维香：《国际服务贸易与中国服务业》，中国对外经济贸易出版社 2002 年版。

［44］詹艺丹：《论金融服务贸易自由化与经济增长》，《长江大学学报》2007 年第 1 期。

［45］赵海越：《国际服务贸易自由化对发展中国家的影响及对策》，《河北理工学院学报》（社会科学版）2003 年第 1 期。

［46］赵书华、李辉：《中国服务贸易国际竞争力的定量分析》，《北京工商大学学报》2005 年第 1 期。

［47］张汉林：《经贸竞争新领域——服务贸易总协定与国际服务贸易》，中国经济出版社 2002 年版。

［48］张汉林：《索取与给予的艺术——中国服务贸易市场对外开放的原则与策略》，《国际贸易》1999 年第 4 期。

［49］张亮：《我国服务贸易与 GDP 的协整分析》，《国际经贸探索》2006年第 3 期。

［50］张书军：《知识型服务业跨国公司直接投资的微观经济效应分析》，《国际贸易问题》2000 年第 6 期。

［51］郑秉秀：《知识经济与国际经贸发展》，厦门大学出版社 2001 年版。

［52］郑辉、张捷：《服务贸易与商品贸易的互补性及贸易平衡新解》，《国际经贸探索》2008 年第 5 期。

［53］郑长娟：《我国服务业外国直接投资的特征和趋势分析》，《国际贸易问题》2005 年第 9 期。

［54］朱福林：《中国服务贸易与全要素生产率的实证关系研究》，《北京财贸职业学院学报》2010 年第 3 期。

［55］朱福林：《中国服务贸易进出口结构对全要素生产率影响的实证研究》，《上海商学院学报》2010 年第 5 期。

［56］庄丽娟：《国际服务贸易与经济增长的理论和实证研究》，中国经济出版社 2007 年版。

［57］Park, W., 1995, "International R&D Spillover and OECD Economic Growth", *Ecomomic Inquiry*, 33 (October), pp. 571 – 591.

［58］Coe, D., T., and Helpman, E., 1995, "International R&D Spillovers", *European Economic Review*, 39 (5), pp. 859 – 887.

［59］Coe. D., T., and Helpman, E., 1997, "North – South R&D Spillovers", *The Economic Journal*, Vol., 107, No. 440, pp. 134 – 149.

［60］Coe, D., T., Helpman, E. and Hoffmaister, A. W., 2009, "International R& D Spillovers and Institutions", *European Economic Review*, 53 (7), pp. 723 – 741.

［61］Lee, G., 2009, "International Knowledge Spillovers through the Import of Information Technology Commodities", *Applied Economics*, 41 (24), pp. 3161 – 3169.

［62］Lichtenberg, F. R., and Van Pottelsberghe de la Potterie, B., 1998, "International R&D Spillovers: A Comment", *European Economic Review*, 42 (8), pp. 1483 – 1491.

［63］ Zhu, L. , and Jeon, B. N. , 2007, "International R&D Spillovers: Trade, FDI, and Information Technology as Spillover Channels", *Review of International Economics*, 15 (5) , pp. 955 – 976.

［64］ Funk, M. , 2001, "Trade and International R&D Spillovers among OECD Countries", *Southern Economic Journal*, 3 (January) , pp. 725 – 736.

［65］ Lee, G. , 2006, "The Effectiveness of International Knowledge Spillover Channels", *European Economic Review*, 50, pp. 2075 – 2088.

［66］ Khan, M. , and Luintel, K. , 2006, "Sources of Knowledge and Productivity: How Robust is the Relationship", OECD DSTI Working Paper No. DSTI/DOC (2006) 6.

［67］ Grossman, G. , and Helpman, E. , 1991, "Innovation and Growth in the Global Economy", Cambridge, Massachusetts and London: MIT Press.

［68］ Keller, W. , 2001, "International Technology Diffusion", NBER Working Paper.

［69］ Lumenga – Neso, O. , Olarreaga, M. , and Schiff, M. , "On 'Indirect' Trade – Related R&D Spillovers", *European Economic Review*, 49, pp. 1785 – 1798.

［70］ Engelbrecht, H – J. , 1997, "International R&D Spillovers, Human Capital, and Productivity in OECD Countries: An Empirical Investigation", *European Economic Review*, 41, pp. 1479 – 1488.

［71］ Coe, D. , and Hoffmaister, A. , 1999, "Are There International Spillovers Among Randomly Matched Trade Partners? A Response to Keller", IMF Working Paper No. 99/18.

［72］ Edmond, C. , 2001, "Some Panel Cointegration Models of International R&D Spillovers", *Journal of Macroeconomics*, 23, pp. 241 – 260.

［73］ Kao, C. , M – H. Chiang, and B. Chen, 1999, "International R&D Spillovers: An Application of Estimation and Inference in Panel Cointegration", *Oxford Bulletin of Economics and Statistics*, Special Issue, pp. 691 – 709.

［74］ Guellec, D. , and B. van Pottelsberghe de la Potterie, 2004, "From R&D to Productivity Growth: Do the Institutional Settings and the Source of Funds of R&D Matter?", *Oxford Bulletin of Economics and Statistics*, 66, pp. 353 – 378.

致 谢

学术写作是一项复杂工程，需要经过长时间的资料搜集、数据整理及研究创作。本书是在我的博士论文基础上修改而成。能够付梓成书，得感谢北京联合大学院校相关部门及领导的支持，特别感谢管理学院常务副院长陶秋燕教授及科研处副处长张波教授。当然，感谢中国社会科学院及导师杨圣明教授在博士期间的悉心指导。从内容及规范性方面，杨老师经常能一语中的，使学生茅塞顿开，犹如拨云见日。

书的写作是知识长期学习积累的结果，因此，与本硕学校（兰州商学院和沈阳大学）的影响也密不可分。

最后感谢我的父母，在他们无私的奉献下，才得以有后生的一切。虽然缺少知识文化，但他们的忠实厚道影响着我的为人处世及信仰。还要感谢兄长，在这么多年的求学时间里，一直是他独自赡养着父母，一直给予我莫大的支持与鼓舞。还有许多家人及亲戚在此一并感谢，他们给予了我热爱生命的力量。